KB253867

추천사

나는 온갖 다양한 욕망들의 불협화음에 늘 시달리는 사람으로서, A. J. 스워보다의 이 책에 담긴 통찰들에 깊이 감사한다. 그는 때로 가시처럼 아프게 다가오는 우리의 욕망들을 비추어 주는 거울을 솔직히 대면하게 만드는 동시에, 그 모든 욕망을 구속의 자리로 이끄시는 분을 보여 주면서 우리를 위로한다.

_ 로어 퍼거슨 윌버트(Lore Ferguson Wilbert)
_The Understory, A Curious Faith, Handle With Care_의 저자

개인적인 연약함과 성경의 지혜, 목회적인 소망이 절묘하게 조화를 이루는 이 책에서, 스워보다는 이제껏 많은 그리스도인이 마음의 욕망들을 외면해 왔지만 실제로는 그 욕망들을 솔직히 마주하며 그리스도 안에서 성화시켜 가야 한다고 말한다. 아우구스티누스의 경우와 유사하게, 스워보다의 신학적인 성찰은 그의 고백록(Confessions)과도 같다. 이 책을 집어 들고 기쁨으로 읽어 보라.

_ 니제이 K. 굽타(Nijay K. Gupta), 노던 신학교 신약학 교수

● 이 책 『하나님이 내게 주신 욕망이라는 선물: 그리스도인은 욕망을 어떻게 다루어야 하는가!』에서, A. J. 스워보다는 신실한 욕망의 신학을 폭넓게 펼쳐 보이며, 그의 문장들 속에는 선지자적이면서도 목회적인 긴급성이 담겨 있다. 이 책에서 그는 독자들이 예수님의 참된 복음을 믿도록 초대하면서 이렇게 언급한다. "육신은 우리를 일시적인 즐거움과 안도감으로 유혹하지만, 그 끝에는 오랜 불안과 죽음이 기다린다. 성령은 현재의 고통스러운 신실함으로 우리를 초대하며, 그 길은 영속적인 생명과 평안으로 이어진다." 많은 이가 그의 글을 읽고, 충만한 기쁨으로 이끄는 이 좁은 갈망의 길을 따르기를 바란다.

_ **젠 폴록 미셸**(Jen Pollock Michel), 저자이자 강연자

● 각자의 감정을 좇아 생각과 믿음을 형성하도록 부추기는 이 세상과 문화 속에서, 우리는 그 감정들이 예수님의 뜻과 진리에 부합하는지를 더욱 찬찬히 살펴볼 필요가 있다. 이 책 『하나님이 내게 주신 욕망이라는 선물: 그리스도인은 욕망을 어떻게 다루어야 하는가!』는 그분의 마음과 생각에 일치하는 방향으로 우리의 열망과 사유를 다듬어 가게 해 준다.

_ **댄 킴벌**(Dan Kimball), 웨스턴 신학교 부총장,
How (Not) To Read the Bible의 저자

● 인간들이 겪는 '향수병의 여정'에 관한 이 절절하고도 인격적인 이야기 속에서, A. J. 스워보다는 우리 삶의 핵심 동기를 성찰하

면서 다음과 같은 근본 질문을 던진다. "우리는 자기중심적인 욕망에 자신을 내줄 것인가, 아니면 그분의 갈망 가운데서 우리 안에 욕망을 창조하신 그분께 스스로를 맡길 것인가?"

_ **조 워맥**(Joe Womack), 부쉬넬 대학 총장

당신은 무엇을 원하는가? A. J. 스워보다는 목회적인 감각과 문화적 통찰력, 그리고 호소력 있는 문체에 근거해서 포괄적이면서도 쉽게 읽히는 실제적인 욕망의 신학을 펼쳐 보인다. 그는 인간의 열망을 신격화하거나 악마화하는 비생산적인 양극단을 피하며, 그 과정에서 아무 죄가 없으시며 긍휼이 풍성하신 하나님께로 우리를 인도해 간다. 그분은 우리의 가시를 대신 짊어지실 정도로 우리를 갈망하시는 분이다.

_ **조슈아 M. 맥날**(Joshua M. McNall),

오클라호마 웨슬리안 대학의 목회 신학 부교수이자 아너스 칼리지의 책임자,

*How Jesus Saves*의 저자

이 책의 저자는 성경적인 통찰과 정직한 자기 성찰을 통해, 우리의 삶 속에 있는 깊은 열망과 고통스러운 가시들에 관해 순전한 지혜와 소망을 보여 준다. 나아가서, 우리가 품은 욕망과의 관계가 어떻게 우리의 본질을 형성하는지를 깊이 생각하며 이해하게 해 준다.

_ **에이미 브래그 캐리**(Amy Bragg Carey), 프렌즈 대학 총장

● 무수한 팟캐스트와 소셜 플랫폼에서 각자의 욕망에 대한 생각들을 쏟아 내는 이 시대에, 이 책은 깊은 혼란 가운데서 울려 퍼지는 하나의 예언자적인 목소리로 서 있다. 저자는 우리 그리스도인들을 위해 그 욕망의 정체를 밝혀 주는 한편, 그것을 적절히 다루는 법도 일깨워 준다.

● 변증적인 열심과 차분한 숙고가 어우러진 이 책에서, A. J. 스워보다는 욕망의 신학에 관한 새로운 논의에 크게 기여하고 있다. 그에 따르면, 이 욕망은 우리의 인간됨과 하나님 형상됨이 지닌 핵심 의미 중 하나다. 그는 십자가의 신비를 깊이 파고들며, 그 신비와 우리 마음의 갈망 사이의 관계를 탐구한다. 나아가서, 욕망에 대한 기존의 관념들을 떨쳐 내고, 우리가 예수님의 삶과 죽음, 부활을 통해 변화되는 일이 무엇을 뜻하는지에 관하여 신선한 통찰을 제시한다. 형통한 삶을 누리려는 인간 욕망의 중심에는 하나의 역설이 있다. 곧 우리가 부활의 생명으로 다시 태어나기 위해서는 반드시 먼저 죽어야 한다는 것이다. 이 책은 인간 욕망과 복음의 신비 모두를 탁월하게 드러내며, 그 중심에는 "내 뜻이 아니라 아버지의 뜻이 이루어지기를" 기도하신 겟세마네의 그리스도, 곧 십자가에 못 박히신 그분이 계신다.

이 책에서 A. J. 스워보다는 우리의 욕망이 우리를 어떻게 빚어 가는지를 정교한 신학적 통찰과 목회적인 탐구에 근거해서 지혜롭고 주의 깊은 방식으로 서술하고 있다. 이를 통해, 그는 "너희가 무엇을 원하느냐"고 물으시는 예수님의 질문에 우리가 적절히 대답하게 돕는다. 나는 그를 신뢰할 만한 안내자로 기쁘게 환영한다. 이는 그가 품은 마음의 욕망들이 삶 속에서 선한 열매를 맺는 것을 직접 보아 왔기 때문이다.

_ **랜디 레밍턴**(Randy Remington), 포스퀘어 교회 의장

하나님이 내게 주신 욕망이라는 선물:
그리스도인은 욕망을 어떻게 다루어야 하는가!
The Gift of Thorns

A. J. 스워보다 지음
정옥배 옮김

초판 1쇄 인쇄   2026년 2월 13일
초판 1쇄 발행   2026년 2월 20일

발행처   도서출판 이레서원
발행인   문영이
출판신고   2005년 9월 13일 제2015-000099호

편집   송혜숙
총무   곽현자

경기도 고양시 일산동구 백석로71번길 46, 1층 1호
Tel. 02)402-3238, 406-3273 / Fax. 02)401-3387
E-mail: Jireh@changjisa.com Facebook: facebook.com/jirehpub

책값은 표지에 있습니다.

ISBN 978-89-7435-689-7 03230

하나님이 내게 주신 욕망이라는 선물:
그리스도인은 욕망을 어떻게 다루어야 하는가!

The Gift of Thorns

내가 빛을 찾도록 가르쳐 준

모리스(Morris)에게

❋

장미를 원하는 사람은 가시를 존중해야 한다.

- 페르시아 격언

차례

1부

우리의 욕망을 둘러싼 전쟁

2부

우리의 욕망이 무질서해지다

서문

예수님께 내 삶을 내어드린 지 얼마 지나지 않았을 때, 나는 멘토였던 목사님께 세례를 부탁드렸다. 흐린 어느 날, 우리는 도시를 벗어나 한 시냇가로 향했다. 시냇가 둑에 앉아 세례가 지닌 의미에 대해 이야기를 나눈 뒤, 함께 물속으로 들어갔다. 나는 옛 삶에서 새 삶으로 건너가는 이 순간을 분명히 새기고 싶어, 물속에서 잠시 나를 붙잡아 달라고 부탁했다. 그 의미심장한 침묵 속에서 나는 (이 책의 저자인 스워보다가 말했듯이) 내 육신, 곧 나의 죄 된 소욕이 세례의 물로 씻겨 나가기를 갈망하고 있었다. 목사님은 성부와 성자와 성령의 이름으로 나에게 세례를 베풀었고, 세 번째로 물에 잠긴 뒤에도 한동안 나를 물속에서 붙잡고 계셨다. 마침내 모든 것이 끝났을 때, 우리는 서로를 끌어안고 다시 둑으로 걸어 나왔다.

마치 내가 이야기를 꾸며내는 듯이, 혹은 영화의 한 장면처럼 느껴질 수도 있겠지만, 그때 갑자기 해가 구름을 뚫고 나와 우리 뒤에 있던 한 나무를 곧바로 비추었다. 그 나무는 타지 않았지만 환히 빛나고 있었다. 우리는 뒤돌아 그 나무를 바라보았고, 이내 목사님이 그쪽으로 걸어갔다. 목사님은 가지 하나를 꺾어 돌아와 내게 건넸다. 그것은 가시나무 가지였다. 이어 그분은 가시에 대해 말해 주었다. 바울이 씨름했던 육체의 가시, 곧 세례 이후에도 바울 곁에 남아 있었던 어떤 것에 대해서였다. 그리고 고난과 시험도 이야기했다. 나는 그분의 말을 귀담아 들었지만, 그 의미는 미처 헤아리지 못했다. 그저 내 죄가 막 씻겨 나갔으니, 앞으로는 계속 거룩함의 햇빛 속을 걸어가게 될 것이라고 여겼다. 하지만 그것은 내 착각이었다.

그래도 현명한 일을 하나 했다. 다섯 개의 뾰족한 가시가 달린 그 가지를 간직해 둔 것이다. 그 가지는 지금도 내가 기도하고 글을 쓰는 서재에 있는 유리 진열함 안에 놓여 있다. 나에게 그것은 일종의 유물이다. 곧 가시의 모습으로 드러난 신적 현현을 체험했던 그 순간의 표식인 것이다. 그 후 오랫동안 나는 그 일의 의미를 제대로 깨닫지 못했다. 사십 년에 걸쳐 기쁨과 고양감, 성공을 맛보기도 했고, 고난과 슬픔, 상실과 실패를 겪기도 했다. 하지만 그 가시나무 가지의 의미를 분명히 이해하지 못한 채로 지내 왔다.

그러던 중에 이 책의 서문을 써 달라는 요청을 받았다. 스워보다 박사는 내 친구이자 재능 있는 작가이고, 깊이 존경하고 사랑하는 사람이기에 그 부탁을 받아들였다. 다만 솔직히 말하자면, 이 책이 '욕망'을 다룬다는 이야기를 들었을 때 나는 그것이 다소 제한적인 주제라고 생각했다. 그러나 마지막 페이지를 덮을 즈음, 욕망이 '우리의 영적인 형성과 삶 자체의 중심'에 놓여 있음을 분명히 확신하게 되었다. 우중충한 시냇가에 갑자기 밝은 햇빛이 비치었던 그날로부터 여러 해가 흐른 지금, 나는 이 책을 통해 비로소 가시의 중요성과 그것이 왜 선물인지를 알게 된 것이다.

두 질문

오랫동안 나는 이런 서사 속에서 살아왔다. "욕망은 나쁘다. 욕망을 부인하는 것은 선하다." 내가 무언가를 욕망한다면 아마도 그 일은 죄악 된 것이었으며, 내 욕망을 부인한다면 선한 것이었다. 나는 마음속 깊은 어딘가에서 이 생각이 잘못되었음을 알았지만, 그 이유는 깨닫지 못했다. 다만 내가 아는 것은 내 안에 수없이 많은 욕망이 소용돌이치고 있다는 사실뿐이었다. 그중에는 섬뜩한 것도 있었고, 경건해 보이는 것도 있었다. 스워보다 박사는 올바른 질문들을 던지는 법을 아는 탁월한 선생이다. 이 책에서 그는 다음의 두 본질적인 질문을 제기하고 또 답을 준다. "왜 내 안에는 낯설고 이해하기 어려운 욕망들이 숨어 있는가?" 그리고 "우리의 욕망이 그리스도의 형상을 따라 빚어진다는 것은 과연 어떤 모습인가?"

첫 번째 질문에 관해, 나는 내 안에 숨어 있는 모든 낯선 욕망은 곧 내가 형편없는 사람임을 드러낸다고 여겨 왔다. 그러나 이 책 덕분에, 나는 모든 욕망이 그 자체로 끝나지 않고 다른 무언가를 가리키고 있음을 알게 되었다. 스워보다의 말처럼, "우리가 정욕의 저장소로 여겨 온 것이 실제로는 친밀함을 향한 깊은 갈망일 수도 있다."

그리고 내가 보기에, 두 번째 질문인 "우리의 욕망이 그리스도의 형상을 따라 빚어진다는 것은 과연 어떤 모습인가?"에는 이 책의 중심 목적이 담겨 있다. 간단히 말해, 그리스도인의 영적 형성은 곧 우리 삶이 그분의 형상으로 빚어져 가는 과정이다. 따라서 나는 그리스도인의 인격 형성을 이해하는 면에서 다음 구절이 핵심이 된다고 믿게 되었다.

우리가 다 수건을 벗은 얼굴로 거울을 보는 것같이 주의 영광을 보매 '그와 같은 형상으로 변화하여' 영광에서 영광에 이르니 곧 주의 영으로 말미암음이니라(고후 3:18, 강조는 필자의 것)

이 책은 우리가 그리스도의 형상으로 빚어져 가는 과정에서 욕망이 수행하는 본질적인 역할을 탁월하게 풀어낸다. 그런 점에서 이 책은 '그리스도인의 영적 형성에 관한 필독 도서' 중 하나가 될 만하다.

이 책은 욕망이 무엇이며 그것이 왜 우리 삶의 중심에 놓이는지, 그리고 욕망이 어떻게 훈련되고 형성되며 질서 잡힐 수 있는지를 이해하도록 돕는 안내서다. 이를 통해 우리는 선하고 아름다운, 곧 그리스도를 닮은 삶을 살아가게 된다.

솔직함과 유머

이처럼 매우 개인적이고 고통스러운 문제들에 관한 주제를 다루려면 솔직한 자세가 필요하다. 저자가 먼저 자신의 취약함을 드러내지 않는다면, 독자 또한 취약해질 수 없다. 그리고 취약함은 성령께서 들어와 치유하시도록 문을 여는 통로가 된다. 이를테면 스워보다 박사는 자신의 일기에서, 사도 바울처럼 육체의 가시로부터 자신을 건져 달라고 하나님께 간구했던 경험을 솔직하게 기록한다. 그는 그 가시를 (지혜롭게도) 자신의 X라고 부른다(이는 우리 모두에게 한두 개 정도의 X가 있기 때문이다). 하지만 그는 곧 우리의 X가 부끄러워할 대상이 아님을 발견했으며, 독자들 역시 그렇게 보도록 이끈다. 이에 관한 그의 표현은 이러하다. "오히려 X는 하나님이 나를 가장 친밀하게 만나 주셨던 바로 그 자리를 표시해 준다." 이런 그의 고백들을 접하면서, 나 역시 스스로를 향해 솔직한 태도를 품게 되었다. 그리고 나는 독자 여러분들도 동일한 경험을 하게 되리라고 믿는다.

그런데 이 주제를 다루려면 유머 역시 필요하다. 이 책에는 생생한 유머가 가득하며, 나는 읽는 동안 몇 차례 소리 내어 웃기도 했다. 기독교 서적을 읽으며 이런 경험을 하는 일은 많지 않다. 이 책의 유머는 다양한 형태를 띠며, 대체로 미묘하고 절제된 말로 표현되어 있다. 이 책에는 인간의 어두운 욕망과 그것이 우리 삶에 남기는 상처를 마주하며 고뇌하게 되는 대목들이 적지 않지만, 바로 그 순간마다 시야를 잃지 않도록 돕는 유머가 놓여 있다. 개인적으로 가장 웃음이 났던 문장은 이것이다. "가시는 따갑고 아프지만, 우리에게 주어진 은밀한 선물이기도 하다. 물론, 그것이 옆구리에 박혀 있을 때는 그 사실을 알아보기 어렵다."

인용할 만한 문장들

이 책의 문장들은 매우 탁월하다. 반짝이는 문장들이 적지 않다. 좋은 문장이란 더 이상 손 볼 데가 없는 문장이다. 나는 이 책을 읽으며 그런 문장들을 자주 만나, 나중에 다시 모아 보기 위해 여백에 Q라는 표시를 해 두기 시작했다. 마치 C. S. 루이스나 G. K. 체스터턴의 글에서 인용문을 모아 두듯이 말이다. 그렇게 시작하고 나니, 장이 넘어갈 때마다 목록이 점점 더 길어졌다. 아래는 그 가운데 몇 가지 예다.

"우리 자신에 관해 반복적으로 재생하는 '내면의 서사'가 곧 우리의 모습이 된다."
"'일탈'에는 언제나 본래의 목적이 전제되어 있다."
"우리는 자신이 좋는 욕망들을 더 많이 욕망하게 된다."
"욕망과 의무는 제자도의 두 축이 된다."

이 외에도 인용할 만한 문장들은 훨씬 더 많다(나는 이 책 한 권을 읽는 동안 새 형광펜 하나를 다 써 버렸다). 하지만 여기서 멈출 테니, 이제는 여러분이 직접 이 책을 읽어 가면서 표시해 보기 바란다.

욕망과 송영, 치유와 소망

이 책을 읽으면서 가장 좋았던 점은, 하나님과 그분께 속한 일들을 향한 내 욕망이 간접적으로 다시 불붙었다는 것이다. 나는 종종 (이 책에도 인용된) 한스 우르스 폰 발타자르의 글을 읽을 때면, 자연스럽게 송영으로 이끌리곤 한다. 하나님을 찬양하고 싶은 마음이 저절로 일어나는 것이다. 이 책을 읽는 동안에도 나는 여러 차례 책을 내려놓고 하나님을 바라보며 이렇게 말할 수밖에 없었다. "이 진리를 주셔서 감사합니다, 주님."

이 책을 읽는 것은 또한 내게 치유의 시간이기도 했다. 오랫동안 내 안에 머물러 온 거짓된 이야기들의 독소로부터, 나 자신이 서서히 회복되고 있음을 느꼈다. 달라스 윌라드의 말처럼, 우리는 "우리의 생각들에 좌우되면서" 살아간다. 그 생각들은 우리의 삶을 이끌기도 하지만, 때로는 무너뜨리기도 한다. 이 책을 읽는 동안 내 어린 시절의 오래된 상처들이 드러났다. 그리고 그 상처들에서 나를 자유롭게 하는 진리들이 이 책 안에 놓여 있었다. 특히 "예수님은 나의 모든 어린 시절을 두 팔로 안아 주신다"는 문장은 내 마음을 깊이 움직였다. 그 한 문장만으로도 저자에게 감사할 이유가 충분하다.

나는 서문이 정확히 무엇을 위한 글인지 잘 알지 못한다(인터넷에서 굳이 검색해 보려는 유혹도 참고 넘어갔다). 무엇이 좋은 서문을 만드는지도 모르겠다. 다만 지금 '이' 서문을 읽는 여러분에게, 내게는 한 가지 '바람'이 있다. 나는 이 글이 여러분 안에 이 책을 읽고 싶다는 욕망을 조금이라도 일으켰기를 바란다. 내가 이 책의 맛을 살짝 보여 주어 더 많은 것을 갈망하게 만들었기를, 그래서 이제 이 서문을 제쳐두고 직접 본문을 펼치고 싶어졌기를 바란다. 만일 지금 여러분의 마음이 그와 같다면, 아멘, 아멘이다.

제임스 브라이언 스미스(James Bryan Smith)

서론

2005년, 철학자 윌리엄 브랙스턴 어바인(William Braxton Irvine)은 인간의 욕망에 대한 학문적인 책을 한 권 냈다. 그 제목은 적절하게도 *On Desire*(욕망에 관하여)였다.[1] 이 책에서 어바인은 다음의 두 인물을 대조하면서 자신의 주장을 전개해 간다. 로마 가톨릭 사제이자 사회운동가였던 토머스 머튼(Thomas Merton)과, 무신론자 철학자이자 작가인 버트런드 러셀(Bertrand Russell)이 그들이다.

이처럼 전혀 달라 보이는 두 사람에게 과연 어떤 공통점이 있을까?

젊은 시절 머튼은 방탕한 삶과 현세적 쾌락을 좇았다. 기독교 역사 속에서 기억되는 성자다운 모습과는 거리가 멀었다. 그런 머튼이 기독교로 방향을 틀게 되리라고는, 그와 가장 가까웠던 이들조차 상상하기 어려웠다. 도대체 무엇이 그를 바꾸어 놓았을까? 어바인에 따르면, 그것은 설득력 있는 기독교 사상가의 저작도, 감동적인 예배 경

---

1 William B. Irvine, *On Desire: Why We Want What We Want* (New York: Oxford University Press, 2006).

험도, 가족의 점진적인 권면도 아니었다. 오히려 머튼은 갑작스럽고 예기치 못한 방식으로 자신의 욕망이 깨어나는 경험을 했다. 그는 그때를 이렇게 회상한다. "갑자기 무언가가 내 안에서 움직이기 시작했다. 나를 밀어붙이고, 나를 재촉하는 어떤 힘이었다. 그것은 마치 어떤 음성처럼 다가오는 하나의 움직임이었다."[2]

자발적으로 일어난 듯한 이 욕망은 머튼의 발걸음을 멈추게 했고, 그의 인생 궤적을 완전히 뒤바꾸어 놓았다. 곧 그는 세례를 받았다. 그리고 이제 회심한 그의 마음에 새롭고 낯선 욕망들이 하나둘 꽃을 피우기 시작했다. 이전에는 청년의 정욕을 방해하는 장애물로만 여겨졌던 것들이, 이제 그의 삶을 인도하는 소명이 되었다. 머튼은 다시 이렇게 회상한다. "내 마음 한편에서 어렴풋하게 떠오르던 또 다른 생각이 있었다. 이는 사제가 되려는 '희미한' 욕망이었다."[3]

이 어바인의 연구는 현대의 한 성도가 형성되어 가는 이 전형적인 이야기가 거의 전적으로 욕망(원서의 'desire'는 우리말로 '욕망'이나 '갈망'으로 번역될 수 있으며, 이 책에서는 문맥에 따라 두 번역어를 혼용했다—편집자 주)의 초자연적 각성에 빚지고 있음을 보게 해 준다. 머튼의 이 욕망은 결코 가라앉지 않았으며, 그가 수도자이자 사제이며 사회운동가로 활동하다가 이른 죽음을 맞기까지 그의 모든 호흡을 사로잡았다. 이 욕망은 또한 1960년대와 70년대의 환멸에 찬 반문화적인 세대를 향해 기독교를 새롭게 전달하려는 머튼의 시도에 영감을 주었던 것이다. 이 모든 일은 바로 그 자신의 '희미한 욕망'에서 시작되었다.

이처럼 욕망은 우리를 온전한 성품과 믿음, 그리고 섬김의 삶으로

---

2 Thomas Merton, *The Seven Storey Mountain* (San Diego: Harcourt Brace, 1948), 236. 『칠층산』(바오로딸).

3 Merton, *Seven Storey Mountain*, 239. 강조는 필자의 것.

이끌 수 있다. 그러나 동시에 욕망은 자기중심성과 자기도취, 불신앙의 길로 우리를 데려가기도 한다. 여기서 버트런드 러셀의 경우를 살펴보자. 1900년대 초, 러셀은 당시의 종교적인 분위기에 도전한 무신론자들의 선두에 선 인물로 존경을 받았다. 기독교에 반대하는 그의 신랄하고 날카로운 글들은 여전히 우리 시대의 '신무신론' 운동을 위한 기본 교과서로 쓰인다. 그리고 머튼의 경우처럼, 러셀의 삶의 궤적을 바꾸어 놓은 것은 바로 순간적인 욕망의 움직임이었다.

러셀은 아내 알리스를 깊이 사랑했다. 그러나 어느 날 오후의 자전거 산책이 모든 것을 바꾸어 놓았다. 햇살이 부드럽게 퍼지던 아름다운 날, 그는 천천히 자전거를 타고 가다가 우연히 하나의 깨달음을 경험했다. 그는 그 순간을 이렇게 회상한다.

시골길을 따라 자전거를 타고 가던 중, 나는 더 이상 아내 알리스를 사랑하지 않는다는 사실을 깨달았다. 그 순간까지 나는 그녀를 향한 내 사랑이 줄어들고 있다는 것조차 전혀 인식하지 못하고 있었다. 이 깨달음이 가져온 문제는 매우 심각했다. 우리는 결혼 이후 가능한 한 가장 친밀한 관계 속에서 살아왔다. 늘 같은 침대를 썼고, 누구도 따로 옷방을 둔 적이 없었다. 우리에게 일어나는 모든 일을 서로 이야기했다. … 나는 그녀가 여전히 내게 헌신적인 배우자임을 알고 있었으며, 잔인해지고 싶은 마음은 없었다. 하지만 당시 나는, 친밀한 관계에서는 진실을 말해야 한다고 믿고 있었다.[4]

이 '깨달음' 이후, 러셀은 아내 알리스에게서 떠났다. 그는 혼외 성

---

4 Bertrand Russell, *Autobiography of Bertrand Russell: 1872-World War I* (New York, NY: Bantam, 1968), 195-96.

관계를 맺은 뒤, 아내와 이혼하고 다른 사람과 재혼했다. 이를테면 결혼 생활에 대한 러셀의 욕망은 그 햇살이 내리쬐던 오후의 산들바람과 함께 날아가 버렸던 것이다.

이 두 이야기는 인간 욕망의 복잡성을 적나라하게 드러낸다. 러셀의 머리칼을 스쳐 지나간 바람처럼, 욕망은 끊임없이 왔다가 스러지곤 한다. 그러나 우리가 어떤 사람이 되어 가는지를 결정짓는 일에서, 우리 자신의 욕망과 맺는 관계만큼 큰 영향을 미치는 것은 드물다. 우리의 욕망을 어떻게 다루느냐에 따라, 우리가 어떤 존재가 되어 어디를 향해 가며 누구를 어떤 식으로 사랑하게 되는지가 정해진다. 다시 말해, 우리가 품은 욕망의 '대상'만큼이나 그 '방식'도 중대한 결과를 낳는다는 것이다.[5]

그러면 우리는 이렇게 변덕스럽고 멋대로인 욕망을 품은 채로 어떻게 예수님을 따를 수 있을까?

우리의 갈망은 인간적인 경험의 중심 요소다. 여러분과 마찬가지로, 나 역시 수많은 욕망에 둘러싸여 살아간다. 그중에는 좋은 것과 나쁜 것들도 있으며, 판단하기 어렵거나 사소해 보이는 것들도 있다. 어느 날 오후에 내가 재직하는 대학에서 한 시간 정도의 일상적인 교수 회의에 참석하고 있던 중에, 나는 마음속에 떠오른 모든 욕구를 순전히 호기심에서 하나씩 적어 보았다. 그리고 내 안에서 다음과 같은 욕망들을 발견하고는 스스로도 놀랐다.

- 더 충만한 기도 생활

5　David Benner도 이와 비슷하게 다음과 같이 쓴다. "우리가 내리는 선택들은 우리의 영적 여정에 매우 중요하다…'어떻게' 결정하는가 하는 것은 '무엇을' 결정하는가 하는 것만큼 중요할 수 있다. David Benner, *Desiring God's Will: Aligning Our Hearts with the Heart of God* (Downers Grove, IL.: InterVarsity Press, 2015), 17. 강조는 필자의 것.

- 예수님
- 커피를 더 마시고 싶다
- 교수 회의가 짧아졌으면
- 피자와 감자튀김
- 섹스
- 최근 출간한 책의 높은 판매 수치
- 저녁 먹으러 집에 가기
- 내 책들이 잘 팔리는 것
- 더 많은 섹스
- 교수 회의가 얼른 끝났으면
- 아들하고 더 시간을 보내기
- 예수님의 재림
- 누군가와의 포옹
- 홀로 있는 시간
- 더 분명하고 충만한 소명 의식
- 더 많은 우정
- 펜에 잉크가 더 많기를

나는 거기서 멈췄다. 고작 한 시간이었을 뿐이다. 후일을 위해 적지 않은 것들을 의도적으로 제외했는데도 이 정도였다. 하루 전체를 기록했다면 어땠을지 상상만 해도 몸이 움찔해진다.

아우구스티누스는 이렇게 쓴 적이 있다. "우리의 삶은 욕망의 단련장이다."[6] 확실히 우리의 욕망이 빚어내는 소란은 때로 우스꽝스럽게 느껴질 수 있다. 그러나 많은 경우, 그것들은 우리의 인생 이야기

---

6 Augustine, *Tractatus in 1 Johannem* 4. 2008-9.

위에 길고 짙은 그림자를 드리운다. 얼마 전에 나는 두 학생과 연이어 상담 약속을 잡았다. 첫 번째 학생은 젊고 활기차며 신앙심 깊은 그리스도인이었다. 그녀는 선교사가 되려는 평생의 욕망을 진지하게 추구하고 있었다. 도시에서 가난하고 소외된 이들을 섬기라는 예수님의 부르심을 오래전부터 느껴 왔다고 했다. 이어 만난 학생 역시 그리스도인이었지만, 그는 예수님의 뜻에 어긋난다고 느껴지는 성적 욕망과 평생 씨름해 온 이야기를 조심스럽게 털어놓았다. 대화를 마칠 무렵, 그 학생은 나에게 장기적인 멘토가 되어 달라고 요청했다. 원치 않게 밀려드는 욕망들에 시달리는 자신의 몸으로 예수님을 따라가는 법을 터득할 수 있게 도와 달라는 것이었다.

이 두 학생에게 내가 보인 반응은 나 자신에게도 질문을 남겼다. 나는 서로 상반되어 보이는 조언을 건넸다. 한 학생에게는 자신의 욕망을 따르라고 말했고, 다른 학생에게는 자신의 욕망을 그리스도와 함께 십자가에 기꺼이 내려놓으라고 했다. 이것은 위선이었을까? 이 질문은 나를 다시 머튼과 러셀의 이야기로 되돌려 놓았다. 만약 그들이 내 앞에 있었다면, 나는 그들의 욕망을 어떻게 대하라고 말했을까? 솔직히 두 학생 모두에게 그저 "마음이 이끄는 대로 하라"고 조언했다면, 그들의 삶에 관해 내게 부여된 영적인 권위가 어느 정도 훼손되었을 것이다. 이 두 상담은 우리가 욕망을 다루는 일이 얼마나 복잡한지를 여실히 드러낸다. 그리고 그 욕망들을 제대로 분별하고 인도하기 위해, 우리에게 얼마나 큰 지혜가 필요한지도 말해 준다.

시편 기자와 함께, 하나님께서 우리 마음의 소원을 이루어 주시리라 소망하는 것이 마땅한 때가 있다(시 37:4). 그러나 동시에, 우리 마음의 욕망이 왜곡되어 신뢰할 수 없고, 그 끝이 파멸로 이어질 때도 있다. 그리스도인의 삶은 그날그날 떠오르는 욕망을 아무 생각 없이 좇는 데 있지 않다. 오히려 우리의 부르심은 그분의 갈망으로 우리를 지으셨고 우리 안에도 갈망을 심어 주신 하나님을 따르는 데 있다.

해결되지 않은 질문들이 우리 안에서 계속 돌아다닌다. 우리는 어떤 욕망에 순응해야 하는가? 어떤 열망을 십자가에 못 박아야 하는가? 무엇이 선하고, 무엇이 나쁜가? 그러면 우리가 평생에 걸쳐 어쩔 수 없이 함께 살아가야 하는 이 원치 않는 열망들, 아무에게도 말 못한 채로 마음속 깊이 감추어 두었지만 우리 안에서 계속 뜨겁게 소용돌이치는 그 열망들은 어떻게 해야 할까? 우리는 이러한 질문들 앞에 스스로를 열어 놓아야 한다. 결국 자신의 욕망과 맺는 관계가 자신이 어떤 존재로 빚어지게 될지를 결정하기 때문이다. 이는 지금 이곳의 삶뿐 아니라 영원의 세계에서도 그러하다. 무엇보다도, 그리스도인의 영성은 곧 "우리가 … 욕망을 어떻게 다루느냐"의 문제에 연관되어 있다.[7] 실제로 "모든 것을 살피시는"(고전 2:10 NIV) 성령님 앞에 우리 자신의 욕망을 그대로 내어놓게 하시는 일은 곧 우리 삶에서 행하시는 하나님의 깊은 사역 중 일부다. 위대한 의사이신 그분이 믿음직한 손길로써 우리의 숨겨진 욕망과 필요를 다루어 주시도록 스스로를 내어놓지 않을 때, 우리의 구원은 보여 주기식의 겉치레에 머물고 만다. 이렇듯 자신의 욕망을 무시할 때, 우리는 다른 이들에게 큰 해를 끼칠 수 있다. 그리고 우리 자신에게도 더 큰 해를 입히게 되고 만다.

이 점은 욕망을 다루는 것이 예수님의 사역과 가르침에서 왜 그토록 중요했는지를 설명해 준다. 예수님은 눈먼 이들과 저는 이들, 병든 이들에게 종종 이렇게 물으셨다. "네가 무엇을 '원하느냐'?" 그분께 이 질문은 매우 중요했기에, 복음서에 기록된 예수님의 질문 삼백

---

7   Ronald Rolheiser, *The Holy Longing: The Search for a Christian Spirituality* (New York: Doubleday, 1999), 5.

일곱 개 가운데서 가장 자주 반복되는 것 중 하나로 나타난다. 사복음서 전체에서 예수님의 첫 말씀은 어린 시절에 성전 뜰에서 요셉에게 하신 질문이다. "어찌하여 나를 찾으셨나이까"(눅 2:49). 또한 요한복음에서, 성인이 되신 예수님의 첫 말씀 역시, 세례 요한의 두 제자가 그분의 사역을 알아보러 왔을 때 던진 질문이었다. "무엇을 구하느냐"(요 1:38). 어린 시절과 성인이 된 후의 공적인 사역 모두에서, 예수님은 그 앞에 선 이들의 욕망을 묻고 계신다. 그리고 요한복음은 예수님이 부활 이후 마리아에게 처음 건네신 다음의 말씀을 통해 그 사실을 더욱 명백히 드러낸다. "여자여 누구를 찾느냐"(요 20:15). 철학자 길 베일리(Gil Bailie)는 이런 예수님의 질문들이 지니는 중요성을 이렇게 강조하고 있다.

예수께서 … 복음서에서 하신 첫 말씀이 '네가 무엇을 원하느냐'라는 것은 단순한 우연으로 치부할 수 없다. 오히려 예수는 인류가 바로 그 질문을 진지하게 대면하도록 돕기 위해 이 세상에 오셨다고 해도 과언이 아니다. 우리는 삶의 대부분, 어쩌면 전부에 걸쳐 무언가를 간절히 원하고 갈망하면서 살아간다. 그리고 그런 삶의 모습은 어쩌다 스치듯 찾아오는 만족의 순간들 가운데서만 잠시 중단될 뿐이다. 그럼에도 우리는 이 거대한 실존적인 사실의 의미를 깊이 성찰하지 않으며, 그것이야말로 인간이라는 종을 규정하는 핵심 본질이라는 것도 거의 깨닫지 못한 채로 살아간다.[8]

---

8 Gil Bailie, *God's Gamble: The Gravitational Power of Crucified Love* (Kettering, OH: Angelico, 2016), 155. 이 인용문은 효과적인 의미 전달을 위해 약간 축약되었다. 제임스 스미스는 우리의 욕망이 제자도와 본질적으로 결부되어 있음을 강조하면서, 복음서에서 예수님은 "네가 무엇을 아느냐?"라거나 "네가 무엇을 믿느냐?"라고 질문하지 않으셨다는 것을 지적한다. James K. A. Smith, *You Are What You Love: The Spiritual Power of Habit* (Grand Rapids: Brazos, 2016), 1-2. 『습관이 영성이다』(비아토르).

성경의 증언이 욕망에 대한 우리의 질문들을 언제나 말끔히 해결해 주지는 않는다. 오히려 때로는 그 질문에 더 깊은 당혹과 신비를 더하기도 한다. 예를 들어, 마가복음 5장에 나오는 귀신 들린 자의 이야기를 생각해 보자. 예수님은 갈릴리 바다를 건너가셨다가, 무덤 사이에 사는 귀신 들린 사람을 우연히 만나셨다. 예수님이 그 사람 안에 거하던 어두운 영들을 내쫓자, 귀신들은 자신들을 그 지역에서 내보내지 말라고 간청한다. "우리를 돼지에게로 보내소서." 이에 예수님이 그 요청을 허락하신다. 귀신들이 인근의 돼지 떼 안으로 들어가자, 돼지들은 곧장 차가운 물로 뛰어들어 죽음을 맞이한다. 당연히 돼지 주인들은 화가 나서 예수님에게 그 지역을 떠나 달라고 청했다. 예수님은 이번에도 그 요구를 받아들이고 곧바로 떠날 준비를 하신다. 바로 그때, 귀신에게서 해방된 그 사람이 와서 예수님의 사역 팀에 합류하게 해 달라고 구했다. 그리고 이 이야기에서 처음으로, 예수님은 그 요청에 응답하지 '않으셨다.' 그분의 대답은 '아니오'였던 것이다. 그 사람은 자기 성읍으로 돌아가서, 그의 삶에서 그리스도가 행하신 기적적인 일들을 전해야 했다.

이 내용에서 가장 당혹스러운 점은 예수님이 마주한 세 주체, 곧 귀신 들린 사람, 귀신들, 그리고 마을 사람들 각자의 욕망이다. 귀신들은 자신들을 돼지 떼에게로 보내 달라고 요청했다. 마을 사람들은 예수님이 그 지역을 떠나 주시기를 원했다. 반면, 귀신에게서 해방된 사람은 예수님을 따르고 싶다고 간청했다. 그런데 놀랍게도, 누가 자신이 원하는 것을 받았고 누가 거절당했는지를 살필 때 예상 밖의 결과가 드러난다. 예수님을 따르기를 원했던 바로 그 사람만이 자신이 바란 것을 얻지 못했다. 오히려 예수님의 사명을 오해하거나 그분께 대적했던 이들은 원하는 바를 얻게 된다.

여기서 분별력 있는 독자라면 의문을 품을 수밖에 없다. 왜 예수

님은 귀신들과 마을 사람들의 욕망에는 응답하시면서, 정작 예수님
을 따르기를 원했던 그 사람의 욕망에는 응답하지 않으셨을까? 이 이
야기의 밑바닥에는 제자도에 대한 중대한 교훈이 놓여 있다. 예수님
을 따른다고 해서 우리가 원하는 모든 것을 확실히 얻게 되는 것은 아
니라는 점이다. 오히려 예수님을 따르는 길에는 상처 입은 욕망을 경
험하는 일이 자주 뒤따른다. 예수님이 품으신 욕망들은 신비롭고, 우
리의 논리로는 이해하기 어렵고, 때로는 당혹스러울 만큼 뒤집힌 듯
한 성격을 띤다. 물론 하나님도 욕망을 품고 계신다. 그러나 하나님의
욕망은 우리의 욕망과 같지 않다. 이 짧은 마가복음의 이야기는 예외
적인 사례가 아니다. 복음서를 따라가다 보면, 예수님이 주변 사람들
의 욕망에 맞추어 자신의 사명을 조정하거나 굽히지 않으시는 것을
거의 매 장면마다 확인할 수 있다. 예수님은 자기 존재의 중심을 우리
의 욕망이 아닌 아버지 하나님의 욕망에 두셨다. 그리고 우리도 바로
그렇게 살아가도록 초대하신다.

존 헨리 뉴먼(John Henry Newman)은 이렇게 쓴 적이 있다. "종이 위
에서 종교인이 되는 것만큼 쉬운 일은 없다."[9] 우리의 욕망을 추상적
으로 논하는 일은 어렵지 않다. 그러나 우리는 종이 위에서가 아니라
삶으로 예수님을 따른다. 성령님과 협력하여 자신의 욕망을 새롭게
빚어 가는 과정에는 피와 땀과 눈물이 따른다. 평생에 걸친 고된 여정
이다. 나아가 예수님의 길은 곧 욕망의 길이다. 이 길을 따르는 것은
우리의 욕망을 예수님의 욕망 아래에 두는 것을 의미한다. 우리의 가
장 강한 욕망이 언제나 가장 중요한 것은 아님을 깨달아야 하는 것이

9　Newman의 *Sermon, Chiefly on the Theory of Religious Belief*, 1844에서. Gil Bailie,
　"On Paper and in Person", in *For Rene Girard: Essays in Friendship and in Truth*,
　ed. Sandor Goodhart et al. (East Lansing: Michigan State University Press, 2009), 179에
　인용됨.

다. 욕망을 통해 우리는 선교사가 되거나 결혼을 선택하며, 예수님을 따르거나 독신의 길을 걷기도 한다. 욕망을 통해 우리는 식욕을 절제하고, 직업을 결정하며, 자신이 속하려는 교회 공동체를 선택한다. 그러나 동시에 이 욕망을 통해 우리는 진리를 저버리고, 가장 가까운 친구들을 의심하며, 험담하고, 서로에게 상처를 주고, 탐욕에 자신을 내주기도 한다. 하지만 우리의 욕망이 어떻게 그리스도와 그분의 십자가를 중심으로 형성되어야 하는지를 살피는 데에는 놀라울 만큼 적은 시간을 할애한다. (앞에서 다루었듯이) 우리 안의 욕망을 어떻게 다루느냐가 우리의 삶 전체를 결정짓는 것이 사실이라면, 우리의 욕망이 (삶의 다른 영역들에서와 마찬가지로) 그리스도의 형상을 따라 빚어지는 것은 과연 어떤 모습을 띠게 될까?

그 대답은 창세기의 한 오래된 이야기에서 시작된다.

만물의 기원에 대한 성경의 이야기에서, 한 뱀이 에덴동산에 들어온다. 그 존재가 욕망한 바는 무엇이었을까? 첫 번째 남자와 여자를 속여서 하나님의 선한 창조를 전복시키는 것이었다. 뱀은 하나님과 그분의 영광을 직접 해할 수 없었기에 또 다른 공격 경로를 구상한다. 이는 곧 하나님의 영광을 반영하도록 지음받은 동산 안의 인간들을 공격하는 것이었다. 우리의 선조들은 그 속임수에 넘어가서, 자신들의 창조주를 거스르는 깊고도 파괴적인 반역에 이르게 된다. 곧이어 하나님은 그 속임수에 대해 뱀을 "저주하신다." 그러나 인간들 역시 자신들의 선택이 가져온 결과를 피할 수는 없었다. 이제 여자에게는 생명을 낳는 영광이 극심한 고통과 함께 주어지게 되었다. 그리고 남자는 여자와 나란히 동행하기보다, 그녀를 지배하고 다스리려 들게 된다. 또 남자에게 주어진 노동은 고되고 근심이 따르며 종종 헛수고처럼 느껴지는 일이 된다. 이제 그들의 삶은 하나님이 본래 의도하셨던 기쁘고 풍성한 신뢰의 리듬을 상실하고, 땀과 불안, 끊임없는 초

조함으로 특징지어지게 된다. 인간들은 결국 힘겹게 땅을 경작해야만 했다.

그곳에서 하나님은 한 가지 약속을 하신다. "땅이 '너희를 위해' 가시덤불과 엉겅퀴를 낼 것이며, 너희는 밭의 채소를 먹게 될 것이다"(창 3:18 NIV, 강조는 필자의 것). 이 구절에서 처음으로 가시가 창조 이야기 속에 등장한다. 앞으로 보게 되겠지만, 이 가시라는 주제는 성경 전반에 걸쳐 반복적으로 모습을 드러내고 있다. 그것을 오래 숙고할 때, 가시는 우리에게 분명한 가르침을 준다. 이에 관해서는 곧 다시 살펴볼 것이다. 비유적으로든 문자적으로든, 가시와 엉겅퀴는 우리의 일들이 마땅히 되어야 할 방식대로 흘러가지 않는 세계를 상징한다. 그런데 여기서 우리는 저자가 선택한 이 영감에 찬 표현에 주목해야 한다. 이 가시는 무엇을 '위한' 것인가? 타락 이후의 실망과 어려움과 수고는 우리를 어디로 인도하는 것일까? 가시의 존재 이유는 무엇인가? 그 가시는 바로 … 우리를 위한 것이다.

반역 이후의 세상이 가시로 가득 차 있다는 것에는 누구도 이의를 제기하지 않을 것이다. 땅은 우리의 바람과 달리 열매를 내주지 않고, 우리의 몸은 우리 뜻대로 움직여 주지 않는다. 일을 통해서도 우리가 갈망하는 만큼의 성취를 얻지 못하고, 사람들과의 관계 역시 우리의 모든 욕망을 충족시켜 주지는 않는다. 이처럼 우리가 살아가는 세상은 온갖 가시로 가득하다. 그런데 여기서 잠시 생각을 달리해 보면 어떨까? 우리의 일상에서 마주하는 이 골칫거리들을 부정적인 결함이 아닌 삶의 고유한 특징으로, 문제가 아닌 선물로 바라본다면 어떻겠는가 하는 것이다. 정말 이 가시들이 '우리를 위해' 주어진 것이라면 어떻게 될까?[10]

---

10 명민한 독자들에게는 가시가 '우리를 위해' 있다는 이 단락의 해석이 성경의 자연스러

 ——— 하나님이 내게 주신 욕망이라는 선물

주의 깊게 숙고해 보라. 그러면 깨달음의 빛이 임할 것이다. 결국 죄와 반역에 휩싸인 인류가 자신들의 변덕스러운 욕망과 바람을 모두 충족시키지 '못하는' 것은 그들에게 주어진 가장 큰 선물일지도 모른다. 그 가시들은 단지 우리를 위해 존재하는 데 그치지 않는다.

어쩌면, 그 가시들은 우리를 구원으로 인도한다고 말할 수도 있을 것이다.

운 독법처럼 보이지 않을 수도 있다. 실제로 나도 이것이 성경의 보편적인 독법은 아닐 수 있음을 잘 안다. 하지만 나는 여기서 창세기 저자가 (그가 의도했든 아니든 간에) 장차 일어날 일들에 비추어서만 제대로 이해될 수 있는 어떤 일들을 기록했다고 확신한다. 그리고 이 책의 독자들은 그것이 어떤 점에서 그러한지를 곧 보게 될 것이다.

◆

감사의 말

H. 헨드릭스(H. Hendricks)는 이렇게 쓴 적이 있다. "펜은 우리의 닫힌 마음을 열어젖히는 지렛대와 같다." 이 말은 사실이며, 글을 쓰는 이는 자기 이름이 책 표지에 실리는 특권을 누린다. 그러나 오해해서는 안 된다. 모든 저자의 뒤에는 그의 지렛대를 발견하고 적절히 사용하게 도와준 수많은 사람과 공동체가 있다. 나 역시 그런 도움을 받았으며, 이 자리를 빌려 깊은 감사를 전하고 싶다. 먼저 존더반 리플렉티브(Zondervan Reflective) 팀의 아낌없는 지원과 신뢰에 감사한다. 카일 로헤인(Kyle Rohane), 렉스 드 위즈(Lex De Weese), 리즈 잉글랜드(Liz England), 매튜 에스텔(Matthew Estel), 라이언 파즈두르(Ryan Pazdur)와 함께 일했던 시간은 참으로 유익한 경험이었다. 다시 함께할 기회가 있기를 바란다. 나의 글쓰기와 소명을 형성하는 데 중요한 역할을 해준 부쉬넬 대학의 교수진과 직원들에게도 감사드린다. 여러분은 내게 참으로 큰 선물이었다. 또한 내가 이끌고 있는 프렌즈 대학의 목회학 박사 과정 팀에게도 깊은 감사를 전한다. 여러분은 그 어떤 팀과도 견줄 수 없는 동역자들이다. 원고의 형성 과정에서 세심한 편집적 도움을 아끼지 않은 토니 스카셀로(Tony Scarcello), 그레고리 콜스

 —— 하나님이 내게 주신 욕망이라는 선물

(Gregory Coles), 크리스티 라이스(Christy Rice)에게도 진심으로 감사한다. 세 분의 꼼꼼한 검토는 이 책을 더 단단하게 만들었다. 그리고 내 에이전트 타우니 존슨(Tawny Johnson)이 없었다면 이 책은 현실이 되지 못했을 것이다. 아울러 연구 조교로 수고해 준 제러드 닷슨(Jared Dodson)에게도 특별한 감사를 전한다. 그의 관대하고 성실한 작업은 금과도 같이 귀중했다. 또 나는 세상에서 가장 좋은 친구들을 두고 있다. 삶의 많은 시간을 함께 통과하면서 곁을 지켜 준 용감한 사람들이다. 트레버, 니제이, 존, 닉, 앤디, 브룩스, 캐머런, 조쉬, 조지―당신들은 우정이 얼마나 밝고 귀한 선물인지를 내게 보여 주었다. 이 원고가 마무리되던 무렵 하늘의 영광 속으로 들어간 친구 데이비드에게도 한마디를 남기고 싶다. 그곳에서도 계속 예배의 노래를 쓰게나, 친구여. 자네에게는 아직 부를 노래가 많다네. 마지막으로, 이 모든 여정을 함께 걸어 준 아내 퀸과 아들 엘리엇에게 겸손한 감사를 전한다. 이 책은 결코 혼자 이룬 작업이 아니었다. 온전히 우리 모두의 수고였다. 이 책이 하나님 나라를 세우는 데 쓰인 모든 일에 관해, 그 보상이 이들에게 돌아가기를 바란다. 그리고 부족한 부분이 있다면, 그 책임은 모두 나에게 있다.

01

우리의 욕망을
둘러싼 전쟁

1장

◆

하나님의 갈망

2013년 4월 15일, 보스턴 마라톤 폭탄 테러 직후, 세 명의 목숨을 앗아가고 수십 명에게 부상을 입힌 범인들을 체포하기 위한 대규모 수색 작전이 미국 동부 전역에서 펼쳐졌다. 곧 체포가 이루어졌고, 범인들은 재판을 거쳐 유죄 판결을 받았다. 재판의 진행 과정에서, 당국이 이들을 어떻게 기소했는지를 상세히 전하는 보도들이 뒤따랐다. 검사들은 조하르 차르나예프와 타메를란 차르나예프의 인터넷 검색 기록을 핵심 증거로 제시했다. 이 기록들은 그들이 상당 기간에 걸쳐 공격을 계획해 왔음을 보여 주는 자료였다. 결국 폭탄 제조법에 대한 그들의 온라인 검색 내역은 법정에서 범죄 의도를 입증하는 결정적인 단서가 되었다.[1]

새로운 법적 선례가 만들어지고 있었다. 이제 이런 이야기들은 디지털 환경에서 낯설지 않은 풍경이 되었다. 2015년에 혼외 관계를

---

1 폭파범들과 그들의 인터넷 활동의 관계에 대해서는 Michiko Kakutani, "Unraveling Boston Suspects' Online Lives, Link by Link", *New York Times*, April 23, 2013을 읽어 보라.

위한 은밀한 만남을 중개하던 온라인 사이트 애슐리 매디슨(Ashley Madison)이 해킹을 당하면서, 그 사이트를 검색하고 이용했던 이들의 명단이 해커들에 의해 유출되었다. 수천 명의 은밀한 욕망이 공개된 공간에 그대로 드러난 것이다. 그 결과는 참혹했고, 보는 이들의 마음을 무겁게 했다. 사람들 사이의 신뢰가 무너졌고, 많은 이의 삶과 결혼 생활이 파탄에 이르렀다. 수치와 당혹감 속에서 스스로 목숨을 끊은 이들도 여럿 있었으며, 그중에는 목사와 신학자, 그리고 잘 알려진 비영리 단체의 책임자들도 포함되어 있었다.

우리의 인터넷 검색 기록은 인간에 대해 많은 것을 드러낸다. 어둡고, 기묘하며, 때로는 놀라울 만큼 기이한 면까지 포함해서 말이다. 예컨대 구글 트렌드(Google Trends)에 따르면, 국제 여성의 날에 가장 많이 검색된 문구 가운데 하나는 "국제 남성의 날은 언제인가?"였다. 또 다른 사례도 있다. 한 유명 인터넷 음란물 유통 업체에 따르면, 하와이 주민들에게 핵폭탄이 곧 떨어질 것이라는 잘못된 경보가 발송된 후에 해당 사이트의 방문자 수가 급증했다. 비슷한 현상은 샌프란시스코에서도 나타났다. 샌프란시스코의 NBA 농구팀이 클리블랜드 팀을 이길 것이라는 소식이 전해지자, 샌프란시스코의 음란물 다운로드 수는 21퍼센트가 줄어든 반면에 클리블랜드에서는 34퍼센트나 급증했다.[2]

여기서 무엇을 배울 수 있는가? 분명한 점은 인간이 임박한 재난 앞에서 종종 도피와 공상으로 대응한다는 사실이다. 또한 한 집단이 축하를 받는 순간, 다른 집단은 '자신들은' 언제 그 축하의 대상이 될지를 궁금해한다는 점도 드러난다.

2　Gus Turner, "After the Cavaliers Lost the NBA Finals, Cleveland Fans Watched a Lot of Porn", *Men's Health*, June 16, 2017, https://www.menshealth.com/sex-women/cleveland-cavaliers-fans-porn-nba-finals-pornhub.

인간은 비극적일 만큼 기묘한 존재들이다. 우리의 검색 기록은 우리의 열망과 욕구에 관해 많은 것을 드러낼 뿐 아니라, 우리로 다른 이들의 착취를 겪게 만드는 취약점이 되기도 한다. 오늘날에는 하나의 욕망 경제(desire economy)가 형성되었다. 곧 우리 손에 쥔 아이폰과 그 안에 숨겨진 거의 전지적인 알고리즘이 우리의 모든 욕망을 충족시키고, 원하는 것을 수치로 환산하며, 열망을 수익으로 전환하게끔 작동하는 것이다.[3] 권력을 쥔 이들은 우리의 욕망을 알고 있을 뿐 아니라, 그것을 재형성하려 한다. 누군가와 어떤 제품이나 장소에 대해 대화를 나누자마자 이내 여러분의 휴대전화 화면에 그에 관한 광고가 뜨는 것을 경험한 적이 있는가? 이처럼 우리의 휴대전화는 우리를 지켜보고 있으며, 지금 우리는 감시당하는 중이다. 이것은 곧 실리콘밸리가 만들어 낸 일종의 값싼 기도다. "말만 하라. 그러면 그대의 욕망이 즉시 응답될 것이다."

이것이 바로 오늘날의 새로운 세계, 곧 '세계화된 욕망'의 현실이다. 이 세계에 대해 윌리엄 캐버너(William Cavanaugh)는 이렇게 말한다. "모든 것을 손에 넣을 수 있지만, 아무것도 중요하지 않다."[4] 그리고 이것은 시작에 불과하다. 2000년에는 전 세계 인터넷 사용자가 약 3억 6천만 명이었지만, 2022년에는 그 수가 55억 명에 이르렀다. 이런 추세를 고려할 때, 우리의 인터넷 검색 기록은 앞으로도 오랫동안 법적 분쟁의 불씨가 될 가능성이 크다.[5]

---

3 나는 "욕망 경제"라는 표현을 Daniel Bell, *The Economy of Desire: Christianity and Capitalism in a Postmodern World*, The Church and Postmodern Culture (Grand Rapids: Baker, 2012)에서 빌려왔다.

4 William Cavanaugh, *Being Consumed* (Grand Rapids: Eerdmans, 2008), xi.

5 "Internet Growth Statistics", Internet World Stats: Usage and Population Statistics, https://www.internetworldstats.com/emarketing.htm.

우리가 죽은 뒤에는 이 기록들이 어떻게 될까? 사후에 공개될 수 있을까? 우리와 함께 사라질까? 혹은 어떤 검색 행위는 불법으로 규정될 수도 있을까?[6] 이러한 시급한 질문들은 향후 수년간 법정과 여론의 장에서 끊임없이 다루어질 것이다. 그러나 한 가지는 분명하다. 우리가 무엇을 욕망했는지에 대한 기록은 지금 이 순간에도 사막 한가운데, 냉방이 완비된 데이터 센터 어딘가에 보관되어 있다. 이는 결코 가볍게 넘길 수 없는 사실이다. 알렉산더 솔제니친(Alexander Solzhenitsyn)은 이미 오래전에 이렇게 예견했다. "사람들로 가득 찬 이 행성에서는 더 이상 '내부의 일'이라는 것이 존재하지 않는다."[7] 이제 모든 것이 기록되고 있다.

현재와 같은 때는 우리에게 독특한 기회를 제공한다. 우리의 욕망이 계속 숨겨져 있든, 아니면 널리 드러나게 되든, 자신이 무엇을 바라고 갈망하는지에 주의를 기울일 때 우리 자신의 어떠함을 알아 갈 수 있다. 더욱이 우리의 욕망이 남긴 기록을 들여다보지 '않을' 경우, 하나님이 주신 영광의 상태 가운데로 온전히 해방되는 일도 어렵게 된다. 예수님의 말씀을 빌려 말하자면, 우리는 잔의 겉을 깨끗이 하면서도 그 속은 여전히 비참하고 뒤틀린 상태로 남겨 둘 수 있다.[8] 여기서 예수님이 염두에 두셨던 마음의 욕망들은 우리의 '내면'을 구성하는 중대하고도 본질적인 요소다. 우리의 이 욕망들을 사랑과 호기심의 눈으로 살피지 않는다면, 전인격적인 변화는 끝내 도달할 수 없는 지

6　논쟁은 계속 소용돌이치고 있다. 어떤 것을 검색하는 것이 범죄를 구성하는가?라는 것이다. Lee Rowland, "When Does Your Google Search Become a Crime?", *ACLU* (blog), May 13, 2015, https://www.aclu.org/blog/free-speech/internet-speech/when-does-your-google-search-be come-crime을 보라.

7　Aleksandr Solzhenitsyn, *Warning to the West* (New York: Farrar, Straus and Giroux, 1976), 48.

8　마 23:25-26.

점으로 남게 될 것이다.

수년간 나는 포르노 중독과 끈질기게 씨름해 온 이들과 동행하는 여정에 초대받아 왔다. 이 고된 연단의 과정을 함께 겪으면서, 나는 종종 그들에게 이렇게 질문한다. "그 자기 파괴적인 패턴으로 되돌아가려는 유혹을 깊이 느낄 때 어디에 있었나요? 그때는 하루 중 언제였습니까? 당시 여러분은 무엇을 하고 있었을까요?" 때로는 그들이 어떤 유형의 음란물에 유독 끌리는지를 묻기도 한다. 그리고 이런 질문들은 종종 한 사람이 처음으로 자신의 욕망을 드러내 놓고 성찰해 보는 계기가 된다. 우리는 대개 자신의 어두운 욕망에 대해 생각하는 것을 꺼린다. 그저 그것을 지워 버리고, 아무 일도 없었던 듯이 지나가기를 원한다. 포르노 중독의 악순환 속에 있는 많은 사람은 다른 이들에게 그 일이 발각되어 수치를 당하거나 굳이 고민하는 일을 피하기 위해 자신의 검색 기록을 재빨리 삭제한다. 그 과정에서 자신이 원치 않게 매여 온 그 욕망의 본질을 깊이 숙고해 볼 시간은 거의 갖지 못한 채로 남는다.

하지만 우리의 참된 변화가 그런 욕망들을 외면하기보다 오히려 제대로 직시하는 데서 시작된다면 어떨까? 제이 스트링거(Jay Stringer)는 이렇게 말한다. "우리가 품은 공상들은 마음의 지도와도 같다."[9] 성적 회복을 전문으로 하는 그리스도인 심리치료사인 그는 포르노그래피를 비롯한 성 중독으로 고통받는 이들과 함께 일해 왔다. 그의 저서 *Unwanted*(원치 않았던 것들)에서는 중독자들이 원치 않는 죄의 패턴에 빠진 뒤 인터넷 검색 기록을 지워 버리는 일이 얼마나 흔한지를 상세히 보여 준다. 그러나 스트링거에 따르면, 치유는 항상 우리가

9　Jay Stringer, *Unwanted: How Sexual Brokenness Reveals Our Way to Healing* (Carol Stream, IL: NavPress, 2018) 서론을 보라.

'바라보며'(look at) '갈망하는'(look for) 것들에 주의를 기울이는 데서 시작된다. 이 욕망 가운데서, 우리는 그리스도께서 우리를 만나고 우리 마음을 치유해 주려 하시는 곳이 어디인지를 정확히 알아낼 수 있다. 욕망은 실제로 우리의 영혼에서 가장 깊은 사랑이 필요한 곳을 가리키는 이정표가 될 수 있다. 우리가 흔히 정욕의 저장소로 여겨 온 그 자리에 있는 것은 사실 친밀함에 대한 깊은 갈망일지도 모른다. 스트링거는 이렇게 말한다. "포르노 검색 기록은 우리의 정욕을 드러낸다. 하지만 훨씬 더 중요한 점은 그것이 우리 삶에서 아직 사랑을 받지 못한 영역들을 보여 준다는 데 있다."[10]

우리는 치유하시는 성령님의 손길을 힘입어 거룩한 호기심을 품고 자신의 욕망을 대면하기보다, 깊은 수치심에 싸여 그것들로부터 고개를 돌리는 편을 택한다. 그러나 이러한 반응은 인류의 시작부터 반복되어 온 태도다. 우리는 늘 고백하기보다 가리고 덮으려고 한다. 문제는 이 방식이 많은 기독교 공동체 안에서도 종종 강화되고 더욱 악화될 뿐이라는 점이다. 그 결과 우리는 그저 '거짓으로 변화된' 상태로 머물게 된다. 그러나 어둠은 부정한다고 해서 사라지지 않는다. 우리에게는 다른 길이 필요하다.

예수님은 우리 자신의 욕망들을 친밀하게 알아 가도록 초대하신다. 우리는 그분의 진리 안에서 마침내 자유하게 된다. 그러나 우리가 가식에 매여 있을 때에는 결코 그 길로 나아갈 수 없다. 우리의 욕망들을 무시할 때, 오히려 그 욕망들이 더 큰 힘을 얻을 뿐이다.

하나님은 우리의 욕망이 남긴 기록들을 통해 우리에게 많은 것을 가르치신다. 다만 지금 이 이야기는 거기서부터 시작되지 않는다. 한 사람의 인터넷 검색 기록이 그의 숨겨진 욕망을 비추어 준다면, 성경

---

10 Stringer, *Unwanted*, 42.

은 캐서린 던랩 카터(Catherine Dunlap Carter)의 말처럼 "인간 욕망에 대한 '비할 데 없는' 기록"이라 할 수 있다.[11] 성경은 인간의 상태를 그 어떤 자료보다도 깊고 정확하게 진단한다. 다만 성경의 이야기는 그 진단에서 출발하지 않는다.

성경은 하나님의 갈망으로부터 시작한다.

◇◇◇◇◇◇◇◇◇◇

성경은 우리가 아닌 하나님께로부터 시작한다. 그렇기에 성경은 본질적으로 우리 자신에 관한 책이 아니다. 또한 성경은 그 안에 등장하는 왕이나 선지자, 족장 혹은 제자들과 같은 인물들에 관한 이야기도 아니다. 그 이야기의 처음에 등장했던 한 인격체가 맨 마지막 부분에도 나온다. 그분은 바로 하나님이시다. 물론 성경의 무대에는 수많은 인물이 등장했다가 사라진다. 그러나 그들은 여러 장면 속을 잠시 스쳐 지나가는 보조 출연자나 찬조 출연자에 가깝다. 다시 말해, 성경은 여러 인물의 동등한 협연으로 구성된 이야기가 아니다. 온전히 하나님의 이야기다.

끝없이 얽히는 인간의 욕망들을 성경에서 묘사하기는 하지만, 그 욕망들이 이야기의 중심은 아니다. 성경은 하나님의 욕망 이야기를 들려준다.

이 모든 일은 말을 통해 이루어진다. 왜 그런가? 우리는 말을 통해 다른 사람의 욕망을 배울 수 있기 때문이다. 부모는 문법이 엉성하고 단어가 뒤섞인 아이의 말을 인내심 있게 들으면서 그 안에 담긴 필요를 가려낸다. 배우자들은 서로의 말에 주의를 기울이면서 마음 깊은

11　Katherine Dunlap Cather, *Educating by Story-Telling: Showing the Value of Story-Telling as an Educational Tool for the Use of All Workers with Children* (New York: World, 1918), 119. 강조는 필자의 것.

곳의 요구를 듣게 된다. 아이들은 성장 과정에서 부모나 교사, 코치의 말을 들으면서 무엇이 유익한 길인지를 배워 간다. 독자들 역시 한 권의 책을 읽으면서 저자의 의도와 방향을 읽어 낸다. 말이 없다면 우리의 욕망은 알려질 수 없고, 드러나지 않으며, 들릴 수도 없다. 말은 종종 욕망의 문법 역할을 한다.

성경의 저자들에게는 모든 단어가 중요했다. 예를 들어 창세기 1-2장을 살펴보자. 이 두 장에 사용된 서로 다른 단어의 수는 놀랍게도 이백팔십이 개에 불과하다. 저자는 새롭고 이국적인 어휘를 쏟아 내기보다, 같은 단어들을 거듭 반복하고 재사용하면서 각각의 맥락 속에서 새로운 의미를 자아내는 방식을 택했다. 히브리 성서학자 로버트 올터(Robert Alter)는 바로 이것이 히브리 문화의 두드러진 성취라고 주장한 바 있다. 수메르인과 이집트인, 바빌로니아인은 고대 세계에서 건축과 정치, 문화 영역의 업적들을 남겼다. 그리고 올터에 따르면, 이 영역들에서 이스라엘은 "초라한" 민족일 뿐이었다. 하지만 그 민족은 세상에 '말'이라는 선물을 남겼다. 올터는 이렇게 말한다.

문학의 영역에서 고대 히브리 저자들은 … 이웃 민족들을 능가했다. 그들은 형식적으로 탁월하며 기술적으로도 혁신적인 강력한 서사들을 만들어 냈다. 그리고 욥기와 이사야, 시편과 아가서 등의 본문에 담긴 시는 지중해 세계에서 창작된 그 어떤 시와도 견줄 만하다. 나는 이런 수준의 문학적 성취가 어떻게, 또 왜 가능했는지 알지 못한다. 다만 분명한 것은, 히브리 저자들이 자신들의 문학적 은사를 통해 … 새로운 유일신론적 비전을 선포하려는 분명한 열망을 품고 있었다는 점이다.[12]

12　Robert Alter, "A Life of Learning: Wandering Among Fields", *Christianity and Literature* 63, no. 1 (Autumn 2013): 100.

성경 문헌들의 모든 획과 점은 신중하게 선택된 것이다. 그 내용은 온전히 의도된 것들로서, 그 속에는 하나님의 영원한 목적과 초월적인 빛이 담겨 있다. 그런데 독자들이 곧 깨닫게 되듯이, 성경은 분명하게 언급되는 것들만을 가지고서 우리를 가르치지 않는다. 오히려 그 책은 그 속에 암묵적으로 전제된 것들을 통해서도 가르친다. 하나님은 말씀을 통해 우리를 가르치지만, 그 각각의 말씀들 사이에 놓인 침묵과 여백을 통해서도 그리하신다.[13] 곧 우리는 그 책에서 선포되는 것과 선포되지 않은 채로 남는 것 모두를 통해 배우는 것이다. 말을 욕망의 문법으로 여긴다면, 성경은 곧 그분의 욕망을 드러내는 문법이다.

이제 성경의 첫 문장으로 돌아가 보자. "태초에 하나님이 천지를 창조하시니라"(창 1:1).

이 성경의 첫 줄에서 우리는 하나님의 욕망에 대해 무엇을 배울 수 있을까? 여기서 찰스 디킨스의 『크리스마스 캐럴』 첫 문장을 떠올려 볼 수 있다. 이야기는 이렇게 시작된다. "먼저 말하자면, 말리는 죽었다." 이 문장은 디킨스 특유의 문체를 잘 보여 준다. 단 한 문장 안에서 저자는 독자를 두 가지 전제 속으로 곧장 밀어 넣는다. 첫째로 말리라는 인물이 있으며, 둘째로 그 말리는 이미 죽은 상태라는 것이다. 여기에는 어떤 설명도 없다. 독자들은 그저 일련의 어수선한 사실들을 대면하게 될 뿐이다.

성경의 첫 문장 역시 두 개의 큰 전제를 독자들에게 던져 놓는다. 먼저 눈여겨볼 점은 성경이 하나님의 존재에 대한 어떤 논리적인 증명으로 시작되지 않는다는 것이다. 왜 창조주 하나님을 '믿어야 하는

---

13 "성경적 틈새"는 Meir Sternberg, *The Poetics of Biblical Narrative: Ideological Literature and the Drama of Reading* (Bloomington: Indiana University Press, 1987), chap. 6에서 탐구하는 주제다.

지'에 대한 명확한 변증이나 주장은 제시되지 않는다. 성경은 논쟁으로 문을 열지 않는다. 그저 "거기 계시는 하나님"을 선포하는 데서 이야기를 시작할 뿐이다.[14]

어떻게 이런 전제가 가능한 것일까? 이는 부분적으로 고대 세계의 종교적 환경과 관련이 있다. 고대 사회에서는 거의 모든 이가 어떤 식으로든 영적인 존재나 실재를 숭배했다. 오늘날과 같은 형태의 무신론은 근대 초기에 이르러서야 등장한다. 고대 세계에는 완전히 세속적인 독자가 존재하지 않았다. 그렇기에 영적 존재의 실재를 증명하기 위한 논증이 필요치 않았던 것이다. 하지만 바로 이 지점에서, 성경은 현대 독자들에게 하나의 걸림돌이 된다. 오늘날 성경을 읽는 이들은 고대 독자들과는 전혀 다른 전제들을 가지고 본문에 접근한다. 고대의 독자들은 대체로 영적인 문제에 관심을 품고 열린 마음으로 텍스트를 읽었다. 반면 현대의 독자들은 종종 회의적이며, 상당한 의심과 경계심을 품은 채로 성경을 마주한다.

나는 대학에서 '성경 문헌 입문'이라는 과목을 가르치는데, 그 수업에는 아주 다양한 학생들이 참여한다. 그리스도인 학생들도 있고, 그렇지 않은 학생들도 있다. 그 종교적 신념이 없는 학생들에게, 나는 그들 자신의 것과는 다른 삶의 전제에 근거해서 쓰인 이 책을 한번 읽어 볼 것을 거듭 권하곤 한다. 그중 한 학생은 창세기의 첫 문장을 도무지 넘어가지 못했다. 그는 성경이 전제하는 세계관을 공유하지 않았기 때문이다. 한 과제물에서 그는 점점 커져 가는 자신의 좌절감을 솔직하게 털어놓았다.

---

14 D. A. Carson, *The God Who Is There: Finding Your Place in God's Story* (Grand Rapids: Baker, 2010).

성경은 전제들로 가득 차 있다. 하지만 나도 그렇다! 성경은 내가 본문에 다가가기 이전부터 하나님이 계시다는 전제 위에 서 있다. 그런데 이제 보니, 나 역시 성경 본문을 펼치기 전부터 그분이 없음을 전제하고 있었다. 우리는 서로 팽팽히 맞서고 있는 셈이다.

나는 그의 솔직함을 높이 사서 A학점을 주었다. 한편 이 학생의 이야기는 성경이 현대 독자들에게 불편하게 다가오는 한 가지 이유를 드러낸다. 이는 성경이 우리의 전제들을 공유하지 않기 때문이다. 신학자이자 역사가인 윌리엄 플래처는 깊은 통찰이 담긴 『비변증론적 신학』(*Unapologetic Theology*)에서, 기독교와 계몽주의 이후에 속한 서구 세속 세계의 공적인 영역에서 신실한 그리스도인으로 살아가는 일이 왜 그토록 어려운지를 설명한다. 그에 따르면, 오늘날 우리의 문화적인 정황 가운데서 하나님이 '실제로' 존재하신다는 믿음은 더 이상 공유된 전제가 아니기 때문이다. 오히려 계몽주의 이후의 문화에서는 종교적인 전제들 자체가 용서받을 수 없는 (그리고 쉽게 잊히지 않는) 일종의 죄로 여겨지게 되었다.

플래처는 오늘날 하나님에 대한 회의주의의 이면에 하나의 숨은 전제가 자리하고 있음을 지적한다. 그것은 곧 하나님의 존재에 대한 일종의 전제된 '불신'이다. 그에 따르면, 서구 교회는 계몽주의 이후의 사회에서 지적으로 존중받기 위해 이런 전제들에 어느 정도 동조해 왔다. 그리고 이로 인해 기독교적인 증언의 힘이 약화되었다는 것이다. 플래처는 이렇게 말한다. "기독교가 우리 문화를 제대로 비판하지 못하는 한 가지 이유는 지적 존중을 얻기 위한 대가로 이미 그 문화의 여러 전제를 받아들였기 때문이다."[15] 파스칼은 그리스도인들이

---

15 William C. Placher, *Unapologetic Theology: A Christian Voice in a Pluralistic*

"하나님이 실제로 존재하시는 것처럼"(as though God actually exists) 살아야 한다고 말한 바 있다.[16] 그리스도인이든 아니든, 모든 사람은 언제나 어떤 전제 위에서 사고하며 살아가기 때문이다.

창세기 1장은 또한 하나님이 이름을 지니신 분임을 전제한다. 성경의 첫 두 장에서 하나님은 두 가지 이름으로 불린다. '엘로힘'(창 1장)과 '여호와'(창 2장)다. 두 개의 장, 두 개의 이름이다. 언뜻 보기에 사소해 보일지 모르지만, 고대의 신들은 대개 아래의 인간들에게 자신의 이름을 드러내지 않았다는 점을 기억해야 한다. 신약에서 바울이 고대 도시 아덴에 도착했을 때를 떠올려 보자. 그는 그곳에서 "알지 못하는 신에게"라고 새겨진 단을 보았다(행 17:23). 이처럼 이름 없는 신을 위해 새겨진 비문들은 고대 세계에서 상당히 흔한 것이었다. 조각상과 우상도 자신들이 대표하는 신의 이름을 아예 생략한 채로 세워지는 경우가 많았다.

왜 고대의 신들은 익명성을 유지했을까? 이유는 단순하다. 신들이 자신의 이름을 드러내면, 인간들이 그 이름을 불러 그 신에게 말을 걸고 심지어 잠에서 깨울 수도 있었기 때문이다. 신의 이름을 안다는 것은 곧 그 신을 호출할 권한을 지닌다는 뜻이었다. 성경의 노아 홍수 이야기와 고대 길가메시 서사시에 등장하는 홍수 이야기를 나란히 놓고 보면, 그 신적인 반응의 성격이 극명히 대비된다. 성경에서 하나님은 세상에 만연한 죄와 불의를 보시고 그분의 일을 행하신다. 반면 길가메시 서사시에서 신들은 인간들이 소음을 일으켜 자신들의 잠을 방해했다는 이유로 진노에 찬 반응을 보인다. 그들은 그저 자신들을

Conver-sation (Louisville: Westminster, 1989), 12. 『비변증론적 신학』(은성).

16 Eugene Subbotsky, *The Bubble Universe: Psychological Perspectives on Reality* (London: Palgrave Macmillan, 2020), 258-59에 인용된 것처럼.

깨웠다는 사실 자체에 격노했던 것이다.

익명의 신들로 가득한 세계에서, 하나님이 자신의 '두' 이름을 계시하신 창세기 초반부의 서사는 분명 충격적으로 들렸을 것이다. 이는 곧 인간들이 그분의 이름을 부르며 심지어 인간들이 그분을 알기를 원하신다는 뜻이었기 때문이다. 이 사실은 요한복음에 기록된 예수님의 기도에 한층 더 깊은 무게를 더해 준다. "내게 주신 사람들에게 내가 '아버지의 이름을 나타내었나이다'"(요 17:6 NET, 강조는 필자의 것).[17] 창세기의 첫 두 장에서, 하나님은 이처럼 인간에게 자신의 이름을 알리심으로써 이미 스스로를 드러내셨다. 이 하나님은 '알 수 없는 신'이 아니다. 그리고 그분은 알려지지 않은 채로 남아 있기를 원하지도 않으신다.

이 하나님은 이름을 지니신 분이다. 이는 마치 사람들이 그분을 원하고 찾기를 스스로 원하시는 듯이 보인다. A. W. 토저의 말처럼, "하나님은 사람들이 그분을 원하기를 기다리고 계신다."[18]

◇◇◇◇◇◇◇◇◇◇

창세기 앞부분은 세상이 '어떻게' 존재하게 되었는지에 대해 상당히 많은 전제를 지닌 채로 이야기를 시작한다. 물론 세상과 우주의 기원에 관한 이런 이야기들이 성경에만 등장하는 것은 아니다. 이스라엘 주변의 모든 고대 문화권은 (이스라엘과 마찬가지로) 세계의 기원에 대한 나름의 이야기를 품고 있었다. 이런 이야기들은 흔히 '우주

---

17 Van Kaam, Adrian, *The Tender Farewell of Jesus: Meditations on Chapter 17 of John's Gospel* (New York: New City, 1996), chap. 7

18 John Eldredge, *The Journey of Desire: Searching for the Life You've Always Dreamed Of*, expanded ed. (Nashville: Nelson, 2016), 59에 인용됨. 이 인용문은 글의 흐름상 약간 수정되었다.

론'(cosmologies)이라 불린다. 그 고대의 문화들은 자신들이 믿는 창조 이야기에 기반하여 민족 정체성을 형성했다. 우리가 어디서 왔는가 하는 질문은 곧 우리가 누구인지를 말해 주기 때문이다. 이러한 우주론과 기원 이야기들은 바벨론 사람들, 애굽 사람들, 수메르 사람들, 메소포타미아 사람들 사이에서 흔히 나타났다.[19] 고대 우주론의 뚜렷한 공통점 중 하나는 신들이 서로 충돌하면서 벌이는 거대한 우주적인 전쟁에 있었다. 승자는 전리품을 차지했고, 그중 하나가 바로 우리가 사는 이 세계, 곧 '아래의 땅'이었다.

이와는 대조적으로, 고대의 독자들은 창세기가 우주적인 전쟁으로 시작되지 않음을 즉시 알아차렸을 것이다. 창세기의 시작은 이러하다. "하나님이 이르시되 빛이 있으라 하시니"(창 1:3). 그 어디에도 피 흘리는 전쟁이나 은하계의 충돌, 신들 사이의 권력 쟁탈전은 등장하지 않는다. 그저 하나님이 말씀하시니 모든 일이 '그대로 되었던' 것이다.

이 점을 고대의 관점에서 생각해 보자. 전쟁을 통해 권력을 쟁취하려는 신들로 가득한 세계에서, 이스라엘의 하나님은 인간을 창조하여 그들에게 권세를 나누어 주신다. 인간에게 사물들의 이름을 부여할 권한을 주고 세상을 다스리게 하며, 땅을 채우게 하신다. 당시 독자들의 입장에서 그 이야기가 얼마나 감동적으로 다가왔었을지를 한번 상상해 보기 바란다. 성경의 하나님은 권력을 얻기 위해 싸우지 않으신다. 이미 그 권세를 가지고 계시기 때문이다. 그리고 창세기 2장이 끝날 무렵, 하나님은 자신이 창조한 인간에게 그 권세를 나누어 주기 시작하신다.

---

19 고대 우주론에 대한 한 철저한 검토는 Kyle Greenwood, *Scripture and Cosmology: Reading the Bible Between the Ancient World and Modern Science* (Downers Grove, IL: IVP Academic, 2015)에서 볼 수 있다.

이 점이 중요한 이유는 사람들이 결국 자신이 믿는 우주론과 동일한 존재가 되기 때문이다. 다시 말해, 우리는 우리 자신에 대해 스스로 들려주는 이야기대로 살아가게 된다. 숙제를 하나 내주고 싶다. 훈련받은 상담 치료사들 중 아무에게나 찾아가서 이것이 사실인지 물어보라. 거의 틀림없이 그렇다고 말할 것이다. 어떤 문화에 속한 이들이 자신들의 존재를 우주적인 전쟁과 충돌의 산물로 여긴다면, 그들은 전쟁하는 민족이 될 수밖에 없다.[20] 만일 우리가 자신을 유전적인 실수의 결과로 여긴다면, 삶에서 깊은 의미를 발견하기 어려울 것이다. 또한 우리 조상들이 원시적인 '적자생존'의 게임에서 운 좋게 살아남았기 때문에 우리가 존재한다고 믿는다면, 지금 우리 사회와 도시, 각종 제도 역시 그런 모습을 띠게 될 것이다. 예전에 한 상담사가 내게 말했듯이, 자신에 관해 반복적으로 재생하는 '내면의 서사'가 곧 자신의 모습이 된다.

그리고 이런 맥락에서, 창세기의 창조 이야기는 장차 이루어질 구속의 성격을 예언적으로 드러낸다. 하나님은 어떤 바위들을 거칠게 내리침으로써 만물을 빚어내지 않으셨다. 오히려 그분이 말씀하시자 모든 바위가 존재하게 되었다. 하나님은 자신의 창조 세계를 향해 계속 "좋았더라 … 좋았더라 … 매우 좋았더라"라고 말씀하셨다. 이 하나님은 자신이 지으신 것을 사랑하신다.

우리는 그저 운 좋게 살아남은 존재들이 아니다. 우리는 사랑받는 존재들이다. 하나님께서 우리를 창조하신 것은 우리를 향한 그분의 갈망 때문이었다. 그리고 하나님은 언제나 좋은 것만을 만드신다.

기독교 공동체 안에서 창조에 대한 논의는 대개 "어떻게" 창조

---

20 William P. Brown, *The Ethos of the Cosmos: The Genesis of Moral Imagination in the Bible* (Grand Rapids: Eerdmans, 1999)에 내내 나오는 핵심 주제.

되었는지에 집중된다. 지구의 나이는 얼마나 되는가? 하나님은 언제 우주를 창조하셨는가? 창조가 실제로 일곱 날 동안 이루어졌는가? 이러한 질문들은 중요하고 흥미로우며, 때로는 꼭 필요한 주제들이다. 그러나 욕망에 대해 말하려면, 우리는 다른 질문을 던져야 한다. 바로 창조의 "왜"에 대한 질문이다. 19세기의 철학자 오귀스트 콩트(Auguste Comte)는 '우리는 별들의 본질이 무엇인지를 결코 알아낼 수 없을 것'이라는 유명한 말을 남긴 바 있다. 그의 요지는 분명하다. 우리가 별들을 관찰하고 분석할 수는 있지만, 그 별들이 '왜' 생겨났는지를 알아낼 수는 없다는 것이다. 많은 과학자는 이것을 '근본 질문'(the question)으로 불러 왔다. 과학적 탐구는 이 세계에 무엇이 존재하는지를 우리가 알아내는 데 도움을 줄 수 있다. 하지만 그것이 왜 존재하는지는 설명해 줄 수 없다는 것이다. 과학은 우리에게 별들의 성질을 알려 줄 수는 있지만, 그 별들의 존재 이유까지 말해 주지는 못한다.[21]

콩트와 마찬가지로, 몇몇 사상가는 이 질문에 대해 나름의 추측을 내놓았다. 그중에는 다소 우스꽝스러운 주장들도 있다. 예컨대 소설가 존 업다이크(John Updike)는 만일 하나님이 존재한다면, 그분은 분명히 무료함을 달래기 위해 온 우주를 창조했을 것이라고 말했다. 또 *The End of Science*(과학의 종말)과 *Rational Mysticism*(합리적 신비주의)의 저자인 존 호건(John Horgan)은 문득 이런 통찰을 하게 되었다고 고백한다. "신이 있다면, 그가 이 가슴 아픈 세상을 창조한 이유는 바로 그 자신의 존재 이유에 대한 질문에 직면함으로써 거대한 정체성의 위기를 겪었기 때문일 것이다. … 신은 우리와 마찬가지로 자신의 존

---

21 몇몇 시도가 이루어지긴 했으나. 예를 들어, Lawrence M. Krauss, *A Universe from Nothing: Why There Is Something Rather than Nothing* (New York: Atria, 2012)을 보라.

재를 당혹스럽게 여긴다."[22]

물론 이러한 질문들은 과학자들뿐 아니라 누구에게나 쉽지 않은 문제다. 그러나 바로 이 지점에서 성경의 이야기는 현대의 세속적이고 과학적인 전제들과 또 다시 상반되는 모습을 보인다. 현자인 엘리 위젤(Elie Wiesel)은 이렇게 말했다. "하나님이 세상을 창조하신 이유는 그분이 좋은 이야기를 사랑하시기 때문이다." 이 말은 핵심을 간명하게 요약한다. 하나님은 어떤 강박이나 필연성 때문에 '어쩔 수 없이' 우주를 창조하신 것이 아니다. 지루함이나 슬픔, 동반자에 대한 필요, 혹은 어떤 존재론적 위기 때문도 아니었다. 하나님은 그분의 깊은 사랑을 베풀려는 갈망에서 이 세상을 창조하셨다. 지금 만물이 존재하는 이유는 바로 하나님이 그것들의 존재를 원하셨기 때문이다. 고대의 클레멘스 1서 저자가 말했듯이, "지금은 [하나님의] 숨결이 우리 안에 있으며, 그분이 원하실 때 그 숨결을 거두어 가신다."[23]

우리는 하나님의 갈망 안에서 존재하게 되었다. 이것이 우리의 우주론이다. 우리는 처음부터 그분이 원하신 존재였고 지금도 그러하다. 이것이 바로 창조의 전체 목적이다. 이에 관해, 젠 폴록 미셸(Jen Pollock Michel)은 이렇게 성찰한다. "하나님의 갈망은 창세기 1장의 예술성 뒤에 있는 선하고 아름다운 추진력이다. ['빛이 있으라'는] 이 말씀 뒤에는 어떤 강제된 의무도, 마지못해 감당하는 책임감도 없다. 오직 하늘의 심장 박동과 인류를 향한 그분의 갈망만이 있을 뿐이다."[24]

---

22   John Horgan, "Science Will Never Explain Why There's Something Rather Than Nothing", April 23, 2012, https://blogs.scientificamerican.com/cross-check/science-will-never-explain-why-theres-something-rather-than-nothing/.

23   Michael W. Holmes, ed., *The Apostolic Fathers in English* (Grand Rapids: Baker Academic, 2006)에 나오는 1 Clement를 보라.

24   Jen Pollock Michel, *Teach Us to Want: Longing, Ambition & the Life of Faith* (Downers Grove, IL: InterVarsity Press, 2014), 31.

이런 이유에서, 아비바 고틀리브 조른버그(Avivah Gottlieb Zornberg)는 창조 이야기에 대한 자신의 주석서를 *The Beginning of Desire*(욕망의 시작)이라 이름 붙였다.[25] 이 갈망이야말로 그 이야기 전체의 주제이기 때문이다. 실제로 폴 후커(Paul Hooker)는 요한복음 1장의 서두를 다음과 같이 아름답게 풀어 쓴 바 있다.

> 태초에 갈망이 있었다.
> 이 갈망이 무한하신 이와 함께 계셨으니
> 이 갈망은 곧 무한하신 이였다.
> 이 갈망은 그 무한하신 이의 면류관이었으며
> 이 갈망은 그분을 실로 아름답게 만들었다.[26]

이와 같이, 우리가 갈망하는 것은 하나님이 먼저 갈망을 품으셨기 때문이다. 그분은 생명을 주시기를 기뻐하시며, '자녀를 낳으시는' 하나님이시다. 이 일보다 그분의 마음에 더 가까운 것은 거의 없으며, 여기서도 우리는 창조주이신 그분을 본받게 된다. 하나님이 이 세상의 존재를 갈망하셨듯이, 우리 역시 세상 속에서 무언가를 갈망하면서 살아간다. 사람들이 자녀를 낳고 번성하고 무언가를 창조하며 살아갈 때, 그들은 세상에서 그분의 어떠하심을 드러내고 있는 것이다. 유진 피터슨(Eugene Peterson)에 따르면, 성경의 족보들에 계속 등장하는 '낳았다'는 표현들은 인간이 어떤 식으로 하나님의 창조적인 본성에 가장 깊이 참여하게 되는지를 보여 준다. "인간의 모든 탄생은 일

---

25 Avivah Gottlieb Zornberg, *The Beginning of Desire: Reflections on Genesis* (New York: Schocken, 1995).

26 Paul Hooker, *The Hole in the Heart of God: Stories of Creation and Redemption* (Eugene, OR: Resource, 2021), 7.

종의 케리그마와도 같다."[27] 이런 우리의 창조 활동은 그분의 창조적인 갈망을 온 세상에 드러낸다.

◇◇◇◇◇◇◇◇◇◇

그런데 하나님은 정말 갈망을 품고 계실까?

잠시 두 가지 질문을 생각해 보자. 첫째, 우주 전체에서 가장 행복한 존재는 누구일까? 혹은 누구보다도 더 깊은 기쁨과 행복을 누리는 존재는 누구일까? 기독교 전통에서 그 대답은 하나님이다. 이런 이유로, 세상을 떠난 신학자 마르바 던(Marva Dawn)은 자신의 글에서 '기쁨'(Joy)이라는 단어를 늘 대문자로 썼다.[28] 이는 하나님 자신이 참된 기쁨이심을 독자들에게 일깨우기 위함이었다. 그리고 예수님은 육신이 되신 기쁨이시다. 이제 두 번째 질문을 던져 보자. 우주에서 가장 슬픈 존재는 누구일까? 신학적으로 보면, 이 질문의 답도 같다. 하나님이야말로 우주에서 가장 슬픈 존재다. 이사야는 오실 메시아를 "슬픔의 사람, 깊은 고통을 아는 이"(사 53:3 NLT)로 묘사한다. 우주의 어떤 존재보다도 하나님은 더 많은 아픔과 탄식을 겪으신다. 그분은 악과 불의, 그리고 인간의 죄 앞에서 눈물을 흘리신다. 모든 순간마다, 그분은 해 아래 존재하는 선과 악을 보면서 순전한 기쁨과 행복뿐 아니라 깊은 탄식과 슬픔을 느끼신다.[29] 하나님은 이 모두를 동시에 경험하시는 것이다.

하나님은 완전하고 죄가 없으며 무한한 감정을 품으시는 분이다.

---

27 Eugene Peterson, *Christ Plays in Ten Thousand Place: A Conversation in Spiritual Theology* (Grand Rapids: Eerdmans, 2005), 58.

28 Marva Dawn, *Being Well When We're Ill* (Minneapolis: Fortress, 2008), 11.

29 함께 커피를 마시면서 대화하는 동안에 하나님의 감정에 대한 이 수사적인 질문들을 내게 던졌던 친구 스티브 오버만에게 감사한다.

이 사실은 왜 인간이 감정을 지닌 존재인지를 이해하게 해 준다. 이는 우리의 창조주가 감정을 지니신 분이시기 때문이다. 인간이 경험하는 모든 기쁨과 슬픔은 그분의 풍성한 기쁨과 슬픔에서 흘러나온다. 이 진술의 밑바탕에는 성경의 근본적인 핵심 주제가 놓여 있다. 이는 곧 인간이 "하나님의 형상"으로 지음받았다는 개념이다(창 1:26-27). 진정한 인간이 되는 것은 바로 우리를 창조하신 그분의 모습을 드러내는 데 있다.

그러면 인간은 왜 갈망을 품게 되는가? 인간이 갈망하는 이유는 하나님이 먼저 갈망을 품으셨기 때문이다. 성경의 이야기는 하나의 이중 노출 사진처럼 볼 수 있다. 하나님의 갈망과 인간의 갈망이 서로 겹쳐 나타나는 이미지다. 갈망을 품으시는 하나님이 이 세상을 창조하고 빚고 다듬으셨듯이, 이 세상은 또한 인간의 갈망에 의해 다시 형성되어 왔다.

실로 하나님이 무언가를 "원하신다"거나 "갈망하신다"는 것은 구약 전반을 관통하는 중요한 주제다. 그분은 이렇게 말씀하신다. "나는 인애를 '원하고' 제사를 원하지 아니하며"(호 6:6). 하나님께서 자신의 언약 백성에게 깊은 진실함을 바라신다는 사실은 시편 기자의 고백에서도 드러난다. "당신은 내면의 진실함을 '원하시오니'"(시 51:6 NRSVue). 심지어 이방인인 스바의 여왕조차 이렇게 고백한다. "하나님이 이스라엘을 사랑하시고 이 나라가 영원히 서기를 '원하셔서' 당신을 그들의 왕으로 세우사 정의와 공의를 행하게 하셨습니다"(대하 9:8 NLT). 신약에도 하나님의 갈망을 표현하는 구절들이 가득 담겨 있다. 예수님은 제자들을 부르실 때 "자기가 '원하는' 자들"을 불러 모으셨다(막 3:13). 요한은 예수님이 지상의 사역을 마치면서 아버지께 드린 기도에서 그분의 갈망을 이렇게 전한다. "아버지여 내게 주신 자도 나 있는 곳에 나와 함께 있어 … 나의 영광을 그들로 보게 하시기를 '원하나이다'"(요 17:24). 베드로는 하나님이 "아무도 멸망하지 않기를 '원하신다'"고 분명히 언급하며(벧후 3:9 NIV), 바울도 이를 거듭 강조한다. "하나님은 모든 사람이 구원을 받[기를] '원하시느니라'"(딤전 2:4).[30]

하나님은 갈망하시는 하나님이시다. 때로 성경 저자들은 인간이라면 결코 알 수 없었을 하나님의 내적인 뜻까지도 드러내는 대담한 서술을 감행한다. 예를 들어, 창세기 6장에서 하나님은 악한 세상을 둘러보시고 스스로에게 이렇게 말씀하신다. "나의 영이 영원히 사람과 함께 하지 아니하리니 이는 그들이 육신이 됨이라 그러나 그들의 날은 백이십 년이 되리라"(창 6:3). 이 장면에는 하나님과 대화를 나누는 인간이 등장하지 않는다. 성경이 그분의 갈망을 독자들 앞에 직접 드러내고 있는 것이다. 또 다른 예로, 출애굽기 4장에서 하나님은 모세를 부르셔서 바로에게 가라고 명하신다. 그러나 모세는 차라리 자기 형 아론을 보내는 것이 낫겠다고 말한다. 그때 본문은 하나님이 모세를 죽이려 하셨다고 전한다(출 4:24). 이 역시 어떤 인간도 헤아릴 수 없었을 그분 자신의 뜻이다. 어떤 인간도 그분의 뜻을 알지 못했던 상황에서, 본문은 하나님의 내적인 의지를 드러내는 서술을 감행한다. 다행히 하나님은 모세를 해치지 않으셨다. 하지만 이 작은 순간들은 성경이 독자들을 위해, 우리 힘으로 파악할 수 없는 그분의 갈망을 드러내 주고 있음을 보여 준다. 하나님 자신의 생각들이 담겨 있는 이 표현들을 통해, 그분의 갈망들이 온 세상 앞에 계시되는 것이다. 하나님은 그저 무언가를 갈망하실 뿐만 아니라, 우리가 그분의 갈망을 알아 가기를 원하신다.

이로 인해, 기독교 신학은 오래전부터 갈망을 하나님과 그분의 창

---

30 이 단락에서 언급되는 성경의 각 구절들에는 내가 강조점을 추가했다.

조 세계를 성찰하는 하나의 관문으로 여겨 왔다. 삼위일체를 생각해 보라. 본질적으로 삼위일체는 서로 동등하고, 서로 사랑하며, 서로에게 자신을 내주는 세 위격 사이의 영원한 관계다. 신학자들은 성부와 성자와 성령 사이의 이 관계를 종종 '콘딜렉툼'(condilectum), 곧 "동등한 갈망"(equal longing)으로 불러 왔다. 이처럼 하나님 자신이 상호적인 사랑과 섬김, 그리고 갈망의 관계 속에 계신다.

따라서 그리스도인의 삶은 곧 서로를 환대하시는 삼위일체의 갈망 속에 참여하는 것이다. 영국 성공회의 대주교였던 로완 윌리엄스(Rowan Williams)는 그리스도를 믿는 믿음을 통해 우리가 성부와 성자와 성령의 이 사랑 안에 들어가게 된다고 말한다. 그는 이렇게 쓴다. "우리가 그리스도의 몸의 교제 안으로 편입되는 일에 관한 이 모든 이야기는, 하나님이 우리를 마치 그분 자신을 대하듯이 갈망하신다는 것을 말해 준다."[31] 여기서 윌리엄스는 인간이 신적 존재라고 주장하는 것은 아니다. 다만 우리가 예수님에 대한 믿음을 통해 그 삼위일체의 갈망과 사랑 안에 참여하게 된다는 뜻이다.

창조도 이와 같다. 소설가 도로시 세이어즈(Dorothy Sayers)는 자신의 책 *Mind of the Maker*(창조자의 정신)에서, 갈망을 창조의 근거로 보았다. "그곳에서 우리는 단 하나의 진술을 발견한다. 이는 곧 '하나님이 창조하셨다'는 것이다. 하나님과 인간 사이의 공통 특징은 바로 이것이다. 곧 무언가를 만들고자 하는 갈망과 그것을 만들어 내는 능력이다."[32] 이런 관점은 동시대 작가인 G. K. 체스터턴(G. K. Chesterton)에게서도 찾아볼 수 있다. 그는 해가 날마다 떠오르는 이유를 숙고하면

---

31 Rowan Williams, "The Body's Grace", in *Theology and Sexuality: Classic and Contemporary Readings*, ed. Eugene F. Rogers (Oxford: Blackwell, 2002), 311-12.

32 Dorothy L. Sayers, *The Mind of the Maker* (New York: Harcourt Brace, 1941), 44.

서, 그 배후에는 그저 무미건조한 물리 법칙 이상의 무언가가 자리 잡고 있다고 보았다. 그리하여 자신의 책 『정통』(*Orthodoxy*)에서, 지구가 회전하고 해가 뜨며 바다에 파도가 치는 것은 오직 하나님이 그 일들을 바라시기 때문이라고 주장한다.

해가 규칙적으로 떠오르는 것은, 어쩌면 그 일에 전혀 지치지 않기 때문일 수도 있다. 아이가 리듬을 타듯 다리를 차는 것은 생명이 부족해서가 아니라, 오히려 넘쳐나기 때문이다. 아이들은 같은 일이 반복되고 계속 유지되기를 원한다. 언제나 "다시 해 줘"라고 말한다. 그러면 어른은 거의 지칠 때까지 그것을 반복해 준다. 어른들은 단조로움 속에서 기뻐할 만큼 충분히 강하지 않기 때문이다. 그러나 하나님은 그 속에서도 기뻐할 만큼 충분히 강하신 분일지도 모른다. 어쩌면 그분은 아침 해에게 매일 "다시 한번", 저녁달에게도 매일 "다시 한번"이라고 말씀하고 계실 수도 있다. 이처럼 자연 속의 반복은 단순한 되풀이가 아니라, 마치 연극의 앙코르 무대와도 같다.[33]

체스터턴에 따르면, 하나님은 창조 세계를 향해 기쁨에 차서 "다시 한번, 다시 한번"이라고 선언하시는 분이다. 그분의 이 갈망은 이 세계의 모든 미세한 부분에 생기를 불어넣으면서, 만물의 맥박처럼 약동하고 있다. 이로 인해 아브라함 카이퍼(Abraham Kuyper)는 다음의 유명한 선언을 남겼다. "우리 인간 존재의 전 영역 가운데, 만물의 주권자이신 그리스도께서 '내 것이다!'라고 외치지 않으시는 곳은 단 한

---

33 G. K. Chesterton, *Orthodoxy* (New York: Lane, 1908). 효율성을 위해 본문을 좀 짧게 줄였다.

치도 없다."[34] 하나님은 이 세계를 원하신다. 그분의 그 갈망이 얼마나 깊은지, 16세기의 경건주의 신학자였던 야코프 뵈메(Jacob Boehme)는 이 창조 세계를 "갈망의 집약체"로 지칭했다.[35]

하나님의 갈망에 대한 교리가 중요한 이유는 그것이 가장 난해한 신학적 질문 중 일부의 핵심에 놓여 있기 때문이다. 나는 매 학기 학생들이 어떤 질문이든 자유롭게 제기할 수 있는 시간을 마련한다. 이 때에는 외계인의 존재 여부, 가인의 아내는 누구였는지, 대마초를 피워도 되는지, 혹은 천사들도 성적인 존재인지 등에 대한 질문들이 쏟아진다. 나는 이런 질문들을 모아 두는 파일을 따로 관리한다. 그런데 해마다 빠짐없이 반복되는 질문이 하나 있다. "하나님은 이 세상이 얼마나 악해질지를 이미 아셨을 텐데, 왜 여전히 이 세상을 원하셨을까요?"

이 질문을 곰곰이 생각해 보면, 어떤 이들은 하나님이 갈망을 품으신다는 사실에 대해 불편함을 느끼는 듯하다. 이는 곧 그 일이 그분께 무언가 결핍이 있음을 의미한다고 여기기 때문일 것이다. 하지만 이것은 대단히 잘못된 생각이다. 월리스 스티븐스(Wallace Stevens)는 "가지지 못함이 곧 욕망의 시작이다"라고 썼다.[36] 우리 인간들에게는 이 말이 맞다. 하나님의 경우와 달리, 인간의 경험은 아우구스티누스가 말했듯이 "부재한 것들에 대한 갈망"(*rerum absentium concupiscentia*)으로 특징지어진다.[37] 그러나 이것은 어디까지나 우리의 경험이다. 하

---

34 Kuyper, "Sphere Sovereignty", in *Abraham Kuyper: A Centennial Reader*, ed. James D. Bratt (Grand Rapids: Eerdmans, 1998), 488.

35 Cynthia Bourgeault, *The Holy Trinity and the Law of Three: Discovering the Radical Truth at the Heart of Christianity* (Boston: Shambhala, 2013), 98.

36 Wallace Stevens, "Notes toward a Supreme Fiction", in *The Collected Poems* (New York: Vintage, 2015), 401-32.

37 이 주제에 관해서는 이미 많은 이가 글을 썼다. 닛사의 그레고리는 '욕망의 기

나님의 갈망은 이와 다르다.

어떻게 다른가? 인간의 갈망은 결핍에서 비롯된다. 그러나 하나님의 갈망은 사랑에서 비롯된다. 하나님이 에덴을 창조하신 것은 당근이나 상추, 무화과나무가 더 필요했기 때문이 아니었다. 그분이 그 동산을 풍성하게 채우신 것도, 어떤 피조물들의 사랑과 인정을 필사적으로 얻어야 했기 때문이 아니었다. 하나님은 자기중심적이거나 심각한 자기애에 사로잡혀 있지 않으며, 감정적인 위로를 필요로 하시는 분도 아니다. 오히려 그분이 원하신 것은 피조물들과의 인격적인 우정과 관계, 그리고 친밀함이었다. 그분의 이 갈망은 어떤 내적인 결핍에서 비롯된 것이 아니라, 창조되지 않았고 영원한 그분 자신의 완전성에서 흘러나온 것이다.

인간은 자신의 결핍 때문에 무언가를 갈망하고 만들어 낸다. 그러나 하나님은 결핍이 아닌 깊은 사랑 가운데서 무언가를 갈망하고 창조하신다. 그분은 순전한 사랑과 기쁨으로 인해 이 세상을 창조하고 붙드시며 풍성한 복을 주기를 '갈망하신다.' 이는 온 세상이 마침내 그분과 얼굴을 맞대는 관계 안에서 그 사랑과 기쁨을 함께 누리도록 하시기 위함이다.[38]

질'(disposition of desire)을 언급하면서, 이는 곧 우리 바깥의 누군가와 관계 맺기를 갈망하게 만드는 원동력이라고 했다. 그리고 플라톤도 『향연』에서 이렇게 서술한다. "사랑은 언제나 어떤 대상을 향한 사랑이며, 이때 자신에게 결핍되어 있는 무언가가 곧 그 대상이 된다."

38 철학자 제임스 사이어는 이렇게 썼다. "하나님은 자신의 환경에 의해 전혀 제약받지 않으신다. 굳이 말하자면, 하나님을 제한하는 것은 오직 그분의 성품뿐이다. … 하나님 밖에 있는 어떤 것도 그분을 구속할 수 없다. 하나님이 깨어진 우주를 회복하시기로 선택하신다면, 그것은 그분이 '원하시기' 때문이다. 곧 그 이유는 그분이 그 우주를 사랑하시며, 그곳을 위해 가장 좋은 것을 원하신다는 데 있다. 하나님은 자신의 뜻대로 행할 자유를 지니신 분이며, 그분의 성품(곧 그분이 누구이신가)이 그분의 뜻을 이끈다." James Sire, *The Universe Next Door*, 5th ed. (Downers Grove, IL: IVP Academic, 2009), 33-34. 『기독교 세계관과 현대 사상』(IVP). 이에 대한 또 다른 중요한 고찰로는

학생들이 던진 그 질문은 계속 나를 따라다닌다. 왜 하나님은 이 세상이 고통과 상처로 무너질 것을 아시면서도, '여전히' 이 모든 것을 창조하기를 바라셨을까? 모든 질문이 그렇듯이, 이 질문에는 몇 가지 숨은 전제가 깔려 있다. 곧 하나님은 이 세상이 어떻게 될지 이미 아셨다는 것과 그 일에 대해 무언가를 할 능력이 있으셨다는 것, 그리고 지금의 세상은 본래 의도된 모습과 다르다는 것들이다. 솔직히 나도 이런 세 가지 전제에 동의한다. 하나님은 실제로 앞으로 일어날 일들을 아셨으며, 풍성한 능력을 지니신 분이다. 그리고 코넬리우스 플랜팅가(Cornelius Plantinga)의 표현을 빌려 말하자면, 지금 이 세상은 "본래 있어야 할 방식대로 존재하지" 않고 있다.[39]

나는 학생들에게 이 전제들을 깊이 성찰해 볼 것을 권하곤 한다. 그리고 그들의 반응은 늘 흥미롭다. 그리스도인과 비그리스도인들이 섞여 있는 강의실에서, 과연 세상이 원래의 방향대로 나아가고 있는지에 대해서는 '어떤' 이견이 있어 본 적이 없다. 집단 학살과 강간, 각종 범죄와 인종 차별, 생태계 파괴와 성적인 착취, 성적인 트라우마와 부도덕, 거짓말과 집단주의, 탐욕과 학대 등의 악들을 잠시만 거론해 보아도, 무신론자 학생들조차 이 세상이 문제 있는 곳임에 동의하게 된다. 이 세상은 분명히 더 나아져야 할 점이 많은 곳이며, 누구나 그 사실을 헤아리고 있다. 라인홀드 니버(Reinhold Niebuhr)의 유명한 말처럼, "원죄 교리는 유일하게 경험적으로 입증 가능한 기독교 신앙의

다음의 글을 보라. Michael Reeves, *Delighting in the Trinity: An Introduction to the Christian Faith* (Downers Grove, IL: InterVarsity Press, 2012), chap. 2.

39 Plantinga, Cornelius, *Not the Way It's Supposed to Be* (Grand Rapids: Eerdmans, 1995).

가르침이다."[40]

그리스도인 학생들의 관점에서는 이런 상황 속에 하나의 뚜렷한 논리가 존재하는 듯이 보인다. 하나님이 이 세상을 선하게 창조하셨으나, 그 세상은 첫 인간들의 불순종으로 인해 우주적인 반역 속에 빠져 버렸다. 그리고 그 이후에는 계속 어긋나 버린 상태로 남아 있다는 것이다. 그러므로 하나님의 갈망 혹은 그분의 뜻은 아직 이 세상에서 온전히 이루어지지 '않은' 상태에 있다.

그런데 하나님을 믿지 않는 학생들은 어떻게 세상이 원래의 방향대로 가고 있지 않다고 여길 수 있는 것일까? '마땅히 그러해야 한다'(should)는 진술 가운데는 늘 어떤 욕망이나 의도, 목적이 함축되어 있지 않은가? 수년 전, 나는 기후 변화와 종의 소멸, 그리고 인간의 자연 착취 같은 현실이 오히려 하나님의 존재와 욕구, 의도를 입증하는 근거가 될 수 있다는 글을 한 학술지에 발표한 적이 있다. 당시 내 논지는 단순했다. 환경 운동가나 기후 과학자가 환경이 "마땅히 그래야 할 모습대로 대우받지 못하고 있다"고 말할 때, 그 말 속에는 이미 환경이 "본래 이렇게 되어야 한다"는 어떤 보편적인 기준이 전제되어 있다는 것이다. 나는 지금도 이 주장을 유지한다. 많은 그리스도인이 이것을 그저 진보적인 정치 의제로 여기지만, 사실은 공적인 담론의 장에서 기독교의 이야기를 가장 설득력 있게 뒷받침해 주는 논증 중 하나다. 과연 이 '마땅히 그래야 한다'는 기준은 어디에서 오는 걸까? 세상이 본래 어떤 방향으로 나아가야 했는지를 누가 규정하는가?[41]

'일탈'(perversion)에는 언제나 본래의 목적이 전제되어 있다. 지금

---

40 Reinhold Niebuhr, *The Structure of Nations and Empires* (New York: Scribner's, 1959), 291.

41 A. J. Swoboda, "Reconciling Creation: Spirit, Salvation, and Ecological Degradation", *Australasian Pentecostal Studies* 22, no. 1 (2021): 87-103.

이 세상의 모습이 그 마땅한 상태에서 벗어나 있다고 말할 때, 우리는 이 세상을 존재케 한 어떤 이의 갈망과 목적, 참된 의미가 있음을 암시하는 셈이다. 곧 만물의 합당한 존재 방식이 있다. 하나님은 그것들에 관해 무언가를 원하셨지만, 지금 우리가 행하는 일들은 '그것과' 어긋나 있다. 죄는 본질상 하나님의 그 영광스러운 갈망들을 뒤엎고 그에 반역하는 것이다.

우리는 바로 여기서 인간의 삶을 변화시키는 복음의 영광을 보게 된다. 그것은 곧 나사렛 예수라 불린 1세기 한 유대인의 조용한 삶과 죽음, 그리고 부활에 관한 장엄한 이야기다. 이 이야기의 모든 부분에 담겨 있는 기쁜 소식은, 모든 인간이 그들을 지으신 창조주의 소원과 갈망의 대상이 영원 전부터 되어 왔다는 사실이다. 이 복음은 특히 '누군가가 원치 않았던 존재들'에게 가장 깊이 와닿을 수도 있다. 위탁 가정의 아이들이나 난민들, 혹은 버림받았다고 느끼는 아내나 남편처럼 말이다. 혹은 성인이 되어서야 자신이 끔찍한 강간으로 잉태된 것을 알게 된 내 친구의 경우에도 그러했다. 그녀는 자신이 누구도 원치 않는 존재였다는 생각에 치를 떨었으나, 세상의 기초가 놓이기 전부터 자신을 알고 사랑하신 하나님이 자신을 원하신다는 사실에서 소망을 발견했다. 아무도 붙잡아 주지 않는 존재들은 이내 사라져 버리는 이 세상에서, 복음은 아무도 원치 않는 이들을 위한 구원의 은혜다. 우리는 누구도 원치 않는 이들을 원하시는 하나님께 예배한다. 바울이 말했듯이, 그분은 "없는 것을 있는 것으로 부르시는" 분이다(롬 4:17).[42]

그러면 하나님은 이 세상이 얼마나 심하게 망가질지를 알면서도,

---

42 바라는 존재가 되고자 하는 인간의 필요에 대해 더 알려면 James Bryant Smith, *The Good and Beautiful You: Discovering the Person Jesus Created You to Be* (Downers Grove, IL: InterVarsity Press, 2022) 3장을 읽어 보라.

왜 여전히 이 세상을 창조하셨을까?

이 책을 쓰기 시작할 즈음, 아내와 나는 오래 기다렸던 위탁 자녀(본 가정에 문제가 있어서 다른 가정에 위탁된 아동—역자 주)를 마침내 우리 가정에 맞이하게 되었다. 우리는 이전부터 오랫동안 자녀들을 얻기를 간절히 바랐었다. 친아들 하나를 낳은 뒤로 거의 십 년 가까이 고통스러운 불임의 시간을 견뎌 왔다. 이미 한 아이를 키워 본 부모로서, 우리는 두 번째 아이를 맞이할 때 어떤 상황에 처하게 될지를 어느 정도 짐작하고 있었다. 위탁 자녀를 들일 때 무엇을 잃게 될지 알고 있었던 것이다. 잠 잘 시간이 줄어들고, 혼자만의 시간을 갖거나 부부만의 저녁 데이트도 어려워지며, 양육비와 대학 등록금을 부담해야 한다는 것도 다 헤아리고 있었다. 그럼에도 우리는 "예"라고 답했다.

하지만 얼마 지나지 않아, 우리의 수양딸은 기적적으로 치유된 본래의 가족 곁으로 돌아갔다. 그 경험은 우리 삶에서 가장 고통스러운 일이었다. 아이가 차를 타고 떠나는 모습을 바라보면서, 나는 한 가지를 분명히 깨달았다. 부모는 그것이 얼마나 고된 수고를 요구할지를 알면서도 아이가 머물 자리를 준비해 둔다. 그 이유는 무엇일까? 그것이 바로 사랑이기 때문이다. 그 아이는 우리의 사랑을 받는 존재이기 때문이다. 우리는 여러 수고와 대가가 따를 것을 알면서도 그 위탁 자녀를 돌보는 일을 기꺼이 받아들였다. 그 아이는 그럴 만한 가치가 있다.

왜 하나님은 이 세상이 얼마나 망가질지를 알면서도 여전히 세상을 원하셨을까?

성경이 들려주는 이야기는 하나님이 다가올 고통을 헤아리고 계셨음을 보여 준다. 그분은 모든 것을 보시는 하나님이시기에, 이미 그 일을 '내다보고' 계셨다. 그분은 장래의 상실과 비통함을 다 알고 계셨다. 우리 부모들이 그러하듯이, 하나님도 그것이 얼마나 힘들지 아셨다. 그럼에도 그분은 여전히 우리를 원하셨다. 이것이 바로 복음이다. 그분께 영광을 돌리며 함께 예수님을 찬양하자. 기독교의 관점에서, 하나님이 모든 것을 아시면서도 여전히 그 일을 감수하신 이 사실은 그분에 대한 우리 이해의 '근본 토대'가 된다. 사랑의 하나님은 자녀를 아예 두지 않는 쪽보다, 차라리 반역하는 자녀들을 두기를 택하셨다. 그분은 그 선택을 후회하지 않으시며, 우리를 원하는 일도 결코 멈추지 않으신다. 복음의 신비는, 하나님이 장래의 일을 다 아셨음에도 여전히 우리를 원하셨다는 데 있다.

이 복음의 영광이 당신의 영혼 깊숙이 스며들게 하라. 시인 존 오도나휴(John O'Donahue)가 표현했듯이, 이를 통해 "하나님이 당신을 얼마나 절박하게 갈망하시는지 알게 되기를" 빈다.[43]

<hr>

43 John O'Donahue, "For Longing", in *To Bless the Space between Us* (Doubleday, 2008), 35-36.

2장

◆

인간의 욕망

지난 장에서 우리는 성경의 하나님이 자신의 갈망에 근거해서 우주와 인류, 그리고 창조 세계의 모든 세부 영역을 지으셨음을 살폈다. 이 창조 행위는 어떤 전쟁이나 강압, 혹은 이미 존재하던 재료들의 재배열을 통해 이루어지지 않았다. 오직 그분의 갈망을 통해 이루어졌다. 그리고 지금도 하나님은 자신의 갈망과 능력 있는 말씀으로 "만물을 붙드시며"(히 1:3), 온 세상을 보존하고 계신다. 이 장에서는 내가 이미 암시했던 한 가지 주제를 더욱 발전시키고자 한다. 곧 인간들이 욕망을 지닌 피조물인 이유는 이처럼 갈망을 품으신 창조주께 지음을 입었기 때문이라는 것이다(원서의 'desire'는 우리말로 '욕망'이나 '갈망'으로 번역될 수 있으며, 이 책에서는 문맥에 따라 두 번역어를 혼용했다―편집자 주). 우리는 우리를 지으신 분의 어떠하심을 드러내는 존재들이다.

역사적으로 그리스도인들은 인간적인 욕망과 어색한 관계를 맺어 왔다. 어떤 이들은 그 욕망을 긍정적으로 말하는 일이 곧 정욕을 축복하고 죄에 세례를 베풀며 하나님께 대한 반역을 승인하는 것에 해당된다고 여긴다. 젠 폴록 미셸은 2018년에 도서상을 수상한 자신의 책 *Teach Us to Want*(우리에게 원하는 법을 가르치소서)에서, 이 욕망에 대한 기독교의 회의적인 태도를 잘 보여 주는 한 장면을 소개한다. "내가 [친구들에게] 욕망의 신학에 관련된 글을 쓰고 있다고 말하면, 대개 이렇게 반응한다. '욕망의 신학? 하지만 그건 모순 어법이지 않아?'"[1] 숀 맥도너(Sean McDonough) 역시 인간의 욕망이 지나치게 부정적인 것으로 인식되어 왔다고 지적한다. 사실상 "결백이 입증될 때까지는 유죄인" 듯이 여겨질 정도라는 것이다. 그는 이렇게 덧붙인다. "만약 '욕망'(Desire)이 길모퉁이에 서성거리고 있다면, 우리는 그것이 무언가 못된 일을 꾸미고 있다고 짐작할 것이다."[2]

실제로 지난 몇 십 년 전까지만 해도, 이 욕망의 주제를 긍정적으로 다루는 기독교적 가르침을 접하기가 쉽지 않았다. 그 결과로 지금 우리는 상당한 손상을 입었다. 이는 욕망에 대한 교회의 불편함이 교회 밖 사람들에게 왜곡된 기독교의 모습을 투사해 왔기 때문이다. 한 구도자 친구는 이렇게 고백했다. "기독교는 마치 욕망의 자살을 추구하는 종교 같아요. 내가 왜 그 일을 원해야 하죠? 그것은 나를 '나답게' 만드는 것의 죽음일 거예요."

실제로 많은 그리스도인은 "자신의 욕망과 그것이 우리의 인간적인 정체성에 관해 알려 주는 바"에 대해 상당한 당혹감을 느끼는 듯하다.[3] 그러면 왜 이런 혼란이 생기는 것일까? 나는 그리스도인들 안에 오래도록 남아 있는 이 불편함이 두 가지 근원에서 비롯된다고 본

---

1 Jen Pollock Michel, *Teach Us to Want: Longing, Ambition, and the Life of Faith* (Downers Grove, IL: InterVarsity Press, 2014), 23.

2 Sean McDonough, "The Fall and Fallenness in the New Testament", *Trinity Journal* 40 (2019): 189. 원문에도 이 '욕망'(Desire)이라는 단어의 첫 글자가 대문자로 되어 있다.

3 Jonathan Jameson, "Erotic Absence and Sacramental Hope: Rowan Williams on Augustinian Desire", *Anglican Theological Review* 102, no. 4 (2020): 575.

다. 한편으로 그것은 기독교와 욕망이 어울리지 않는 동반자이거나, 더 나아가 서로 화해할 수 없는 적대자라는 널리 퍼진 오해에서 나온다. 그리고 다른 한편으로, 그것은 기독교가 인간의 욕망을 소멸시키는 일만을 요구한다는 잘못된 믿음에 뿌리를 두고 있다. 마치 욕망하는 것 자체가 죄인 듯이 여기는 것이다. 이에 관해, 제이슨 브라운(Jason Brown)은 이렇게 탄식한다. "교회는 욕망 전체를 세상에 넘겨주었다…. 하나님께 이르는 길은 우리의 욕망을 제거하는 데 있다고 말하면서 말이다."[4]

우리는 회개와 거룩함, 자기 부인이 기독교 영성의 중심에 놓이는 점을 고려하면서, 자칫 기독교와 욕망은 본래부터 적대 관계일 것이라는 점을 당연시할 수도 있다. 하지만 과연 그 생각이 옳을까? 그 개념은 실제로 성경의 가르침과 예수님의 길에 부합하는 것일까? 앞으로 살펴볼 바와 같이, 이러한 생각은 과거에도 그랬듯이 오늘날에도 상당히 미숙하고 깊이가 없는 것이 된다. 나아가 그 생각은 현실과 동떨어져 있으며, 인간 영혼에 해롭기까지 하다. 우리는 욕망하도록 창조되었다. 따라서 욕망이 '없는' 상태는 곧 인간다움을 상실한 것이 된다.

인간의 욕망이 선함을 일깨운 것은 기독교 신학의 매우 중요한 기여 중 하나다. 잠시 기독교의 영성들을 불교의 것들과 비교해 보자. 불교에서는 인간의 성숙을 곧 삶의 염려와 근심, 욕망을 "내려놓음"으로써 '해탈'의 상태에 이르는 것으로 이해한다. 불교의 한 가지 목표는 이같이 자신의 욕망을 포기하고 자유를 얻는 데 있다. 그렇기에 부처는 자기 아내와 아이 곁을 떠났다. 이 점은 성경의 이야기가 종종

---

4 Jason Brown, "Tinder and the Theology of Desire", *Holyscapes* (blog), August 3, 2021, https://holyscapes .org /2021/08/03/tinder-and-the-theology-of-desire/.

불교에 속한 독자들에게 걸림돌이 되는 이유를 설명해 준다. 만일 삶의 목적이 모든 욕망에서 벗어나는 데 있다면, 질투하시는 하나님은 어떻게 이해해야 하는가? 불교적인 관점에서, 질투하시는 하나님은 강한 욕망을 품고서 과도하게 집착하는 존재처럼 보일 수밖에 없다. 그러나 바로 여기서 선한 삶에 대한 기독교의 접근법들과 불교의 접근법들 사이에 있는 주요 차이점이 드러난다.[5] 복음서는 예수님이 잃어버린 자를 찾아 구원하시기 위해 이 세상의 고통 속으로 온전히 들어오신 분임을 보여 준다. 그분은 그 세상 속에 친히 임재하시며 자신을 내주신 분이었다. 곧 그분의 목표는 해탈이 아닌 성육신에 있었던 것이다.

참된 기독교의 길은 맹목적인 현실 부정이나 육체로부터 분리된 해탈보다 훨씬 더 많은 것을 우리 앞에 제시한다. 욕망을 해체하려는 기독교는 사실상 '기독교'라기보다 불교에 더 가깝다. 다행히, 교회가 겪어 온 일종의 '욕망 결핍 장애'가 서서히 치유되고 있다. 최근 들어 이 주제를 둘러싼 기독교적 성찰의 반가운 부흥이 나타났기 때문이다. 이와 더불어 욕망 자체가 우리의 문제인 것은 아니라는 확신도 생겨나고 있다. 사실 욕망은 하나님의 선물이다. 이에 관해, C. S. 루이스는 『영광의 무게』(*The Weight of Glory*)에서 이렇게 언급하고 있다.

아마 주님은 우리의 욕망이 너무 강한 것이 아니라 도리어 너무 약하다고 여기실 것이다. 우리는 무한한 기쁨이 눈앞에 있는데도 고작 술과 섹스, 야망 같은 것들에 집착하면서 살아가는, 마음이 반쯤 식은 피조물들이다. 이는 마치 바닷가로 떠나는 근사한 휴가의 의미를 상상조차

5　이 단락에서 나는 일부러 '접근법들'과 '영성들'이라는 표현을 썼다. 기독교와 불교를 각기 대표하는 단 하나의 접근 방식은 존재하지 않기 때문이다. 여기서 나는 포괄적인 수준에서 두 종교를 다루고 있다.

하지 못한 채, 어두운 빈민가에서 진흙 파이를 계속 빚고 싶어 하는 무지한 아이의 모습과도 같다.[6]

루이스는 특유의 재치와 통찰로 인간의 문제를 다루면서, 우리가 "너무 쉽게 만족해 버린다"는 데서 그 이유를 찾는다. 그의 이 주장은 당시의 대중적인 기독교 신념에 어긋나는 것이었고, 아마 오늘날의 통념과도 상반될 것이다. 루이스는 자신이 보기에 너무 욕망이 적다고 여겨지는 교회와 세상을 향해 좌절감을 표현하는 듯하다. 곧 우리가 '충분히' 욕망하지 않는다는 것이다. 이것은 기독교가 마치 '욕망의 자살'을 추구하는 종교 같다고 여겼던 내 구도자 친구에게 실로 좋은 소식이 아닐 수 없다. 당시 나는 그의 말을 듣고서 이렇게 대답했었다. "자네는 언제부터 기독교가 욕망들이 죽기 직전에 가는 호스피스 같은 곳이라고 믿게 되었나?"

이때 그는 이상한 눈으로 나를 쳐다보았지만, 그의 생각은 이미 달라지고 있었다. 예수님의 길은 욕망이 임종을 맞기 위한 호스피스가 아니다. 그것은 욕망이 치유되고 회복되며, 본래의 모습대로 다시 살아나는 병원이다. 그리고 다들 알다시피, 우리에게는 많은 치유가 필요하다.

◇◇◇◇◇◇◇◇◇◇

무언가가 분명히 잘못되고 있다. 지난 수십 년간, 우리는 비극적인 현상의 대규모 유행을 마주해 왔다. 이는 곧 절망으로 인한 죽음(death by despair, 마약과 알코올 의존증 등에 따른 사망—편집자 주)과 자살의

---

6 C. S. Lewis, *The Weight of Glory and Other Addresses* (San Francisco: Harper San Francisco, 2001), 26. 『영광의 무게』(홍성사).

증가다.[7] 더욱 충격적인 것은 이런 죽음이 이제는 청소년들뿐 아니라 어린아이들 사이에서도 낯설지 않게 나타난다는 사실이다. 무슨 일이 벌어지고 있는가? 의심의 여지없이, 각종 문화적인 균열과 세계적인 혼란이 동시에 일어나면서 많은 이에게 정신 건강은 점점 더 먼 꿈이 되어 가고 있다. 코로나19 상황에서의 고용의 불안정성과 사회적 연결망의 붕괴, 그리고 전 세계적인 불의와 분쟁에 이르기까지 다양한 문제가 그들을 괴롭히는 것이다. 이런 지금의 상황은 정신 건강 전문가들에게 상상할 수 없는 압박으로 다가오고 있다. 전문가들은 특히 절망의 징후를 미리 감지해 내는 일에서 엄청난 어려움을 겪는다고 한다. 상담학부에서 가르치는 내 동료들에 따르면, 그 전문가들이 우울증 환자를 진단하기 위해 사용하는 한 가지 질문이 있다. "앞으로 십 년 안에 하고 싶은 일 한 가지는 무엇입니까?" 내담자가 어떤 욕망도 내보이지 않을 경우, 이는 마음 깊은 곳에 미처 해소되지 않은 슬픔이 자리 잡고 있다는 강력한 신호일 수 있기 때문이다.

우울증은 종종 욕망의 상실로써 그 모습을 드러낸다.[8] 우리는 욕망하도록, 그리고 욕망을 향해 지음받았다. 그리고 그 욕망이 사라질 때, 하나님이 정해 두신 우리의 영광 중 일부도 함께 사라지는 것이다. 이때 우리 삶의 모습은 의미 있는 관계나 목적, 부르심과 소망이 없는 상태에 처하게 된다. 위대한 신학자인 제임스 휴스턴(James Houston)은 욕망을 "인간 생명의 고동치는 맥박"으로 지칭한 바 있

---

7 이 유행을 신학과 목회의 측면에서 다룬 것으로는 Matthew Sleeth, *Hope Always: How to Be a Force for Life in a Culture of Suicide* (Carol Stream, IL: Tyndale Momentum, 2021)를 보라.

8 어떤 사람들은 우울증이 욕망을 달성하지 못하는 것에 대한 인류의 진화론적 적응방식이라고 믿는다. Randolph M. Nesse, "Is Depression an Adaptation?", *Archives of General Psychiatry 57* (2000): 14-20.

다.[9] 욕망은 인간의 다양한 문화를 만들어 낸다. 그것은 우리를 돕기도 하고 해치기도 하며, 우리의 삶을 세워 주기도 하고 무너뜨리기도 한다. 욕망은 이 세상에 새로운 생명을 탄생시키며, 또 다른 생명들을 빼앗기도 한다. 이처럼 인간 세상의 모든 틈새는 욕망으로 흠뻑 적셔져 있다. 이에 관해, 미셸은 이렇게 언급한다. "욕망은 우리 존재의 근원에 놓여 있다. 인간이 된다는 것은 곧 원한다는 것이다."[10] 철학자 아비바 고틀립 존버그(Avivah Gottlieb Zornberg)에 따르면, "다양한 욕망의 순환은 우리 삶의 모든 차원에 걸쳐 존재하며, 그 속에는 지적인 영역과 해석의 영역, 정서적인 영역이 모두 포함된다."[11] 옥스퍼드 대학교의 철학 교수인 윌리엄 어바인(William Irvine)은 더욱 포괄적인 관점에서 욕망을 이렇게 설명한다.

욕망은 세상을 살아 움직이게 한다. 그것은 젖을 달라고 우는 아기 안에 있고, 수학 문제와 씨름하는 여학생 안에 있으며, 연인을 만나기 위해 달려가고 이후에는 자녀를 갖기로 결심하는 여인 안에 있다. 또한 보행기에 몸을 의지한 채, 요양원 복도를 느릿느릿 건너 우편물을 가지러 가는 노년의 여성 안에도 존재한다. 만일 이 세상에서 욕망이 사라진다면, 그곳에는 살아갈 이유도, 죽을 이유도 없는 냉담한 존재들만 남게 될 것이다.[12]

---

9   James Houston, *The Heart's Desire: Satisfying the Hunger of the Soul* (Colorado Springs: NavPress, 1996), 7.

10   Michel, *Teach Us to Want*, 29. 개혁주의 전통에서 존 파이퍼는 마음을 "욕망의 공장"이라고 불렀다. John Piper, *Future Grace: The Purifying Power of the Promises of God* (New York: Crown, 1995), 277.

11   Avivah Gottlieb Zornberg, *The Beginning of Desire: Reflections on Genesis* (New York: Schocken, 1995), xiv.

12   William B. Irvine, *On Desire: Why We Want What We Want* (New York: Oxford

그러면 욕망이란 정확히 무엇인가? 이 문제를 연구하던 중에, 나는 욕망이 여전히 비교적 덜 탐구된 학문 분야로 남아 있음을 발견하고 당혹감을 느꼈다. 한 철학자는 동료들이 아예 그 주제에 "싫증을 낸다"고 표현하기까지 했다.[13] 학자들은 오랫동안 욕망을 정의하려고 애써 왔다. 하지만 그 일은 마치 벽에 젤리를 못으로 박으려는 것과 비슷해 보인다.

다른 한편으로, 대중적인 차원에서는 욕망이 폭발적인 관심을 받아 왔다. "원할 수 있는 모든 것을 얻는 법"을 다룬 수많은 출판물이 수십 년 동안 공항 서점을 가득 채워 온 것도 그 증거다. 여기에는 이유가 있다. 전통 종교와 분리된 소비문화, 곧 삶의 목적이 오직 현재에만 근거하는 문화에서는 욕망의 성취가 곧 전부가 되기 때문이다. 사람들은 흔히 "인생은 한 번뿐"(You only live once)이라고 말한다. 그러니 "네 몫을 챙기라"는 것이다. 널리 읽힌 「뉴욕 타임스」의 기사 "하청 인생"(The Outsourced Life)을 쓴 아를리 혹실드(Arlie Hochschild) 같은 이들은 이 욕망에 대한 대중적 연구를 시도했으며, 어떤 이들은 이런 작업들을 농담처럼 '원함학'(wantology)이라 부르기도 한다.[14] 오늘날에는 이런 자기 계발 전문가들로 구성된 일종의 '가내 산업' 체계를 통해, 대중이 자신의 모든 욕망을 포착하고 성취하도록 돕는 방법들이 정교하게 제시되고 있다. 이것은 곧 '카르페 디엠'(*carpe diem*, "오늘을 붙잡아라")의 철학이며, 달라스 윌라드가 언급했던 "순간의 관능

University Press, 2006), 3.

13 Timothy Schroeder, *Three Faces of Desire* (New York: Oxford University Press, 2004), 4.

14 Arlie Hochschild, "The Outsourced Life: Intimate Life in Market Times", *New York Times*, May 5, 2012.

성”(sensuality of the moment)이다.[15]

그런데 새로운 디지털 기술이 급속히 확산되는 오늘날의 상황을 고려하면, 욕망에 대한 성찰의 필요성은 앞으로 더욱 커질 수밖에 없어 보인다. 그 대표적인 예가 인공지능이다. 점점 더 복잡해지고 인간을 닮아 가는 로봇과 기계 속에 인간의 것과 유사한 감정들을 탑재해야 한다고 주장하는 이들이 늘고 있다.[16] 그러면 여기에 욕망도 포함되어야 할까?

인간과 기계 사이의 경계가 흐려지고 있다는 사실은 사람들이 그것들을 말하는 방식에서도 드러난다. 예컨대 탐사선 카시니(Cassini)가 토성의 궤도로 돌입하여 파괴되었을 때, 일부 관찰자와 언론인들은 이를 “카시니의 자살”로 표현했다. 그러자 여러 과학자와 심리학자, 사회학자가 곧바로 문제를 제기했다. 노스캐롤라이나 주립대의 심리학 교수로서 인간과 기술의 접점을 연구하는 더그 길런(Doug Gillan)은 이렇게 로봇과 기계를 의인화하려는 시도에 대해 경고했다. 그는 그 표현을 “부적절한 비유”로 여겼다.[17]

“욕망이란 무엇인가?”라는 질문은 지나치게 포괄적일 수 있다. 우리는 더 정밀하게 물어야 한다. “‘인간의’ 욕망이란 무엇인가?” 욕망이 포괄하는 범위는 넓다. 분명히 그것은 우리의 가치와 동기, 목표와 목적, 감정, 끌림, 그리고 애착까지 포함한다.[18] 그러나 욕망은 무엇보

15　Dallas Willard, *Knowing Christ Today* (Grand Rapids: Zondervan, 2009), 49. 『그리스도를 아는 지식』(복있는사람).

16　Nico H. Frijda, “Emotions in Robots”, in *Comparative Approaches to Cognitive Science*, ed. Herbert L. Roitblat and Jean- Arcady Meyer (Cambridge, MA: MIT Press, 1995).

17　Marina Koren, “Scientists Don't Want You to Call Cassini's End a ‘Suicide’”, *The Atlantic*, September 15, 2017.

18　이 목록은 Alan Padgett, “Discipleship of Desire and the Hunger for Justice: Wisdom

다도 어떤 것을 추구하는 우리 삶 전체의 지향성을 가리킨다. 철학자 티머시 슈뢰더(Timothy Schroeder)는 욕망을 곧 "어떤 목표를 달성하려는 동기가 부여된 상태"로 적절히 정의한 바 있다.[19] 이 관점에서, 우리의 욕망은 무언가를 얻기 위해 스스로를 밀어붙이는 추진력이다. 그런데 슈뢰더는 이런 자신의 정의를 다듬는 과정에서, 욕망에 대한 세속적인 이해에 일종의 결함이 있음을 인정한다. 이는 욕망이 인간 고유의 것이 아니며, 동물들 역시 욕망을 지니기 때문이다. 그는 이렇게 말한다. "고양이는 신선한 물을 마시려는 욕망을 품을 수 있다. 그리고 개들은 무리의 위계 구조에서 자신보다 아래에 있는 존재들의 복종을 욕망할 수 있으며, 올빼미들도 어둡고 편안한 잠자리를 욕망할 수 있다."

인간이 그저 자연적인 역사의 산물이라면, 욕망에 대한 연구는 곧 생존에 관련된 우리 종의 진화적인 충동을 살피는 일이 될 것이다. 그러나 슈뢰더를 비롯한 여러 학자는 동물들이 갖지 못한 일부 욕망이 인간에게 있음을 인정한다. (슈뢰더는 기독교적인 관점에서 글을 쓰는 이가 아님에도 그렇게 여긴다는 점을 기억해 두라.) 무정한 짐승들과 달리, 인간은 자신의 본능을 거슬러 행동할 수 있다. 개들은 어떤 음식을 바라거나, 누군가가 자신의 등을 긁어 주기를 원할 수 있다. 하지만 물고기들은 존경받기를 갈망하지 않는다. 개미들은 불의에 맞서 행진하지도 않으며, 아메바들은 용서나 평등, 공정을 추구하지도 않는다. 그렇기에 슈뢰더는 이렇게 언급한다. "오직 인간만이 지닌 '특정한' 욕망들이 있다."[20]

---

from Luther and Wesley", *Word & World* 4, no. 4 (Fall 2022): 391에 나온 것이다.

19 Schroeder, *Three Faces of Desire*, 11.

20 Schroeder, *Three Faces of Desire*, 9. 강조점은 내가 덧붙였다.

여기서 우리는 창세기 1장과 2장을 떠올려 볼 수 있다. 함께 (히브리어로 '기쁨'을 뜻하는) 에덴동산의 모습을 헤아려 보자. 이 장들에서는 하나님의 영광스러운 창조 이야기를 들을 수 있다. 빛과 별, 달과 곤충, 풀과 나무, 짐승과 물고기, 그리고 인간에 이르기까지 모두가 그 안에 포함된다. 이것은 서로가 서로에게 의존하면서 풍성한 샬롬을 누리는 하나님의 세계다. 하나님은 이 동산에 인간을 두셨다. 그리고 인간이 본래부터 욕망의 존재였음을 알 수 있다. 죄가 인간의 욕망을 만들어 낸 것이 아니다. 인간의 노동과 성, 휴식의 필요가 죄의 결과물이 아니듯이, 욕망 역시 그러하다. 욕망은 인간 존재의 원초적인 특징이었다. 우리는 관계와 성, 예배와 동물의 이름을 붙이는 일, 먹고 가꾸는 일, 그리고 소명 등을 향한 타고난 욕망을 지니고 창조되었다. 욕망은 우리의 가장 근원적인 존재 방식의 일부다.

이 두 고대의 장은 우리의 욕망에 대해 많은 것을 가르쳐 준다. 그럼에도 우리는 종종 창세기 3장의 반역 이후 욕망이 어떻게 부패했는지에만 지나치게 집중한다. 물론 죄의 부패에 주목해야 할 충분한 이유가 있는 것도 사실이다. 그러나 그렇게 할 때, 우리는 결국 하나님이 주신 선한 욕망들을 편안히 누리지 못하게 된다. 우리는 창세기 3장 이후의 '원죄'(original sin)에는 집요하게 시선을 두면서도, 창세기 1장과 2장에 나타난 '원욕망'(original desire)에는 제대로 유의하지 않는 것이다.[21]

욕망의 부패에 대한 이 지나친 관심 때문에, 우리는 오히려 욕망에 대한 하나님의 본래 의도에 무지하게 되었다. 이제부터의 논의는

21　이 '원욕망'의 범주에 관심을 둔 글들로는 다음의 것을 보라. Kenny Damara, *Divided Desire: Restoring Lost Connections in the Global Village* (Eugene, OR: Resource, 2013), 145; Alberto Albacete, *God at the Ritz: Attraction to Infinity* (New York: Crossroad, 2002), 120.

바로 그 결핍을 바로잡기 위한 시도다. 전반적인 관점에서, 나는 하나님이 본래 인간에게 세 가지 핵심 욕망을 주셨다고 제안하려 한다. 누군가를 돕고 다스리며 갈망하려는 욕망들이 바로 그것이다.

◇◇◇◇◇◇◇◇◇◇

이제 그 내용들을 하나씩 살펴보자. 첫째, 인간은 서로를 돕고 또 도움을 받도록 지음받았다. 창세기 1장과 2장은 바다와 하늘과 땅의 생물들이 "그 종류대로"(창 1:25) 지음받았다고 말한다. 생물학의 관점에서, 이는 종의 출현, 곧 '종 분화'(speciation)로 설명될 수 있을 것이다. 하나님은 다양한 종을 창조하셔서 그것들이 여러 세대에 걸쳐 계속 번식하고 번영해 가게 하셨다. 더욱이 그분은 동물들에게도 일종의 소명과 과업을 부여하신다. 신적인 생물학자이신 하나님은 동물들에게 이렇게 명하신다. "생육하고 번성하여 여러 바닷물에 충만하라 새들도 땅에 번성하라"(창 1:22).

동물들의 세계에는 분명한 지침이 주어졌다. 번식하고 번영하며, 무수히 늘어나서 온 창조 세계를 그 영광으로 채우라는 것이다. 이 명령이 주어질 당시, 인간은 아직 창조되지도 않았다. 동물들에게 주어진 이 명령은 하나님이 창조하신 존재들에게 처음으로 직접 내리신 명령이다. 그리고 그것은 인간이 아닌 다른 피조물들에게 주어졌다. 현대 서구 문화의 통념과는 달리, 이 점은 동물들이 어떤 주체성이나 의사 결정 능력이 결여된 우매한 피조물이 아님을 보여 준다. 동물들에게도 하나님과의 관계와 부르심이 있으며, 뚜렷이 순종해야 할 명령이 있다.

하나님은 이 바다의 생물과 하늘의 새와 땅의 짐승들이 땅을 "채우는" 소명을 적절히 감당하도록, 그들을 처음부터 한 쌍으로 창조하신다. 이 수컷과 암컷의 짝들은 하나님의 설계가 지닌 영광스러운 차원 하나를 드러낸다. 그것들은 이성(二性)을 지닌 종, 곧 반대 성과의 성적 결합을 통해 번성하도록 창조된 존재이며, 이 일을 위해 하나님은 각 동물 안에 '필요'를 새겨 넣으셨다. 다시 말해, 그들은 하나님이 명하신 일을 수행하기 위해 자신과는 다른 존재를 필요로 한다. 동물들은 하나님의 명령을 이루기 위해 서로를 '필요로 한다.'

부연하자면, 인간은 이 점에서 동물들과 유사한 특성을 공유한다. 그러나 동물과 인간 사이에는 여전히 하나의 근본적인 차이가 남아 있다. 아담은 먼저, 그리고 홀로 존재했다. 인간은 처음부터 쌍으로 창조되었던 것이 아니다. 창세기 2장 15절에서 하나님은 아담을 창조하시고, 그에게 그분의 동산을 돌보며 동물들의 이름을 짓는 두 가지 과업을 맡기셨다. 동물들과 마찬가지로, 아담에게도 하나님의 명령을 신실하게 수행할 책임이 있었다. 그러나 여전히 무언가가 완결되지 않은 상태였다. 성경은 이렇게 말한다. "아담이 돕는 배필이 없으므로"(창 2:20). 동물들의 이름을 짓고 동산을 가꾸는 일을 함께 감당해 나갈 누군가가 빠져 있었던 것이다. 하나님은 이런 아담의 곤경을 분명히 파악하신다. "사람이 '혼자' 사는 것이 좋지 아니하니 내가 그를 위하여 돕는 배필을 지으리라"(창 2:18, 강조는 필자의 것). 여기서는 동물과 인간 사이에 단순하면서 결정적인 차이가 드러난다. 동물들은 "그 종류대로" 처음부터 짝을 이루어 창조되었다. 그러나 인간의 경우, 첫 남자는 첫 여자보다 '먼저' 창조되었다. 인간은 처음부터 곧장 쌍으로 지음받지 않았다.

이후 여자를 창조하신 뒤, 하나님은 동물들에게 하셨듯이 그들에게도 "생육하고 번성하라"(창 1:28)고 명하신다. 그분의 깊은 지혜 안에서, 하나님은 세상이 그 명령들을 받들기 위해서는 온전한 공동체와 관계, 친밀함이 요구되게끔 만들어 두셨다. 모든 피조물은 그분이 명하신 일을 홀로 감당할 수 없었다. 그들에게는 반드시 다른 존재가 필요했다.

실제로 동산이라는 환경 자체가 공동체를 향한 내재적인 필요를 전제하고 있다.

하나님은 이어서 남자를 잠들게 하시고 영광스러운 여자를 창조하신다. 그런데 여기서 잠시 멈춰 보자. 남자가 먼저 지음받은 사실, 곧 그의 '첫째 됨'(firstness)은 독자들에게 어떤 감정적인 반응을 불러일으킬 수 있다. 어떤 이들은 이 일을 곧 남자가 여자보다 더 낫거나 가장 탁월하다는 뜻으로 해석해 왔다. 그러나 남자의 '첫째 됨'을 곧 '최상의 존재'라는 의미로 받아들이는 이 서구 사회의 관점은 그저 우리 자신의 편견을 본문에 투사한 결과물일 뿐이다.[22] 성경의 이야기에서 '먼저'는 '더 낫다'를 의미하지 않는다. 그렇지 않다면, 우리는 인간보다 먼저 창조된 해파리가 인간보다 '더 낫다'고 여겨야 할 것이다. 더욱이 인류 역사에서, 모든 남자는 (아담만 제외하고) 다 여자에게서 태어났다. 나도 한 여자에게서 났으며, 예수님 역시 그러하셨다. 그러면 이는 내 어머니가 나보다 더 중요한 존재임을 뜻할까? 혹은 마리아가 예수님보다 더 낫다는 뜻일까?

여기서는 무언가 결정적인 일이 진행되고 있다. 이때는 아직 죄가 세상에 들어오기 전이었음을 유념하라. 인간의 반역은 그다음 장에 가서야 등장한다. 실제로 이 시점까지, 하나님은 창조하신 모든 것을 두고 "좋았더라 … 좋았더라 … 좋았더라"라고 선언하신다. 그런데 뜻밖의 장면이 이어진다. 죄 이전의 세계에 하나의 '좋지 않음'이 나타나는 것이다. 하나님은 이렇게 말씀하신다. "사람이 혼자 사는 것이 '좋지 아니하니'"(창 2:18, 강조는 필자의 것). 이 '좋지 않음'은 어떤 죄

---

22 성경의 "첫째 됨" 개념과 대조되는 우리의 "첫째 됨" 개념에 관해서는 E. Randolph Richards and Brandon J. O'Brien, *Misreading Scripture with Western Eyes: Removing Cultural Blinders to Better Understand the Bible* (Downers Grove, IL: InterVarsity Press, 2012), 12-14를 보라.

나 반역, 불순종의 결과가 아니다. 심지어 유혹하는 뱀도 아직 등장하지 않은 때였다. 그럼에도 에덴에는 어떤 미완의 상태가 남아 있다. 당시 남자는 혼자였으며, 누군가의 도움을 필요로 했다. 이것은 대단히 흥미로운 모습이다. 하나님이 창조하신 남성성에 대해 우리가 처음으로 받는 이미지는, 흔히들 생각하듯 자기 충족과 독립, 힘의 과시가 아니다. 반역 이전에 하나님이 지으신 원래의 남자는 혼자였고 의존적이었으며 도움이 필요한 존재였다. 그것이 바로 하나님이 뜻하신 모습이었다. 우리가 처음 만나는 '남자'의 이미지는 누군가의 도움을 간절히 필요로 하는 존재의 형상이다. 하나님은 남자를 취약한 존재로 창조하셨다.

하나님이 지으신 모든 피조물 가운데서, '홀로 있음'을 체험하는 이로 묘사되는 것은 오직 아담뿐이다. 그는 짝을 갈망했지만, 처음에는 짝 없이 창조되었다. 동물 세계의 어떤 존재와도 달리, 아담은 자신의 동반자가 없는 상태로 지음받았던 것이다. 여기서 하나님은 아담이 일부러 충족되지 않은 욕망을 경험하게끔 만드신 것으로 보인다.

이 단순한 관찰은 깊고도 넓은 함의를 지닌다. 지금 기독교 문화권에서는 누군가가 고독을 경험할 때, 그저 "하나님만 찾으면 된다"거나 "당신에게는 그분이 더 필요하다", 혹은 "그분과의 시간을 더 가져야 한다"는 말을 종종 듣게 된다. 그러나 아담의 경험은 이런 피상적인 권고들을 철저히 무너뜨린다. 아담은 에덴동산에서 완전하고 지속적인 방식으로 아무 제한 없이 하나님께 다가갈 수 있었다. 그에게는 풍성한 삶의 활력을 주는 일이 있었고, 모든 음식도 원하는 대로 즐길 수 있었다. 또 그는 주위의 동물들과도 깊은 교제와 우정을 나누었을 것이다. 이를테면 아담은 온 세상을 손에 쥐고 있었지만, 그럼에도 여전히 홀로였던 것이다. 이처럼 사람은 하나님과의 진정하고 참되며 지속적인 관계를 누리면서도, 죄 없는 세상에서조차 '홀로 됨'의 실존적인 위기를 여전히 겪을 수 있는 존재다.

마치 아담은 하나님만으로는 충분하지 않도록 지음받은 듯이 보였던 것이다.[23]

"사람이 혼자 사는 것이 좋지 아니하니." 이것은 하나님의 말씀이다. 우리는 이 말씀을 임의로 고쳐 써서는 안 된다. 하나님은 "사람이 '결혼하지 않은' 것이 좋지 아니하다"고 말씀하지 않으셨다. 그럼에도 우리는 종종 이 말씀을 오해하여 결혼과 성을 외로움의 해결책으로 처방한다. 그러나 이것은 결혼을 우리 삶의 목표로 우상화한 교회와, 성적인 자유를 유일한 성취의 길로 제시하는 세속 문화가 함께 만들어 낸 모습들일 뿐이다. 그렇지 않다. 오히려 외로움에 대한 하나님의 해답은 그분의 선한 동산 안에서 이루어지는 깊고 실제적인 관계와 공동체에 있다. 언약 공동체에서 분리된 결혼과 성 자체가 답이 될 수는 없다. 그러므로 인간의 일차적인 소명은 인간 관계를 향해 있으며, 성적인 연합은 그 관계의 일부분일 뿐이다. 이 모든 것은 하나님의 통치와 다스림 아래에서 이루어진다.

하나님은 우리 중에 있는 독신자들을 낮추거나 부끄럽게 하시는 분이 아니다. 인간은 결혼하고서도 혼자일 수 있으며, 결혼하지 않고도 공동체 안에서 복된 사랑을 누릴 수 있다. 만일 인간 삶의 목적이 결혼에 있다면, 우리는 예수님도 실패자였다고 말해야 할 것이다. 그러나 인류 역사에서 가장 풍성한 열매를 맺은 이는 나사렛 출신의 독신 남자였던 바로 그분이셨다. 따라서 독신은 곧 고독을 뜻하는 기독교적 동의어가 아니다.

우리는 하나님에 의해, 하나님을 위해 지음받았다. 하지만 이와

---

23 이 점을 가장 잘 다룬 글로는 다음의 것을 보라. Sam Jolman, "You Need More than God", *SamJolman.Com*(blog), June 27, 2016, http://www.samjolman.com/you-need-more-than-god/.

동시에, 그분은 우리를 다른 이들과의 깊고 지속적인 관계를 필요로 하는 존재로 만드셨다. 공동체를 향한 이 욕망과 갈망은 우리의 존재 안에 깊이 새겨져 있다. 첫 인간은 결혼하지 않은 채로 이 세상에 왔다. 그리고 그리스도 안에서 구속받은 모든 인간도 결혼하지 않은 상태로 다음 세상에 들어가게 될 것이다. 이처럼 하나님과의 우정이 성적인 연합에 앞서며, 또 그 연합 이후에도 계속 이어져야 한다.

그러나 아담은 여전히 돕는 이를 갈망했다. 그리고 하나님은 그 욕망에 대해 조금의 실망이나 상처도 드러내지 않으셨다. 하나님은 아담이 그 다른 이에 대한 욕망을 품기를 바라셨다. 여자가 히브리어로 '에제르 케그네도'(*ezer kegnedo*), 곧 "돕는 자"라 불리는 데에는 이유가 있다.[24] 여기서도 이 표현을 우리 멋대로 해석해서는 안 된다. 여자와 남자는 나란히 걸어가도록 창조되었다. 그녀는 마치 노예나 하인이 주인을 섬기는 방식으로 남자를 돕는 존재가 아니다. 성경에서 이 "돕는 자"라는 표현은 대개 하나님 자신이나 치열한 전장에 도착한 증원군을 지칭할 때 쓰인다. 곧 이 본문에서, 여자는 그저 빵을 굽거나 세탁물을 정리하는 등의 과업을 부여받은 이가 아니라는 것이다. 오히려 그녀는 아담의 든든한 보호자다. 이 때문에 유대인들의 결혼식에서 신부가 신랑 주위를 일곱 바퀴 도는 것이다. 이는 그녀가 자기 남편을 지키는 군대이기 때문이다.

고대의 세계가 가부장적인 곳이었음을 감안할 때, 이처럼 성경에서 아담이 취약하게 묘사되고 여자가 강력하게 그려지는 사실은 주목할 만하다. 나아가 최초의 인간들이 다른 이들의 도움을 절실히 필요로 하는 존재로 드러난 것 역시 그러하다. 의사인 한 친구는 내게

---

24 Robert Alter, *The Hebrew Bible: A Translation with Commentary* (New York: Norton, 2018), 19.

한 가지 흥미로운 의학적 사실을 알려 주었다. 이는 인간이 모든 포유류 중에 출산 과정에서 도움을 필요로 하는 유일한 종이라는 것이다. 소위 '산과적 딜레마'(obstetrical dilemma, 아기의 뇌는 큰 데 반해 산모의 골반은 좁은 데서 생겨나는 진화론적인 딜레마—편집자 주)라는 현상은 잘 알려진 수수께끼로서, 우리 인간들이 그 위기의 순간에 다른 어떤 생물들보다도 더 많은 도움을 필요로 한다는 것을 보여 준다. 이처럼 인간은 누군가의 도움에 의존하게끔 지음받은 취약한 종이며, 그 필요를 거부하는 것은 곧 자신의 인간성을 거부하는 일이 된다. 이후 성경의 이야기에서, 예수님은 바로 이 점 때문에 라오디게아 교회를 책망하신다. "네가 말하기를 나는 부자라 부요하여 '부족한 것이 없다' 하나 네 곤고한 것과 가련한 것과 가난한 것과 눈 먼 것과 벌거벗은 것을 알지 못하는도다"(계 3:17, 강조는 필자의 것). 아무것도 필요로 하지 않는 상태는 비인간적이다. 오히려 무언가를 꼭 필요로 하는 존재가 되는 것, 그것이 곧 거룩이다.

우리에게는 하나님이 절실히 필요하다. 하지만 이와 동시에 음식과 공기, 물, 관계와 동반자 등도 꼭 필요하다. 하나님은 우리가 그분을 갈망할 뿐 아니라, 그분이 우리에게 베푸시는 것들 역시 욕망하도록 창조하셨다.

◇◇◇◇◇◇◇◇◇◇

둘째, 인간은 다스리도록 창조되었다. 하나님은 흙으로 아담을 지으시고 그의 옆구리에서 여자를 만드신 뒤 말씀하신다. 이번에 하나님은 인류에게 첫 명령을 주시는데, 이는 동산에서 그들이 꾸려 갈 삶을 규정하는 일종의 '계획서'와도 같다. "생육하고 번성하여 땅에 충만하라, 땅을 정복하라, 바다의 물고기와 하늘의 새와 땅에 움직이는 모든 생물을 '다스리라'"(창 1:28, 강조는 필자의 것).

여기서 하나님의 지시에 담긴 모든 음조와 분위기를 숙고할 때, 우리는 많은 것을 얻게 된다. 예컨대 하나님이 인간에게 "생육하고 번성하라"고 직접 지시하시는 것을 생각해 보자. 이 명령은 번식에 대한 인간적인 소명의 밑바탕을 이룬다. 인간은 육체적으로 번식하도록 지어진 존재인 것이다. 그런데 아이를 낳고 키우는 이 일은 '결혼'이라 불리는 공동체의 양육 환경에서 이루어지게 되어 있다. 물론 창조 세계에는 홀로 번식하는 무성 생식 생물들도 있다. 아메바의 경우가 그러하다. 그러나 동물과 인간은 다르다. 앞서 살폈듯이 우리 인간들은 이성(二性)을 지닌 종으로 지음받았으며, 하나님은 우리에게 주어진 번식의 소명을 언약적이고 친밀한 사회적 관계 속에 두셨다.

나아가 하나님은 생식의 통로인 성(性)을 즐거운 것으로 창조하셨다. 우리 삶 속에서 살필 때도, 성은 종종 큰 보람을 가져다주는 일이 되곤 한다. 만일 우리의 몸을 만드신 공로를 창조주께 돌린다면, 그 몸이 제공하는 성적인 기쁨에 대해서는 더욱 그리해야 할 것이다. 그리고 하나님이 인간의 몸을 지으셨기에, 그 몸에 속한 성적 욕망과 즐거움 자체를 죄로 여겨서는 안 된다. 이것들은 하나님이 창조하신 것이며, 그분이 정해 두신 언약 관계 안에서 발휘되는 한 복되고 거룩한 성격을 띤다. 하나님은 인간에게 생육과 번성을 명하신 동시에, 그 일들에 요구되는 '욕망'도 부여하셨던 것이다. 하나님은 우리가 기꺼이 그 명령을 받들 수 있도록 이처럼 멋진 보상을 심어 두셨다.[25]

이 '열매를 맺으라'는 부르심은 그저 자녀를 낳는 일에만 국한되지 않는다. 왜일까? 성경의 이야기에서 열매 맺음이 반드시 성적인

---

25 분명히 욕망의 기능은 우리가 어떤 행동을 취하게끔 만드는 데 있다. 이에 관해, 윌라드는 이렇게 언급한다, "욕망의 일차적인 역할은 우리로 무언가를 행하도록 움직이는 것이다." Dallas Willard, "Beyond Pornography: Spiritual Formation Studied in a Particular Case", *Journal of Spiritual Formation and Soul Care* 9, no. 1 (2006): 9.

연합을 전제로 하지는 않기 때문이다. 앞서 말했듯이, 인류 역사에서 가장 풍성한 열매를 맺은 이는 미혼 남자였던 나사렛 출신의 예수님이었다. 그리고 그분 자신도 동정녀에게서 나셨던 것이다. 이 때문에 일부 신학자들은 예수께서 제자들에게 "가서 모든 민족을 제자로 삼으라"고 분부하신 마태복음 끝부분의 대위임령(마 28:18-19)을 두고, 창세기의 "번성하라"는 창조 명령이 성숙한 형태로 나타난 것일 수 있다고 본다. 이제 교회는 그리스도의 복음을 통해 세상을 하나님의 은혜와 경이로 가득 채우도록 부름받는다. 바울에 따르면, 당시 이 복음은 로마 제국 전역에서 "열매를 맺[고]" 있었던 것이다.[26] 그리고 세례 요한은 우리가 이제 "회개에 합당한 열매를 맺[어야]" 한다고 말한다(마 3:8). 이처럼 우리의 열매 맺음은 그저 육체적인 생식 능력만을 가리키는 것이 아니다.

열매를 맺는 것은 하나님의 세상을 다양한 방식으로 돌보고 다스리는 것을 뜻한다. 곧 유익한 문화를 발전시키고 새로운 음식을 만들어 내며, 환경을 가꾸고 가정을 이루며, 나무를 심는 등의 일들을 통해 이 땅에서 풍성한 삶을 꾸려 가는 것이다. 우리는 이것을 '문화 명령'(cultural mandate)이라 부른다. 하나님이 혼돈에서 질서를 이끌어 내셨듯이, 인간들도 그런 식으로 이 세상과 자신의 삶을 가꾸어 가야 한다. 신학자 존 나보네(John Navone)는 이렇게 말한다. "창조가 아직 완결되지 않았기에, 하나님은 지금도 여전히 우리를 혼돈에서 질서 가운데로 불러내신다. 아무 형태도 없던 상태를 벗어나, 마침내 그분 자신의 빛나는 형상을 드러내게 될 때까지 우리를 계속 인도하시는 것이다."[27] 우리는 그저 이런 일들을 수행할 뿐 아니라, 그 일들을 행하

---

26 골 1:6.

27 John Navone, SJ, *Toward a Theology of Beauty* (Collegeville, MN: Liturgical,

려는 깊은 '갈망'을 품게끔 지음받았다. 이는 아담이 원하는 대로 동물들의 이름을 짓게끔 하나님이 임무를 부여하신 일 가운데서도 분명히 드러난다(창 2:20).

모든 인간 안에는 하나님이 주신 이 세상을 아름답게 빚어 가려는 욕망이 자리 잡고 있다. 그것은 정의를 옹호하거나 생명을 낳고 기르는 일, 가난한 이들을 섬기거나 사람들을 믿음으로 인도하는 일들 가운데서 드러난다. 그리고 빵을 굽거나 갇힌 이를 찾아가는 일, 식탁을 차리거나 교회를 세우는 일, 비영리 단체를 이끌거나 선교의 길을 걷는 일들도 모두 여기에 속한다.

나는 어린 시절에 품었던 최초의 욕망 중 하나를 뚜렷이 기억한다. 초등학교 3학년 때, 우리 학교에 '이 달의 학생' 상이 있다는 것을 알게 되었다. 나는 즉시 그 목표에 사로잡혔다. 반드시 그 상을 '받아야만' 했다. 내 삶의 모든 정체성이 거기에 걸려 있는 듯이 느껴졌다. 그다음 조회 시간, 맨 앞줄에 앉아 있다가 단상에서 클린트 카를로스의 이름이 불리는 것을 들었을 때는 내 인생에서 가장 참담한 날 중 하나였다. 나는 화장실에 가서 엉엉 울었다. 그렇게 어린 나이에도 나는 이미 성취를 열망했던 것이다. 이제 그때의 내가 어떤 존재였는지를 어느 정도 알 것 같다. 나는 '다스리는 자'였다. 나는 세상 속에서 무언가를 이루어 내려 했으며, 그것은 마치 내 안에 흐르는 피와 같았다. 그 달에 나는 '이 달의 학생'이 되지 못했다. 그러나 그 상처는 내 안에 하나의 욕망, 일종의 '자연적인 힘'과도 같은 무언가를 깨워 놓았다. 그것은 선생님이 틀렸다는 것을 증명하고 싶다는 욕망이었다.

다음 달에 나는 '이 달의 학생' 상을 받았다.

다스림은 우리 존재 안에 깊이 새겨진 본능이다. 그러나 그 다스

1996), 45.

림에는 분명한 경계가 있다. 인간의 모든 다스림은 에덴의 주인이신 하나님 '아래에서' 이루어져야 한다. 실제로 하나님이 그 동산에서 처음 하신 일은 바로 나무를 심는 것이었다(창 2:8). 이처럼 하나님은 정원사이시며, 에덴은 그분의 동산이다. 이 일은 '다스리다'—히브리어로는 라다(radah)—라는 말의 의미를 새롭게 규정한다. 여기서 뜻하는 바는 인간이 피조물 위에 '군림한다'(rule over)는 것이 아니다. 오히려 인간은 하나님 '아래서' 그것들을 다스린다(rule under). 왜 이런 구분이 중요한가? 우리는 흔히 '다스림'이라는 말을 오해하기 쉽다. 그 단어가 무언가를 착취하거나 남용하는 일을 암시하는 듯이 보이기 때문이다. 그러나 하나님이 주신 다스림의 명령은 창조 세계를 마치 잠시 머무는 호텔방처럼 함부로 써도 된다는 허가증이 아니다. 누군가 나중에 치울 것이니 마음대로 어지럽혀도 된다는 뜻이 결코 아니다. 오히려 인간은 하나님을 위해, 그분 아래에서 이 세계를 다스린다. 그들은 정원사이신 그분의 뜻에 따라 동산을 돌보도록 부름받았다.

또 이 '다스림'은 인간이 자신을 피조 세계 위나 그 너머에 있는 존재로 교만하게 상상하도록 허락하지 않는다. 인간은 스스로를 창조의 정점으로 여기는 데 익숙하다. 그러나 창조 이야기는 이러한 교만에 균열을 낸다. 그 이야기에서 이 세계의 어떤 요소들이 각자의 '하루'를 배정받는지를 살펴보자. 빛은 첫째 날을, 물은 셋째 날을, 바다는 다섯째 날을 각각 차지한다. 하지만 인간의 경우에는 무언가가 달라진다. 인간은 여섯째 날을 땅의 생물들과 함께 나눈다.

성서학자 리처드 보컴(Richard Bauckham)은 이처럼 인간과 동물이 같은 날에 지음받았다는 서술이 곧 양자 간의 유사성을 강조하기 위한 것임을 설득력 있게 논증한다.[28] 물론 둘 사이에는 차이점도 있다.

---

28 Richard Bauckham, "First Steps to a Theology of Nature", *Evangelical Quarterly* 58

인간은 하나님의 형상으로 지음받았고, 동물은 그렇지 않다. 하지만 보컴에 따르면, 이 본문은 우리가 이 세계에서 다른 피조물들과 존재의 조건을 함께 공유하고 있음을 깨닫도록 이끈다는 것이다. 그리고 인간이 동물들과 창조의 하루를 함께 나눈다는 이 진술의 세부 목적은 인류에게 겸손의 길을 가르치려는 데 있다고 주장한다. 그는 이렇게 말한다. "이 창조 이야기의 나머지 부분에서 인간이 다른 피조물들과 구별되는 특별한 존재로 묘사되기는 하지만, 창조 전체의 구도에서 볼 때 그 역시 육지의 피조물이다."[29]

여기서 교만은 허용되지 않으며, 순진한 태도 역시 마찬가지다. 인간은 육지의 피조물인 동시에, 독특한 능력과 권위를 부여받은 피조물이다. 인간은 동산의 평화를 지키거나 '깨뜨릴' 수 있는 능력을 다른 어떤 피조물보다도 더 많이 지니고 있다. 이 인간의 책임은 창세기 1장이 먹을거리를 다루는 방식에서 분명히 드러난다.

보컴은 하나님이 인간에게는 "씨 맺는 채소"(창 1:29)를, 동물에게는 "푸른 풀"(창 1:30)을 먹을거리로 주셨다는 점에 주목한다. 그런데 왜 하나님은 동물이 무엇을 먹어야 하는지까지 인간에게 말씀하시는가? 이는 인간들 자신의 책임을 상기시키기 위함이다. 인간은 자신들이 동물들과 함께 이 세계를 공유하고 있다는 것을 잊어서는 안 된다. 그리고 여기서 하나님은 일종의 경계를 설정하고 계신다. 보컴은 이렇게 말한다.

왜 하나님은 인간에게, 그분이 모든 풀을 다른 생물들의 먹을거리로 주

(1986): 229-44를 보라.

29 Richard Bauckham, "Being Human in the Community of Creation", in *Ecotheology: A Christian Conversation*, ed. Alan Padgett and Kiara Jorgenson (Grand Rapids: Eerdmans, 2020), 23.

셨다고 굳이 알려 주시는가? 그 이유는 분명하다. 땅의 소산이 인간들 자신뿐만 아니라 이 땅의 모든 생명체를 위한 것임을 알아야 하기 때문이다. 그분의 말씀은 이 땅이 모든 피조물을 먹여 살리기에 충분한 양식을 제공할 수 있음을 함축한다. 그렇기에 인간은 다른 생명체들을 위한 공간과 양식을 남겨 두지 않는 방식으로 온 땅을 채우고 정복해서는 안 된다. 하나님은 그들[동물들]에게도 땅에서 살아갈 권리를 주셨기 때문이다.[30]

그러나 안타깝게도, 우리는 창조 세계를 돌아볼 때 성경의 이 '다스리라'는 명령을 인간들이 지독하게 오해하고 불순종해 왔음을 보게 된다. 지금 인간들은 플라스틱을 바다에 버리고, 기술 문명의 폐기물을 다른 이들이 뒤처리하도록 먼 나라로 보내며, 공기와 토양을 파괴하는 독성 물질을 만들어 낸다. 그리고 온갖 물품들을 과도하게 소비하는 것이다. 이제껏 우리는 하나님 아래에서 이 세상을 다스리지 않았다. 오히려 분노한 주인처럼 피조 세계를 억압하며 굴복시켜 왔다. 그러나 우리의 원래 부르심은 자비와 긍휼로써 그곳을 다스리는 데 있었다. 하나님은 인간에게 다스림의 욕망을 주셨지만, 그 욕망에는 분명한 경계가 있다. 그 경계를 넘을 때, 우리는 그분의 위대한 창조세계를 해치게 된다.

인간은 하나님의 뜻대로 이 세상을 다스리도록 부름받았다. 그러나 동시에 안식의 날을 지키라는 명령도 받았다. 안타깝게도 나는 그동안, 교회가 부모를 빼앗아 갔다고 느끼면서 깊은 원망을 품게 된 목회자 자녀들을 너무도 많이 만나 왔다.

---

30 Richard Bauckham, *Living with Other Creatures: Green Exegesis and Theology* (Waco, TX: Baylor University Press, 2011), 227.

우리는 예수님의 사역을 수행하도록 부름받았다. 그런데 그 사역은 반드시 예수님 자신의 방식대로 이루어져야 한다. 곧 하나님의 마음을 좇아 적절한 미덕과 경계들을 존중하는 태도로 감당해야 하는 것이다. 우리에게 주어진 일을 그분이 분부하신 것과 다른 방식으로 행할 때, 우리는 결국 피조 세계와 우리 자녀들, 그리고 교회를 비롯한 모두에게 깊은 상처를 남기게 된다.

◇◇◇◇◇◇◇◇◇◇

셋째, 인간은 일종의 특별한 갈망과 소원을 부여받았다. 그중 일부는 바로 누군가를 사랑하려는 우리의 본성에 연관된다. 그간 일부 지혜로운 기독교 사상가들이 이 신비를 깊이 숙고해 왔다. 예컨대 철학자 알래스데어 매킨타이어(Alasdair MacIntyre)는 *Dependent, Rational Creatures*(의존적이고 이성적인 존재들)이라는 책에서, 다양한 방식으로 드러나는 인간과 동물 사이의 유사성과 본질적인 차이점들을 폭넓게 탐구한다. 그에 따르면, 인간의 두드러진 특징 중 하나는 하나님과 그분의 행하심을 세상 속에서 드러낼 수 있는 도덕적 본성과 능력이다.[31] 이와 더불어, 우리는 각자의 삶 속에서 하나님 자신의 리듬을 반영하는 존재들이기도 하다. 제임스 K. A. 스미스(James K. A. Smith)의 작업은 우리가 인간을 '호모 리투르기쿠스'(*homo liturgicus*), 곧 '전례적인 존재'로 이해하도록 도와준다. 우리는 욕망하는 피조물이며, 그 이유는 우리가 리듬과 습관, 그리고 전례를 지향하는 '전례적인 동물'이라는 데 있다는 것이다.[32]

---

31 Alasdair MacIntyre, *Dependent Rational Animals: Why Human Beings Need the Virtues, The Paul Carus Lectures* (Chicago: Open Court, 1999).

32 James K. A. Smith, *Desiring the Kingdom: Worship, Worldview, and Cultural Formation*, Cultural Liturgies 1 (Grand Rapids: Baker Academic, 2009), 40. 『하나님

레위기를 강의할 때, 나는 그 책을 '잔치의 책'으로 지칭한다. 그 책에서는 하나님의 거룩하심이 가장 풍성하게 펼쳐지는 동시에, 여러 잔치와 축제의 초대도 가득 담겨 있기 때문이다. 이때 나는 학생들에게 거룩함이 '내세적인 삶의 태도'보다도 인간다운 삶과 더 긴밀히 연관되는 것이 아닌지 숙고해 볼 것을 요청하곤 한다.

인간은 경축하도록 지음받았다. 창세기 1장을 읽어 보라. 창조의 넷째 날에, 하나님은 하늘에 해와 달과 별을 두셔서 "징조와 계절과 날과 해를 이루게" 하신다(창 1:14). 인간은 그로부터 이틀이나 지난 뒤에야 창조된다. 하나님은 인간이 흙에서 빚어지기 전부터, 이미 우주 안에 잔치의 무대를 마련하고 계셨던 것이다. 하나님은 인간이 하나님을 사랑하고 그분의 선하심을 기뻐하도록 규칙적으로 지어진 세상 속에 그들을 두셨다. 이에 관해, 스미스는 이렇게 언급한다. "인간이 종교적 동물인 것은 우리가 무엇보다 믿는 존재이기 때문이 아니라, 전례적인 동물이기 때문이다. 우리는 곧 무언가 궁극적인 것을 향한 사랑과 욕망을 몸으로 실천하는 존재들이다."[33]

스미스는 이렇게 덧붙인다. 인간은 "태고부터 본질적으로 사랑의 행위자이며, 그 사랑은 욕망 혹은 열망의 구조를 취한다."[34] 우리는 단지 이성적인 피조물이 아니라, '열망하는' 피조물이다. 이 창조 세계에서 유독 인간만이 자신들의 사랑과 욕망을 반영하는 실천과 습관 위에 삶을 세우며, 그 과정 속에서 자신을 형성해 간다.

이 점은 창세기가 인간을 창조의 주간 속에 배치하는 방식에서도 분명히 드러난다. 창세기 1장과 2장에서 제시되는 일곱 날의 창조 리

나라를 욕망하라』(IVP).

33 Smith, *Desiring the Kingdom*, 40.

34 Smith, *Desiring the Kingdom*, 50.

 ——— 하나님이 내게 주신 욕망이라는 선물

들은 여러 기능을 수행하고 있다. 처음 여섯 날에는 "저녁이 되고 아침이 되니 이는 첫째 날이니라"라는 구절이 반복된다. 둘째 날도 그러하고, 셋째 날도 마찬가지다. 이 문구는 여섯 날 동안 거의 동일한 형태로 이어진다. 하지만 일곱째 날에는 무언가가 빠져 있다. "저녁이 되고 아침이 되니 이는 일곱째 날이니라"라는 말씀이 등장하지 않는 것이다. 이 일곱째 날은 결코 끝나지 않으며, 나아가 이 창조의 주간 자체가 완결되지 않은 채로 열려 있다.

고대의 랍비들과 현대의 주석가들은 이 창조 이야기에서 하나님의 '샤밧'(shabbat), 곧 그분의 선한 안식과 평화가 끝없이 이어질 미래의 어떤 날이 창의적인 방식으로 제시된다고 여긴다. 이 완결되지 않은 창조의 첫 주간은 신약의 복음서들, 특히 요한복음에서 다시 표현되고 있다. 그 복음서에서는 예수님이 십자가에서 죽으실 때 "다 이루었다"고 외치셨음을 기록한다(요 19:30). 무엇이 이루어진 것일까? 그 답은 부활의 아침에 대한 요한의 묘사에서 드러난다. 그 부활은 의미심장하게도 "한 주간의 첫날"에 일어났던 것이다(요 20:1 NIV). 여기서 그는 창세기 1장과 2장 내용을 깊이 숙고하고 있다. 이는 곧 예수님의 죽으심을 통해 창조의 첫 주간이 마침내 완결되고, 그분의 부활에서 새로운 창조의 한 주간이 시작되었음을 의미한다.

창조의 이야기 가운데는 안식이 결코 끝나지 않을 날을 갈망하라는 초대가 이미 새겨져 있다. 사랑의 한 부분은 곧 그런 갈망에 있기 때문이다. 기억하라. 인간은 처음부터 한 쌍으로 창조되지 않았던 유일한 피조물이다. 남자가 먼저 지음을 받았고, 그다음에 여자가 창조되었다. *Man in History*(역사 안의 인간)에서, 신학자 한스 우르스 폰 발타자르(Hans Urs von Balthasar)는 하나님이 남자 곁에 여자를 두는 일을 이처럼 미루신 일을 숙고할 때 그분이 세상과 우리의 삶 속에서 역사하시는 방식들을 깊이 이해할 수 있음을 시사한다. 이 일을 통해,

우리는 인간들에게 주어진 독특한 갈망의 능력을 깨닫게 된다는 것
이다. 그는 이렇게 언급한다.

그 낙원의 이야기에 따르면, 아담은 하나님의 충만한 은혜로 지음을 받
았으나 마침내 하와를 얻기 전까지는 결코 채워지지 않았던 갈망을 지
니고 있었다. 아담은 온 세상을 돌아다니면서 자신에게 성취와 완성을
가져다줄 그 무언가를 찾고 구했다. 그는 그 과정에서 자연 만물에 이
름을 붙여 주고 그것들을 조금씩 알아 갔지만, 그 무언가를 발견해 내
지는 못했던 것이다. 처음부터 둘씩 짝지어 창조된 동물들과는 달리,
이처럼 인간이 다른 누군가를 '갈망해야' 했던 것은 상당히 기이한 일
이 아닐 수 없다.[35]

이런 갈망의 경험은 인간 고유의 것이다. 아담이 독특한 인간적인
갈망을 경험했듯이, 우리도 그런 갈망 가운데서 살아간다. 이에 관해,
댄 알렌더(Dan Allender)는 이렇게 언급한다. "하나님은 아담이 외로움
과 부재의 아픔을 알기 원하셨는데, 이는 장차 그가 동반자와의 영광
스러운 교제를 누리게끔 하시기 위함이었다."[36] 이 갈망은 결국 충족될
것이었다. 하나님은 아담이 그저 그분의 존재를 아는 데 그치지 않고,
그분이 '사랑으로 돌보시는 공급자이심'을 깨닫게 되기를 원하셨던
듯하다. 이 사실은 아담이 영광스러운 여자의 모습을 바라볼 때 고백
한 감사의 표현들 속에서 생생히 드러난다.

---

35 Hans Urs von Balthasar, *Man in History: A Theological Study* (London: Sheed and
    Ward, 1968), 84-85. 강조는 필자의 것.
36 Dan Allender, *To Be Told: God Invites You to Coauthor Your Future* (Colorado
    Springs: Waterbrook, 2005), 4.

이는 내 **뼈** 중의 **뼈**요

　내 살 중의 살이라

이것을 남자에게서 취하였은즉

　여자라 부르리라(창 2:23)

　히브리어 본문에서 아담의 말이 지니는 의미는 결코 가볍지 않다. 그는 여자를 향해 노래하고 있다. 이것은 성경의 이야기에서 남자가 처음으로 입 밖에 낸 말이며, 그 내용은 찬미와 고양, 감사와 기쁨으로 가득하다. 이제 그의 갈망은 응답되었다. 하나님이 그의 열망과 필요를 보시고 돌보셨기 때문이다. 이처럼 인간은 서로 사랑하고 노래하며 서로를 갈망하도록 지음받았다. 본문 어디에도 그의 사랑이 잘못된 대상을 향한다는 암시는 없다. 그는 여자를, 그리고 그 경험을 통해 주어지는 우정과 교제를 갈망하도록 창조되었다. 그러므로 창조 이야기 속의 다른 피조물들이 자기 짝을 얻을 때 '노래하지' 않는다고 해서 놀랄 필요는 없다. 그것들은 아담이 경험했던 그 간절한 욕망에 뿌리를 둔 고독을 알지 못했기 때문이다.

　우리가 갈망하는 존재인 것은 우리가 사랑하는 존재이기 때문이다. 이 책의 뒷부분에서 다시 다루겠지만, 창조 이야기에서 결코 끝이 나지 않는 그 하루에는 중요한 의미가 담겨 있다는 점을 마음에 새겨 두어야 한다. 아담의 갈망이 채워지는 데 시간이 걸렸듯이, 우리 역시 아직 받지 못한 어떤 것을 갈망하면서 살아간다.

3장

사탄의 욕망

지금까지 우리는 하나님의 갈망을 탐구했으며, 그분의 피조물로서 역시 갈망을 지닌 인간에 관해 살폈다. 그리고 우리는 하나님이 빚으신 인간 본성의 일부 세부적인 모습들도 다루었다. 우리는 이를 '본래의 갈망'으로 지칭했는데, 여기에는 하나님이 우리로 욕망하도록 창조하신 대상들에 연관되는 것들로서 인간 경험의 선천적이고 본질적인 특성들이 포함된다.

그런데 성경의 기록은 창세기 2장에서 끝나지 않는다. 창세기 3장에서 우리는 흔히 '타락'으로 지칭되는 사건을 대면하며, 여기서 온 인류의 역사가 어둡게 변화된다. 이 본문에는 순진했던 우리 선조들의 발 아래로 뱀이 간계를 품고 은밀히 다가왔던 모습이 담겨 있다. "그런데 뱀은 여호와 하나님이 지으신 들짐승 중에 가장 간교하니라. 뱀이 여자에게 물어 이르되 하나님이 참으로 너희에게 동산 모든 나무의 열매를 먹지 말라 하시더냐?"(창 3:1) 여기서 실로 중대한 문제가 발생하며, 독자들은 본문의 각 단어마다 영적인 온도가 조금씩 하락하는 것을 느끼게 된다. 그리고 모든 성경 본문의 경우에 그렇듯이,

우리는 세심하고 끈기 있게 그 내용을 살펴보아야 한다. 이제껏 언급되지 않았던 한 존재가 홀연히 그 불길한 모습을 드러냈다. 앞서 보았듯이 하나님은 그분 고유의 갈망을 품으셨고, 인간 역시 그러했다. 그런데 우리는 이 "뱀"도 자신만의 갈망을 품은 듯한 모습을 보게 된다. 이 본문에서 우리가 그 뱀에 관해 알 수 있는 것은 과연 무엇일까?

악마는 디테일에 있다. 우리는 곧 이 생물이 "하나님이 지으신"(창 3:1) 것이라는 말씀을 접하게 된다. 이 말씀은 먼저 하나님과 이 뱀이 서로 대등한 원수라는 개념에 의문을 제기한다. 하나님과 뱀 간의 어떤 적대 관계도 '대등한 자들의 다툼'으로 여겨질 수 없으며,[1] 양자 간의 어떤 전쟁도 팽팽한 싸움이 되지 않는다. 하나님은 영원한 창조주이신 반면에 뱀은 유한한 피조물이기 때문이다.

나아가 본문에서 우리가 뱀을 대면할 때, 그 존재는 이미 한 차례의 반역을 저지른 것으로 보인다. 성경은 창세기 3장 이전에 무슨 일이 있었는지 명확히 언급하지 않지만, 뱀은 이미 성이 난 모습으로 등장하고 있다. 그것은 그 속이는 자가 이미 자신의 꾀로 인해 무너짐을 당했기 때문이다. 그렇기에 창세기 3장에서 묘사되는 것은 '유일한'(the) 타락이라기보다 '하나의'(a) 타락 사건이다. 피조물의 반역은 이미 일어난 상태이기 때문이다.

히브리어에서 뱀은 '나하쉬'(*nakhash*)로 불리며, 대부분의 영어 역본에서 이 말은 "큰 뱀"(serpent) 혹은 "뱀"(snake)으로 번역된다. 그런데 '나하쉬'가 한 개체의 고유한 이름이 아니라는 점에 주목하라. 그것은 일종의 호칭이며, 여기서 그 뱀의 개인적인 이름이 언급되지 않는 것을 염두에 둘 필요가 있다. 우리는 성경의 다른 본문들에서도 이

1　이 점은 C. S. Lewis, *Mere Christianity* (San Francisco: HarperCollins, 2000), chap. 2 에서 뚜렷이 제시되고 있다. 『순전한 기독교』(홍성사).

렇게 한 개인의 이름을 생략하는 모습을 보게 된다. 애굽이 이스라엘 백성을 노예로 삼았을 때 그곳의 통치자였던 인물은 '바로'(Pharaoh)로 알려져 있는데, 이는 한 개인의 이름이 아니라 일종의 호칭이다. 당시 애굽에는 많은 바로가 있었던 것이다. 그리고 우리는 출애굽기 1장에서 누구의 이름이 언급되는지를 살피면서 흥미로운 사실을 발견하게 된다. 그 본문에는 바로의 이름이 나오지 않지만, 히브리인 아기들을 다 죽이라는 바로의 악한 칙령에서 그 아기들을 구해 준 산파 십브라와 부아의 이름은 명확히 제시된다. 그리하여 그 여자 영웅들의 이름은 사람들의 기억 속에 영원히 남지만, 바로는 아예 그 이름조차 언급되지 않는다.[2] 이런 성경의 표현법 가운데는 하나의 뚜렷한 요점이 담겨 있다. 이는 곧 조용히 의로운 일을 행한 여인들의 이름이 대대로 기억되어야 하는 반면, 바로는 이름이 거론될 가치가 없는 수많은 폭군 중 하나일 뿐이라는 것이다.

그런데 '나하쉬'가 그저 하나의 호칭일 뿐이라면, 이 존재는 실제로 누구인가? 성서학자들과 신학자들은 오랫동안 이것을 놓고 논쟁했는데, 그 과정에서 다양하고도 독특한 견해들이 제시되어 왔다. 어떤 이들은 뱀을 일종의 인격적인 힘이나 욕망의 이미지, 마술적인 인물 혹은 음경의 상징으로 본다. 하지만 고대의 본문에 오늘날 우리의 생각을 투영해서 해석하기보다, 본문의 내러티브가 스스로 말하게 하는 편이 더 유익할 것이다. 신약에서는 분명히 사탄(혹은 마귀)을 "뱀" 또는 "큰 뱀"으로 지칭하는 듯하다(계 12:9; 20:2). 예수님은 창세

2　히브리어 '하 사탄'(ha satan) 역시 대개는 형용사적 용법으로 쓰이며, '반대하는 자'나 '적대자', '맞서는 자' 정도로 번역될 수 있다. 실제로 성경에는 '사탄'으로 묘사되는 여러 인물이 있다. 다윗은 블레셋 족속에게 '사탄'으로 여겨졌으며(삼상 29:4), 아비새는 다윗에게 '사탄'이었다(삼하 19:23). 또 하닷은 솔로몬에게 '사탄'이었고(왕상 5:4; 11:14), 르손 역시 솔로몬에게 '사탄'이 되었던 것이다(왕상 11:23-25).

기 3장을 염두에 두면서 마귀를 "처음부터 살인한 자"로 여기신다(요 8:44). 우리가 성경을 처음부터 끝까지 읽어 갈 때, 창세기 3장의 뱀이 실제로 '엘 디아블로'(*el diablo*)로 지칭되는 그 마귀 또는 사탄, 곧 우리 영혼의 원수임을 알게 된다. 계시록에서는 이 점을 이렇게 언급한다. "큰 용이 내쫓기니 옛 뱀 곧 마귀라고도 하고 사탄이라고도 하며 온 천하를 꾀는 자라. 그가 땅으로 내쫓기니 그의 사자들도 그와 함께 내쫓기니라. … 용을 잡으니 곧 옛 뱀이요 마귀요 사탄이라 잡아서 천년 동안 결박하며"(계 12:9; 20:2).

나아가 사탄이 창세기 3장에서 동물과 유사한 존재로 묘사되는 점도 주목할 만하다. 본문의 저자는 그 '나하쉬'가 정확히 어떤 종에 속했는지(비단뱀이나 코브라, 독사 또는 가터뱀 중 어떤 것이었는지)를 밝히지 않지만, 아마 그것은 에덴동산의 다른 동물들과 크게 다르지 않았을 것이다. 여러 해석자가 지적했듯이, 여기서 하와가 전혀 놀라거나 당황하지 않고 그 뱀과 대화를 나눈 것은 상당히 인상적인 일이다. 이것은 단지 추측이지만, 당시 그녀가 놀라지 않은 것은 (부분적으로) 인간들이 동산의 여러 동물과 친밀한 관계를 누렸다는 사실 때문일 수 있다. 에덴동산에서 그들은 동물들과 이야기할 수 있었던 듯하다. 인간과 동물들이 하나님 및 서로 간에 밀접한 교제를 누렸던 그 '샬롬'의 세상에서, 그런 대화가 오가는 것은 그리 기이한 일이 아니었을 것이다. 어쩌면 이상한 것은 오늘날 우리가 그렇게 할 수 없다는 사실일지도 모른다.

그러면 우리는 사탄이 한 동물로 나타난 일을 어떻게 받아들여야 할까? 현대의 일부 해석자들은 뱀이 음경과 유사한 모습을 띠므로 인간의 타락을 성적인 욕망(이는 주로 보수적인 이들의 견해다) 혹은 가부장제(이는 주로 진보적인 이들의 견해다)와 연관된 것으로 여겨야 한다고 주장했다. 하지만 이런 견해들은 석의적인 측면에서 다소 지나친 확대

해석이다. 이 공상적인 해석들은 본문에 우리의 현대적인 감수성을 부과하며, 결국 성경의 사상보다 우리 자신의 편견을 반영하는 것이 된다. 우리는 사탄이 뱀의 형태를 취한다는 이유로 성경을 왜곡해서 현대의 가설에 맞추어서는 안 된다. 이와 동시에 그 세부사항 자체를 무시해서도 안 될 것이다.

앞서 논했듯이, 예수님은 마귀들을 돼지 떼에게 보내셨다.[3] 따라서 악한 존재들(심지어 악한 인격체들)은 물리적인 속성을 취하면서 신체의 모습을 띨 능력을 지닌 듯이 보인다. 이렇게 악이 뱀과 돼지 안에 거할 수 있다면, 인간의 문화나 제도, 여러 법과 체계 안에도 거할 수 있다는 것에 놀라서는 안 된다. 처음부터 악은 여러 신체와 문화, 심지어는 장소들까지 자신의 것으로 만들었다.

그는 또한 "간교[했다]." 이때 창세기의 저자는 '아룸'('arum)이라는 단어를 사용한다. 이는 잠언 저자가 "신중하거나" "지혜로운" 이들을 묘사하는 데 쓴 것과 같은 단어다. 그러면 과연 뱀도 지혜롭거나 신중했던 것일까? 나아가 본문은 이렇게 언급한다. "[뱀은] 하나님이 지으신 들짐승 중에 가장 간교하니라." 이 말은 그 대적자의 사악하고 교활한 특성을 잘 드러내 준다. 그렇기에 사탄을 우둔하고 어리석은 얼간이로 희화할 때, 우리는 자칫 그의 능력을 업신여기고 방심함으로써 부지중에 우리의 약점을 노출하는 결과를 가져오게 된다.

안타깝게도 사탄에 대한 우리의 상상은 단테(Dante)의 『신곡: 지옥편』(Inferno)이나 헐리우드의 디스토피아 공상물에서 유래할 때가 많다. 하지만 사탄은 결코 미련하고 어리석은 자가 아니다. 만약 사탄이 '하나님이 지으신 모든 짐승 중에' 가장 간교했다면, 그가 (어떤 면에서는) 우리보다 더 지혜롭다고 여길 수밖에 없다. 이에 관해, 바울은

---

3 막 5:1-20을 보라.

 —— 하나님이 내게 주신 욕망이라는 선물

심지어 "[사탄이] 광명의 천사로 가장하나니"(고후 11:14)라고 언급한 바 있다. 이처럼 사탄은 탁월하고 아름답게 보이는 존재다.

그리고 그의 광기 가운데도 일종의 체계가 담겨 있다.

◇◇◇◇◇◇◇◇◇◇

창세기 3장은 성경의 나머지 부분을 위한 하나의 배경과도 같다. 창세기에서 뱀이 시작한 우주적인 대결의 주제는 신약 전체에 걸쳐 반복될 것이다. 복음서들을 자세히 살필 때, 예수님이 사탄과 마귀에 관해 가르치거나 그들과 정면으로 대결하시는 이야기가 매우 많음을 알 수 있다. 요한복음 8장 역시 그러하다. 여기서 예수님은 그분의 권위와 사역이 지닌 본질을 의심하는 종교 지도자들과 논쟁을 벌이셨다. 이때 그분은 이렇게 말씀하셨던 것이다. "너희는 너희 아비 마귀에게서 났으니 너희 아비의 욕심대로 너희도 행하고자 하느니라. 그는 처음부터 살인한 자요 진리가 그 속에 없으므로 진리에 서지 못하고 거짓을 말할 때마다 제 것으로 말하나니 이는 그가 거짓말쟁이요 거짓의 아비가 되었음이라"(요 8:44).

여기서 예수님이 누구를 상대로 그렇게 말씀하셨는지를 생각해 보라. 그들은 1세기 유대의 유력한 종교 지도자들이었다. 그렇기에 당시 그 가르침이 이들의 귀에 얼마나 거슬리게 들렸을지는 너무도 명확하다(그 말은 심지어 오늘날 우리에게도 공격적으로 다가올 것이다). 이 말씀을 통해, 예수님은 당시의 종교 사상가들을 명백히 비판하고 계셨다. 그분이 보시기에 마귀를 아비로 둔 자들은 누구였을까? 바로 '신학자'들이다. 그 유대 지도자들과 오늘날 우리 모두에게, 이것은 얼마나 충격적인 선언인지 모른다. 종교인들은 흔히 하나님을 혐오하면서 문란한 성생활을 일삼는 이들, 혹은 대마초를 피우거나 아예 교회에 가지 않는 이들 사이에서 마귀가 주로 활동한다고 여기기 쉽다. 그리고 (내가 속한) '보수적인' 그리스도인들은 마귀가 자유주의자나 진보주의자들 사이에서 역사한다고 여기기도 한다. 하지만 여기서 예수님은 그런 종교적 허튼소리들과 대결하고 계신다.

예수님은 인간의 모든 종교 영역이 마귀가 은밀하게 역사하는 환경으로 쉽게 변질될 수 있다고 여기셨다. 그분이 장차 교회의 지도자가 될 베드로에게 하신 말씀을 생각해 보라. "사탄아 내 뒤로 물러 가라. 너는 나를 넘어지게 하는 자로다. 네가 하나님의 일을 생각하지 아니하고 도리어 사람의 일을 생각하는도다"(마 16:23). 실로 종교인들이라고 해서 그 마귀적인 욕망이나 악한 권세의 영향력에서 배제되는 것은 아니다.

예수님은 사탄 역시 갈망의 피조물로 묘사하신다. 앞서 살폈듯이, 요한복음 8장 44절의 "처음부터"라는 표현은 이런 그분의 비판이 창조 이야기와 연결되어 있음을 보여 준다. 예수님은 "처음부터" 마귀가 특정한 욕망을 품고 활동했다고 단언하신다. 그런데 창세기 3장을 다시 살필 때, 우리는 그 본문에서 '나하쉬'의 욕망을 뚜렷이 드러내는 내용이 없음을 발견하고 놀라게 된다. 그곳에서는 그 욕망에 관해 실로 아무것도 언급되지 않는 것이다. 이제 우리는 이 요한복음 본문에서 예수님의 주장이 얼마나 대담한 것이었는지를 헤아려볼 수 있다. 어떻게 서른 살 된 나사렛 목수가 오래전 뱀의 욕망을 명확히 안다고 단언할 수 있었을까? 만약 예수님이 직접 그곳에 계시지 않았다면 어떻게 그 일들을 아시는가? 이분은 실제로 어떤 인물인가?

여기서 예수님은 자신의 신적인 정체성을 어렴풋이 암시하신다. 창세기 3장의 사건들에 대해, 그분은 자신이 (당시 누구보다도 성경을 잘 안다고 여겼던) 바리새인과 사두개인이 결코 알 수 없었던 무언가를 안다고 담대히 선언하신다. 예수님은 "태초의 일들"에 관한 특별한 지식을 드러내심으로써 자신에 관해 무언가를 주장하셨던 것이다. 그분은 이 종교인들이 결코 지닐 수 없었던 신적인 권위와 지식, 통찰을 보여 주고 계신다. 그리고 "사탄이 하늘로부터 번개 같이 떨어지는 것을 내가 보았노라"(눅 10:18)는 그분의 주장 역시 그들의 귀에 얼마나 불쾌하게 들렸을지를 충분히 상상해 볼 수 있다. 한낱 인간일 뿐인 존재는 "사탄이 떨어지는" 것을 직접 눈으로 보았다고 주장할 수 없기 때문이다. 그런데 저 사람은 어떻게 그런 주장을 펴는 것인가? 이는 말도 안 되는 소리다!

하지만 예수님은 자신이 실제로 그곳에 계셨기에 이 모든 말이 참되다고 여기셨다. 그러니 당시의 종교인들이 그분을 죽이려 한 것도 놀랍지 않다. 예수님은 이처럼 자신의 신성을 드러냄으로써 그들의 신학적 불쾌감을 조금씩 유발하셨으며, 이를 통해 결국 닥쳐올 십자가 처형의 길로 한걸음씩 나아가고 계셨다. 그분의 이런 주장들이 곧 그분의 죽음을 초래한 원인이 되었던 것이다.

여기서 예수님의 말씀에 담긴 중요성을 놓치지 말라. 그분은 자신이 사탄의 욕망을 아신다고 주장하셨다. 그분은 무엇이 사탄을 충동했는지를 아셨던 것이다. 하나님은 그분의 선하신 갈망 아래 이 세상을 창조하셨지만, 사탄의 욕망은 지독한 반역으로 이어졌다. 마귀는 무언가가 깊이 결핍된 피조물이다. 그렇기에 그는 늘 왜곡된 방식으로 무언가를 바라고 갈망한다. 이런 관점에서 본문을 살필 때, 창세기 1-3장의 이야기는 그 속의 주요 인물들이 전부 무언가를 갈망하고 있음을 보여 준다. 하나님도 그분 고유의 갈망을 품으시며, 인간들도 자신들의 갈망을 지닌다. 그리고 사탄 역시 자신만의 비뚤어진 욕망을 드러낸다. 이것은 실로 갈망들 사이의 큰 전쟁과도 같다.

그런데 사탄은 실제로 무엇을 원했던 것일까?

어떤 사람들은 이사야서에 근거해서 이 질문에 답했다. 선지자는 그가 "아침의 아들 계명성"이라고 부르는 존재가 누구인지 밝힌다.

그 존재는 마음속으로 다음과 같이 말한 뒤에 "땅에 찍[혔다]."

> 내가 하늘에 올라
> 하나님의 뭇 별 위에
> 내 자리를 높이리라
> 내가 북극 집회의
> 산 위에 앉으리라
> 가장 높은 구름에 올라가
> 지극히 높은 이와 같아지리라(사 14:12-14)

여기서 이사야는 마귀에 관해 언급하는 것일까? "올라", "높이리라", "위에" 같은 단어들을 주목해 보라. 이사야가 말하는 존재가 누구든, 그 존재는 교만한 마음으로 신과 같이 되려 한다. 분명 이것은 사탄일 수도 있다. 다만 구약학자들은 여기서 이사야가 사탄을 염두에 두고 있었다고 확신하지는 않는다. 오히려 그 직접적인 맥락에서, 이사야는 바벨론 왕을 지칭했던 듯하다. 당시 그 왕의 정책과 태도에서는 온 세상을 자기 발아래 두려는 지극히 교만한 모습이 드러났기 때문이다. 어쩌면 예언서들에서 종종 그리하듯, 여기서 그는 바벨론 왕과 사탄을 동시에 언급하고 있을 수도 있다.

요한복음 10장에서 예수는 "선한 목자"인 자신의 일과 그것을 망치려 하는 "도둑"의 일을 서로 대조하신다. 그분은 이렇게 말씀하셨다. "도둑이 오는 것은 도둑질하고 죽이고 멸망시키려는 것뿐이요"(요 10:10). 여기서 "도둑"이 사탄과 직접 연결되지는 않지만, 그 둘은 명백히 중복된다. 사탄의 욕망은 늘 자신의 소유가 아닌 것을 취하고 하나님의 선한 창조 세계와 피조물을 해치며 그분의 일을 무너뜨리려는 데 있다. 그리고 하나님이 인간에게 주신 원래 갈망의 관점에서 이 일을 바라볼 때, 소름 끼치는 역전이 드러난다. 하나님은 인간이 갈망하고 서로 도우며 다스리기를 원하셨다. 하지만 사탄의 욕망은 그와 다르다. 사탄은 우리가 갈망하는 것들을 훔쳐가며, 우리가 도와야 할 대상들을 오히려 해치게끔 만들려 한다. 그리고 우리가 다스리도록 부름받은 것을 무너뜨리도록 유혹하는 것이다. 이 사탄의 욕망은 인간 안에 주어진 갈망과 정반대다.

바울은 사탄의 욕망을 간략히 그의 '메소디아'(*his methodia*)로 지칭한다.[4] 이는 곧 사탄의 '방법'(method)이다. 바울은 '메소디아'라는 말을 에베소서에서 두 차례 언급했는데, 모두 경멸적이고 부정적인 의미로 쓰였다. 바울은 예수님을 따르는 이들에게 "마귀의 간계(schemes)를 … 대적[하라]"고 명령하며(엡 6:11), "사람의 속임수와 간사한 유혹(scheming)에 빠져 … 요동하지 않게" 하라고 경고한다(엡 4:14). 많은 성경 역본에서는 이 '메소디아'를 "간계"(scheming)로 번역한다. 바울의 관점에서 사탄은 하나의 간계 혹은 '메소디아'를 품고 있으며, 그를 좇는 자들은 그것을 공유한다. 그러면 그 간계는 과연 무엇이었을까? 이에 관해, 구약학자 나훔 사르나(Nahum Sarna)는 이렇게 언급한다. "이 피조물의 역할은 인간을 유혹하는 데 있었다. 그는 여자 앞에 악의 매혹적인 본성을 드러내 보였으며, 그것을 향한 욕망을 부추겼다."[5]

이것은 무엇을 의미할까? '나하쉬'의 일은 하나님의 모든 존재와 소유, 그분의 활동을 훔치고 해치며 무너뜨리는 것을 중심으로 이루

4　바울이 사용한 '메소디아'(*methodia*)라는 말에 대한 철저한 연구로는 Marva Dawn, *Powers, Weakness, and the Tabernacling of God* (Grand Rapids: Eerdmans, 2001), 3장을 보라. 『세상 권세와 하나님의 교회』(복있는사람). 이 단락의 성경 인용문들에 대한 강조는 나의 것이다.

5　Nahum Sarna, *Understanding Genesis: The World of the Bible in the Light of History* (New York: Schocken, 1966), 26.

어져 있다. 우리는 뱀이 여자에게 "하나님이 참으로 너희에게 동산 '모든 나무의 열매를 먹지 말라' 하시더냐"(창 3:1, 강조는 필자의 것)라고 말할 때 그 간계를 살짝 접하게 된다. 이 일의 중대함을 파악하기 위해서는 원래 하나님의 말씀을 다시 살펴볼 필요가 있다. 그분은 인간들이 "동산의 모든 열매를 자유로이 먹을 수 있다"고 말씀하셨다(창 2:16, NIV). 단 하나의 나무만 예외였으니, 이는 곧 "선악을 알게 하는 나무"였던 것이다(창 2:17). 당시 인간은 거의 전적인 자유를 받았다. 그 동산의 광대함을 감안할 때, 그들은 실로 마음껏 먹고 누릴 수 있었던 것이다. 아담과 하와가 그때 뱀에게 "아니, 하나님은 그렇게 말씀하시지 않았어"라고 말하기만 했다면, 타락을 피할 수 있었을 것이다. 하지만 그들은 그 질문의 숨은 전제들을 받아들였다. 인간은 뱀의 장기인 교묘한 암시에 넘어갔으며, 이로 인해 훔치고 죽이며 무너뜨리는 일들이 시작되었다.

사탄의 첫 번째 속임수는 무엇이었을까? 그것은 간단했다. 사탄은 첫 인간들의 마음속에 하나님을 '그들이 모든 좋은 것을 누리지 못하게 하려는 신적인 구두쇠'로 투영시키려 했다. 그리고 우리 역시 다음과 같은 교묘한 암시들이 매일 마음속에 맴도는 것을 경험하게 된다.

하나님은 인색하게 움켜쥐고 계셔.

하나님은 아마 없을 거야. 그러니 그냥 즐기자.

하나님은 너를 속이고 계셔.

너는 그 믿음 때문에 보람 있고 신나는 삶을 살지 못하고 있어.

넌 좋은 기회를 놓치고 있어.

혹시 이런 음성들을 들은 적이 있는가?

역사적으로 많은 신학자가 지적했듯이, 사탄은 우리 속에 일종의 분열을 일으키는 듯하다. 이는 곧 인간적인 갈망의 영역에서 나타나는 분열이다. 타락 이전에 인간은 하나님의 명령을 신뢰했지만, 이제는 그 명령을 의심한다. 과연 하나님은 우리의 가장 깊은 갈망을 좇아 살지 못하게 하는 엄격한 율법 제정자일 뿐일까? 슬프게도 그들은 그 뱀의 말에 귀를 기울였으며, 지금 우리 역시 그러하다. 이것이 곧 사탄의 '간계'에 속한 첫 단계로서, 이를 통해 인류에 대한 하나님의 권위 중 일부가 즉시 뱀에게 넘어갔던 것이다. 여기서 우리는 인간이 어떤 욕망에 자신을 내주는가와 누구를 궁극적 권위로 인정하느냐가 긴밀히 연결되어 있음을 보게 된다. 하나님이 동산과 그 안의 모든 것에 대해 최종 권위를 지니신다면, 그곳에서 우리가 갈망하고 취하는 것에 대해서도 그런 권위를 지니셔야 한다. 갈망과 권위는 서로 분리될 수 없다. 사도 베드로가 그의 두 번째 편지에서 숙고했듯이, "육체를 따라 더러운 정욕 가운데서 행하[는]" 자들은 또한 "주관하는 이를 멸시[한다]"(벧후 2:10). 뱀은 우리의 어두운 갈망을 일깨움으로써 하나님의 권위에 대한 우리의 신뢰를 약화시킨다. 그는 우리로 하여금 하나님의 명령을 멸시하고 그분의 지혜를 의심하며, "자유"의 명목 아래 그 말씀을 거부하게 만드는 것이다.[6] 이때 우리는 하나님의 권위 대신에 자신의 권위를 내세우고, 그분의 갈망 대신 우리의 것들을 추구하게 된다. 이에 관해, 성경은 이렇게 선언한다. "그들의 눈이 밝아[졌다]"(창 3:7).

---

6 조너선 제임스는 현대의 세속 문화와 기독교 이야기 사이의 충돌이 바로 여기서 드러난다고 주장한다. 그는 이렇게 언급한다. "인간의 자율성과 자유를 중시하는 이 시대에, 우리가 그저 우연한 피조물일 뿐임을 받아들이는 일은 쉽지 않다." Jameson, "Erotic Absence and Sacramental Hope: Rowan Williams on Augustinian Desire", 587.

　그때 나는 열한 살이었다. 이혼한 부모의 외아들이었던 나는 또래 아이들과 거의 우정을 나누지 못했다. 외로움은 종종 내 가장 친한 벗이었다. 나는 관계를 맺는 데 서툴렀기에, 누가 친하게 지내자고 할 때 너무 매달려서 오히려 친구를 놓칠 때가 많았다. 내 전형적인 모습이었다. 누군가와 함께 있기를 간절히 바랐던 나는 우정을 누릴 작은 기회라도 있기를 열렬히 갈망했다.

　나는 보이스카우트 모임에서 르우벤을 만났다.[7] 놀랍게도 그 아이는 어느 날 방과 후에 나를 자기 집으로 초대했다. 이때 나는 주저없이 따라나섰다. '나랑 놀고 싶어 하는 애가 있어!' 나는 함께 그 집에 가면서 마음속으로 이렇게 다짐했던 것을 기억한다. '망치지 말자. 망치지 말자. 망치지 말자.' 그때 나는 자주 이렇게 혼잣말을 했었다. 지금도 그 집의 냄새가 생생히 기억난다. 그것은 지독한 말보로 담배 냄새였으며, 집 안에 들어서자 작고 귀여운 강아지 한 마리가 반갑게 맞아 주었다. 당시 그 냄새는 전혀 신경 쓰이지 않았다. 내게는 함께 놀 친구가 있었기 때문이다.

　우리는 먼저 르우벤의 방에서 놀았다. 그때 무엇을 가지고 놀았는지는 기억나지 않지만, 누군가 나를 필요로 했다는 것에 대한 당시의 느낌은 여전히 내 심장을 고동치게 한다. 누군가가 나를 보고 내 존재를 원했으며, 나와 함께 놀고 싶어 했던 것이다. 나는 마치 늘 친구들과 어울려 왔던 듯이 행동하면서 서툴고 어색한 모습을 애써 감췄다. 그때 거친 영화의 한 장면처럼 갑자기 분위기가 바뀌었다. 르우벤은

7　여기서는 내 친구의 익명성을 지키기 위해 그 이름을 바꿔서 썼다. 그는 나중에 당시의 일에 관해 내 용서를 구한 바 있다.

나를 쳐다보면서 조용히 속삭였다. "야, 우리 그거 볼래?"

갑자기 방안이 차갑고 불편해졌다. 르우벤은 옆방에 누군가가 있을 때 속삭이듯이 묘하게 목소리를 낮췄지만, 그곳에는 우리뿐이었다. 나는 그러자고 고개를 끄덕였다. 결국 친구와 함께 무언가를 하고 싶었기 때문이다! 르우벤을 따라 거실에 들어섰을 때, 르우벤은 텔레비전 앞의 소파에 앉으라고 손짓했다. 그리고 나는 영화 보는 것을 좋아했기에 기꺼이 그곳에 앉았다! 르우벤은 자기 형의 방에서 가져온 작은 갈색 상자를 뒤지다가 어떤 비디오테이프를 꺼냈다. 그 아이는 그 테이프를 비디오에 넣고 내 뒤에 앉아서는 이렇게 말했다. "편히 앉아서 즐겨."

르우벤은 재생 버튼을 눌렀다.

열한 살이었던 나는 그날 완전히 새로운 세계를 접했다. 그것은 노골적인 포르노의 세계였다. 화면 속에서는 전에 한 번도 보지 못한 신체 부분들이 나왔으며, 상상해 본 적도 없는 성적인 경험들이 묘사되었다. 지금 마흔둘이 된 나는 당시 학교 선생님의 이름을 기억하지 못하지만, 그 강력한 이미지들에 관해서는 거의 모든 것이 생생히 떠오른다. 그날 내 안에 새겨진 기억 속에는 위안과 흥분, 깊은 수치심이 한꺼번에 포함되어 있었다. 그때 내 몸이 화끈거렸던 것이 생각난다. 나는 잠시도 눈을 떼지 않고 그 장면들을 지켜보았다. 에덴동산의 선조들처럼, 이때 내 눈이 "밝아졌던" 것이다(창 3:7). 나는 당시 내 작은 몸에 옥시토닌과 도파민이 엄청나게 분비되고 있었던 것을 미처 알지 못했다. 아마 신경과학자들은 내 뇌 안에 미래 삶의 궤도를 결정할 새로운 신경의 경로들이 구축되는 중이었다고 할 것이다.[8] 마침내

---

8 휘튼 대학의 생체 생리학자인 윌리엄 스트러더스는 영성과 포르노, 신경 과학의 상호 관계에 대해 놀라운 연구를 수행한 바 있다. William Struthers, *Wired for Intimacy: How Pornography Hijacks the Male Brain* (Downers Grove, IL: InterVarsity Press, 2009)

그 영상이 끝났을 때, 나는 그곳에 앉아서 화면을 멍하니 응시하고 있었다.

그날 밤 침대에 누웠을 때, 나는 전혀 다른 아이가 되어 있었다.

당시 부모님도 깊은 고통을 겪고 있었기에 그분들에게는 이 이야기를 숨겼다. 나는 스스로를 달래면서 그 상황을 이겨 내야 했고, 결국 그 일 자체가 내 정체성과 역할 중 일부가 되었다. "난 도움이 필요 없어. 괜찮아. 잘 감당할 수 있어." 누군가가 이런 고통과 수치, 혼란을 겪을 때 스스로를 "도와야만" 한다는 것은 실로 비인간적인 일이다. 이 어린 시절의 경험은 다른 사람들이 겪는 성적인 트라우마와 유사했다. 그 치유와 극복을 위해서는 여러 해에 걸친 노력과 상담, 기도와 진실한 우정이 요구되었던 것이다. 그 결과들은 오늘날까지 좀처럼 사라지지 않는다.

우리가 어떤 학대를 경험할 때, 당시의 이야기들은 머릿속에서 결코 사라지지 않는다. 그 이야기들은 먼 과거의 일일 수 있지만, 우리 삶 속에 여전히 남아 있다. 그리고 이런 이야기들의 배후에는 늘 하나의 계획이 자리 잡고 있다. 그것은 결코 우연히 일어나는 법이 없으며, 하나의 명확한 의도가 있기 마련이다. 모든 학대에는 그 가해자의 책략과 간계가 있다.

뱀의 가장 효과적인 수단 중 하나는 우리의 갈망을 이용해서 우리를 공격하고 해치는 것이다. 자신의 책 *Healing the Wounded Heart*(상처 입은 마음의 치유)에서, 심리치료사인 댄 알렌더(Dan Allender)는 악한 이들이 누군가를 학대하기 전에 먼저 그 희생자를 "길들이는" 기술을 습득한다는 점을 지적한다. 그들은 흔히 자신의 먹잇감을 헤아리고 연구하며 알아 가는 것으로 그 일을 시작한다. 그는 이렇게

을 보라. 『포르노그래피로부터의 자유』(대성).

 ——— 하나님이 내게 주신 욕망이라는 선물

언급한다.

> 첫 번째 단계는 가해자가 피해자의 욕구와 독특한 성격을 파악하면서 그들을 길들여 가는 과정이다. 이 단계에서 가해자는 종종 피해자의 주요 애착 대상이 제공하지 못했던 것들을 채워 준다. 이는 가슴 아픈 역전이다. 가해자는 보호자와의 관계에서 부족했던 것을 제공함으로써 피해자의 마음을 얻으려 한다. 치료 과정에서, 나는 가해자가 부모나 다른 주요 양육자들보다 하나님의 모습을 더 잘 보여 주었다고 자주 말해야만 했다.[9]

학대자들은 먼저 희생자들의 내적인 욕구를 세심히 살핀다. 그들의 부모는 어떻게 그들을 무시했는가? 어떤 외로움이나 잊힘의 상처가 그들 안에 남아 있는가? 그들은 어떤 식으로 한 번도 사랑과 위로를 받지 못했는가? 학대자들은 이처럼 관심을 쏟고 주목하여 살피면서, 교묘한 수법을 써서 우리가 절실한 필요를 느끼는 바로 그 지점에서 우리 삶에 다가온다. 그러고는 서서히 학대로 넘어가는 것이다. 알렌더는 이렇게 말을 이어 간다.

> 이 길들이기의 단계는 헤아릴 수 없는 힘을 지닌다. 그 기간이 몇 분 혹은 몇 달이든 간에, 학대자들은 희생자의 신뢰를 얻고 그 마음에 확실히 다가가게 된다. 가장 사악한 점은 그 과정에서 학대자들이 종종 생명력 있는 삶의 씨앗을 뿌린다는 것이다. 하나님은 서로를 헤아리고 파악하며 알아 가는 존재로 우리를 창조하셨다. 그리고 누군가의 헤아림

---

9 Dan Allender, *Healing the Wounded Heart: The Heartache of Sexual Abuse and the Hope of Transformation* (Grand Rapids: Baker, 2016), 76.

이 더 깊고 정확할수록, 우리는 그와의 만남에서 더 깊은 생명을 경험하게 된다. 따라서 누군가의 마음을 주의 깊게 살필 때, 그 마음을 얻는 일은 그리 오래 걸리지 않는다.[10]

학대자들은 종종 다른 이들의 배려를 자신의 무기로 삼는다. 1960년대와 70년대의 연쇄 살인마 테드 번디(Ted Bundy)는 이 수법을 통해 끔찍한 범죄를 저질렀다. 대개 그는 팔이 부러진 척하면서 여성들을 자기 차로 유인했다. 그는 고통받는 타인을 도우려는 인간 본연의 갈망에 근거해서 도움을 청하는 듯이 꾸며 그 여성들을 해쳤던 것이다. 그는 다른 이들의 동정심을 악용했으며, 이것이 바로 악한 자의 간계이다. 뱀은 종종 간절한 필요가 있는 곳에서 우리에게 다가오고, 그 갈망을 이용해서 우리를 무너뜨린다. 여기서 일종의 악마적인 교환이 이루어진다. 곧 하나님이 심어 주신 우리의 진정한 필요와 갈망이 학대자의 마음과 갈망을 충족시키는 것들로 대체되는 것이다. 피해자들은 종종 그 학대의 경험이 악했지만 일종의 쾌락 비슷한 것을 가져다주었다고 언급하게 된다. 이는 그 일을 통해, 피해자 자신이 깊이 필요로 했던 것들을 얻을 수 있었기 때문이다. 누군가와 애정 어린 접촉을 나누며 관심과 욕구의 대상으로 선택되는 일들이 그것이다.

이런 관점에서 볼 때, 사탄은 이미 준비 작업을 마친 채로 에덴동산에 들어왔다. 뱀은 하나님이 동산 안에 뚜렷한 경계들을 두신 것을 알고 있었다. 그리고 여자에게 말을 건넬 때, 뱀은 마치 자신이 그 여자를 배려하고 돌보는 듯한 태도를 취한다. 그 경계들을 떨쳐 버리고 자유를 누려라. 너희의 것을 쟁취하라. 하나님은 너희의 유익을 바라시지 않는다. 사탄은 그가 하나님보다 그들을 더 아끼는 자인 듯이 다

---

10 Allender, *Healing the Wounded Heart*, 74.

가왔다.

　사탄은 학대자다. 그는 인간들을 길들여서 자신의 악한 길로 끌고 가기를 원한다. 하지만 그에게는 한 가지 문제가 있었다. 인간들을 창조하시고 돌보시는 하나님은 온전하고 영원하며 다함이 없는 사랑으로 그들을 품어 주셨다. 그렇기에 뱀은 하나님이 이미 인간들에게 베풀어 주지 않으신 어떤 것도 그들에게 줄 수가 없었다. 인간들의 모든 필요는 이미 채워진 상태였던 것이다. 에덴동산과 동물들, 이 창조 세계나 하나님과의 관계, 성과 음식을 비롯한 모든 면에서 그러했다! 사탄은 이 지점에서 공격해 올 수 없었기에 새로운 접근법을 취해야 했다. 그에게는 한 가지 선택만이 남았다. 이는 인간 안에 하나님이 금하신 것(선악을 알게 하는 나무)에 대한 새롭고 낯선 갈망을 불러일으키는 것이었다. 사랑의 하나님이 인간들의 모든 필요를 채워 주신 세상에서, 사탄이 할 수 있는 것은 그저 그들의 욕구를 자극하는 일뿐이었다. 이처럼 뱀은 인위적인 필요와 그에 대한 갈망을 만들어 냈으며, 이 일은 지금도 그런 식으로 이루어진다. 완전하신 하나님이 우리의 모든 필요를 채워 주실 때, 곧 마귀가 우리의 욕망을 통해 접근해 오는 것이다.

　사탄은 늘 지금보다 '더 많은 것'이 필요하다고 믿게 만들려고 한다.

◇◇◇◇◇◇◇◇◇◇

　그러면 선악을 알게 하는 나무가 나쁜 것이었을까? 그렇지 않다. 하나님이 창조하셨기에 그것은 좋은 나무였다. 하지만 그 나무는 여전히 '위험했으며', 인간들은 그 열매를 먹지 말아야 했다. 이때 사탄은 그 나무 열매가 "먹음직도 하고", "보암직도 하고", "지혜롭게 할 만큼 탐스럽기도" 하다는 점을 이용했다. 여기서 인간들을 향한 그의 호소가 '좋은 것을 취하라'는 데 있었던 것을 주목하라. 그 나무 자체는 좋고 선한 것이었다. 다만 인간들에게 금지되어 있었을 뿐이다. 유혹은 종종 이런 식으로 역사한다. 우리는 좋고 아름답고 영광스러운 것들을 가져다가 그릇된 방식으로 사용하라는 유혹을 받는다. 음식과성, 쾌락은 나쁜 것이 아니다. 하지만 그것들은 위험할 수 있으며, 우리는 그 경계들을 존중해야 한다. 무언가가 좋고 유익하다고 해서 그것이 곧 우리에게 주어진 것은 아니다. 사탄은 하나님이 복 주시지 않으시는 방식으로 선한 것들을 사용하도록 인간의 욕망을 부추기는데 능숙하다. 그렇기에 *Shepherd of Hermas*(헤르마스의 목자서)를 쓴 고대 저자는 "선악을 알게 하는 나무"가 인간 안에 "지나친 호기심"을불러일으켰다고 언급했던 것이다.[11] 사탄은 그들의 그릇된 관심을 자극하고 있었다.

이 점이 중요한 이유는 하나님의 선한 피조물들 가운데 우리에게허락되지 않은 것들이 있음을 깨달아야 하기 때문이다. 어떤 것이 아름답고 유익하다고 해서 그것이 곧바로 우리 소유의 대상이 되는 것은 아니다. 뱀은 하나님이 그들에게 베푸신 것 이상을 취하라고 유혹함으로써 첫 남자와 여자를 속였으며, 지금도 그런 식으로 우리를 종종 미혹한다. 산스크리트어에서 '전쟁'이라는 단어가 '더 많은 소를향한 욕망'을 뜻하는 데에는 이유가 있다. 이 세상은 더 많은 것에 대한 욕망으로 황폐하게 된다. 아마 대부분의 전쟁이 그로부터 비롯된다고 말할 수 있을 것이다.

당시 인간들은 충분한 유익을 누렸지만, 뱀은 더 많은 것에 대한욕망을 불러일으켰다. 그리고 그의 메시지를 받아들인 여자는 곧 그열매를 "보고", "따먹었다." 여기서 이 두 단어가 어떻게 함께 쓰였는

---

11 Shepherd of Hermas, vision III, iii, 1, trans. Bart D. Ehrman, in *The Apostolic Fathers*, vol. 2, Loeb Classical Library (Cambridge, MA: Harvard University Press, 2003).

지를 살펴보자. "여자가 그 나무를 본즉 먹음직도 하고 보암직도 하고 지혜롭게 할 만큼 탐스럽게도 한 나무인지라. 여자가 그 열매를 '따먹고' 자기와 함께 있는 남편에게도 주매 그도 먹은지라"(창 3:6). 우리는 놀랍게도 남자가 그곳에 "[여자]와 함께" 있었음을 발견하게 된다. 본문은 그 일의 모든 책임을 여자에게만 지우지 않는다. 그들 모두 그곳에 있었다. 남자도 그곳에서 모든 일을 지켜보고 관찰했으며, 동시에 아무 일도 행하지 않고 있었던 것이다. 물론 그 열매를 '보고 취한' 것은 바로 여자였지만, 남자도 그저 손을 놓고 지켜보기만 했을 뿐이었다.

성경에서 '보는 일'과 '취하는 일'이 서로 결부되는 것은 이때뿐만이 아니다.[12] 그리고 이 두 동사가 함께 등장할 때면 종종 악한 일이 뒤따르곤 한다. 예를 들어 다윗 왕이 자신의 왕궁 지붕에서 아름다운 밧세바를 보았을 때, 그는 그녀를 데려다가 취했다(삼하 11:2-5). 선지자 삼손도 한 가나안 여인을 보고 그녀를 취했으며(삿 14장), 아간 역시 멋진 바벨론 외투를 접했을 때 동일한 일을 행했다(수 7:20-21). 이처럼 인간들은 늘 자신에게 주어지지 않은 것들을 보고 취한다. 아마 가수 아리아나 그란데도 성경을 읽고 자신의 유명한 곡 가사를 썼을 것이다. "나는 그것을 보았고 맘에 들어 했어. 그것을 원했고 가졌지."(I see it, I like it, I want it, I got it.)

창조주께 반역하는 세상의 뚜렷한 특징 중 하나는 그분이 주신 한계와 경계들을 무시하고 저버리는 데 있다. 달라스 윌라드에 따르면, 이는 곧 다음과 같이 스스로를 내세우는 태도다. "'나는 내가' 원하는

---

12 나는 내 벗인 팀 맥키가 자신의 가르침과 사역에서 이 '봄'과 '취함'의 연관성을 계속 강조해 온 일을 감사히 여긴다.

것들을 누릴 것이다."[13] 이 새롭게 얻은 "자유" 안에서, 죄악 된 인류는 자신들에게 허락되지 않은 것을 취하고 정복하며 훔치려고 애쓴다. 이것이 바로 죄의 본질이며, 우리는 그 속에서 통제되지 않은 욕망의 위험성을 보게 된다. 이는 곧 우리의 소유가 아닌 것을 보고 취하는 일이다. 인간의 성을 오용하거나 자신의 무기로 삼을 때, 우리는 그 악한 방식에 빠지게 된다. 권력자들이 다른 이들의 땅과 재산을 보고 취할 때나, 불필요한 재물을 탐욕스럽고 무자비하게 축적하는 이들 역시 마찬가지다. 이는 곧 전투에서 승리한 뒤 "왔노라, 보았노라, 이 겼노라"(*Veni, vidi, vici*)고 선언했던 율리우스 카이사르의 정신이다. 이 모든 죄의 핵심에는 하나님이 주지 않으신 무언가를 보고 취하는 행 위가 담겨 있다.[14]

우리는 창세기 3장의 이야기를 예수님이 광야에서 받은 시험에 관한 마태복음 4장의 내용에 견주어 살펴볼 수 있다. 그 본문에서 예 수님은 사탄과 마주하여 세 가지 시험을 받으신다. 돌을 떡으로 만들 라는 것과 높은 곳에서 뛰어내리라는 것, 그리고 자신에게 경배하면 온 세상을 주겠다는 것들이다. 당시 이 마지막 시험은 창세기 3장의 것과 특히 유사했다. "마귀가 또 그를 데리고 지극히 높은 산으로 가 서 천하 만국과 그 영광을 보여 이르되 만일 내게 엎드려 경배하면 이 모든 것을 네게 주리라"(마 4:8-9).

여기서 사탄은 예수님이 자신 앞에 경배하면 세상 모든 나라를 주

---

13 Dallas Willard, "Beyond Pornography: Spiritual Formation Studied in a Particular Case", *Journal of Spiritual Formation and Soul Care* 9, no. 1 (2006): 8.

14 로버트 젠슨(Robert Jenson)은 사탄의 방식을 이렇게 재치 있게 표현했다. "무엇보다, 하나님은 우리 가운데 자신을 주신다. 그 순간 사탄이 하나님과 어떻게 다른지가 명확 히 드러난다. 하나님은 주시는 분이시다. 반면 사탄은 자신의 공허한 마음을 채우려고 모든 현실을 빨아들이는 것밖에 할 수 없다." Robert Jenson, "Evil as Person", *Lutheran Theological Seminary Bulletin* 69, no. 1 (1989): 39를 보라.

겠다고 약속했다. 이제 뱀이 여자에게 거짓으로 약속했던 에덴동산으로 다시 돌아가 보자. "뱀이 여자에게 이르되 너희가 결코 죽지 아니하리라 너희가 그것을 먹는 날에는 너희 눈이 밝아져 하나님과 같이 되어 선악을 알 줄 하나님이 아심이니라"(창 3:4-5).

뱀은 "너희가 … 하나님과 같이" 될 것이라고 약속했다. 하지만 여기에는 하나의 전제가 있었다. 그 뱀이 약속한 것을 받기 위해서는 뱀의 말에 순종해야 했던 것이다. 이 두 이야기를 이어 주는 하나의 공통된 흐름이 있다. 예수님께 세상 나라를 주겠다는 약속의 문제점은 무엇이었을까? 이는 그 나라들이 '이미' 그분의 것이었다는 데 있다. 여자가 "하나님과 같이" 될 것이라는 약속의 문제점은 어디에 있었을까? 이는 그녀가 창조된 순간부터 이미 그분의 형상을 부여받았다는 데 있다. 하지만 뱀은 간단한 질문을 통해, 여자가 그런 존재가 아니었음을 교묘히 암시하면서 그녀를 설득하고 있다.

두 이야기 모두 뱀의 '계략'을 여실히 드러낸다. 그는 하나님 안에서 이미 우리가 지닌 것을 마치 자신의 선물인 듯이 제시하며, 그분이 이미 베풀어 주신 것들을 마치 우리에게 없는 것처럼 갈망하게 만든다. 즉 그는 우리가 무언가를 놓치고 있다고 암시함으로써 그릇된 욕망을 일깨우는 것이다. 여기서 우리의 갈망은 가장 심각한 방식으로 뒤틀리게 된다. 이에 관해, 젠 폴록 미셸(Jen Pollock Michel)은 이렇게 언급한다. "인간의 욕망이 타락하는 방식은 이러하다. 하나님이 '이미' 주신 선한 것들을 우리가 미처 깨닫거나 받아들이지 못할 때, 그 욕망은 이기심과 탐욕, 그리고 감사할 줄 모르는 요구로 변질하고 마는 것이다."[15]

---

15 Jen Pollock Michel, *Teach Us to Want: Longing, Ambition & the Life of Faith* (Downers Grove, IL: InterVarsity Press, 2014), 84. 강조는 필자의 것.

다행히 해결책이 있다. 우리가 그리스도 안에 있을 때 '무언가를 놓치는' 일은 없다는 진실에 눈을 뜨는 것이다. 이는 바울의 말처럼 "만물이 다 [우리의] 것"이기 때문이다(고전 3:21). 예수님 안에서는 어떤 것을 놓치는 일이 없다. 우리가 누군가와 '결혼해야만' 풍성한 삶을 누리는 것이 아니다. 이미 그런 삶이 그분 안에서 주어져 있기 때문이다. 우리 자신의 정체성을 스스로 찾아내려고 애쓸 필요도 없다. 우리를 지으시고 이름을 주신 분 안에서 이미 참된 정체성을 얻고 사랑받는 존재이기 때문이다. 그리고 원하는 일자리나 수입을 얻어야만 참된 행복을 맛보는 것도 아니다. 우리는 이미 하나님의 충만한 임재와 은혜 속에 있기 때문이다.

자신이 무언가를 놓쳤다고 여겨질 때, 아래를 내려다보라. 발치 어딘가에 뱀이 도사리고 있는 모습을 보게 될 것이다. 그 뱀은 우리에게 여전히 무언가가 부족하다고 설득하면서 우리의 욕망을 일깨운다. 이것은 단지 그의 오래된 속임수일 뿐이다.

◇◇◇◇◇◇◇◇◇◇

창세기 3장에서는 뱀이 결정적인 승리를 거둔 듯했지만, 이는 '일시적인' 승리일 뿐이었다. 그것은 이야기의 끝이 아니었던 것이다. 성경의 이야기가 창세기 2장의 선한 창조로 끝나지 않았듯이, 그다음 장에서 마무리되지도 않았다. 하나님은 세상을 내버려 두고 떠나지 않으셨으며, 오히려 이 창조 세계와 우리 각자를 위한 치유의 비전을 품고 계신다. 이에 관해, 바울은 이렇게 언급했다. "너희 안에서 착한 일을 시작하신 이가 그리스도 예수의 날까지 이루실 줄을 우리는 확신하노라"(빌 1:6). 이것은 온 세상과 우리 모두에게 해당되는 진리다. 창세기 3장의 재난 이후에 인간들의 피 흘림과 악, 죄와 불의가 이어졌지만, 성경 이야기의 나머지 부분에서 우리는 하나님이 이 세상을 포기하지 않으셨음을 보게 된다. 오히려 그분은 위대한 역전의 사역을 시작하셨던 것이다.

예수님에 관한 복음서의 이미지들을 살필 때, 우리는 저자들이 그분을 창세기 3장의 트라우마를 궁극적으로 치유하고 역전시키는 이로 묘사하려 했음을 알게 된다. 이 점은 여러 곳에서 드러난다. 예수님이 십자가에서 고문을 당하실 때, 그 아래에 있던 군인들이 해면에 "신 포도주"(요 19:29)를 적셔서 드렸다고 언급된다. 그리고 그 군인들은 "창으로 [예수님의] 옆구리를 [찔렀다]"(요 19:34). 이때 요한은 예수님의 옆구리에서 물이 뚝뚝 떨어졌다고 기록한다. 우리는 여기서 하나의 명확한 대조를 통해 복음의 메시지가 전달되는 것을 보게 된다. 가나 혼인 잔치의 첫 기적에서, 예수님은 물을 받아 그것을 포도주로 바꾸셨다. 그런데 이 십자가의 마지막 기적에서는 그분이 포도주를 받으시고 그분의 옆구리에서 물이 흘러나왔던 것이다. 이 십자가는 마치 하나의 새로운 혼인 잔치인 듯이 보인다. 그 이유는 무엇일까? 창세기에서는 하나님이 아담의 옆구리를 찌르셨으며, 이를 통해 그의 신부를 만들어 주셨다. 그리고 주님의 십자가에서는 인류가 하나님의 옆구리를 찔렀으며, 이를 통해 그분의 새 신부인 교회가 생명을 얻었던 것이다. 아마도 첫 사람 아담은 평생 옆구리에 그 상처 자국을 지니고 살았을 것이다. 그리고 둘째 아담이신 예수님 역시 그 자국을 영원히 간직하고 계신다.

이런 역전의 모습은 복음서 곳곳에서 나타나며, 부활 기사도 그중 하나다. 앞서 1장에서 지적했듯이, 에덴동산에서 하나님의 첫 번째 이미지는 동산지기로서 나무를 심는 모습이다. 첫 번째 부활절 아침 동이 틀 때, 한 여인이 예수님의 시신을 돌보려고 무덤에 찾아왔다. 그러나 무덤에 들어선 여인은 그분이 사라지신 것을 발견했다. 무덤이 텅 비어 있었던 것이다. 여인은 두려움에 휩싸여 급히 무덤

밖으로 나왔다. 그런데 그녀는 혼자가 아니었다. 무덤 밖에는 한 남자가 서 있었는데, 그녀는 그분이 예수님임을 미처 깨닫지 못했다. 요한은 그녀가 새벽 어스름 속에서 그 남자를 "동산지기인" 줄로 착각했다고 언급한다(요 20:15).

부활절 설교자들은 종종 이 여인 마리아를 꾸짖는 실수를 범한다. 하지만 그것은 옳지 않다. 마리아는 잘못이 없었기 때문이다. 마리아는 당시 예수님을 동산지기로 여겼는데, 그분은 실제로 동산지기였다! 세상의 진정한 동산지기가 돌아오셨다. 동산에 나무를 심으셨던 창조주가 오셔서 나무에 달려 죽으시고, 그곳에서 다시 살아나셨던 것이다. 마리아는 예수님이 그녀의 이름을 부르시기 전까지 그분을 미처 알아보지 못했지만, 그 음성을 듣는 순간 그분이 자신의 주님이신 예수님이심을 깨닫는다. 신학자들은 바로 이 순간에 인류 역사의 시계가 기원전(BC)에서 기원후(AD)로 넘어갔다고 언급한다. 이것은 모든 시대 가운데 가장 중요한 순간이었다. 이에 관해, 신약학자 토머스 슈미트(Thomas Schmidt)는 이렇게 말한다. "이 이야기에는 하나의 흥미롭고도 중요한 세부사항이 있으며, 그것은 이 본문의 주된 요점이 된다. 이는 예수님이 그녀의 이름을 부르시기 전까지 마리아가 그분을 알아보지 못했다는 것이다. 하지만 마리아가 어디로 가든지 어린양이신 주님은 그녀와 늘 함께하셨다."[16]

이처럼 주님은 지금도 우리와 함께하신다. 눈에 보이지 않지만 늘 지켜보고 계시며, 언제나 곁에 머물면서 우리 이름을 불러 주신다.

부활 사건 이후에 이름 모를 두 제자가 엠마오로 가는 이야기도 생각해 보자. 마리아의 때와 마찬가지로, 예수님이 그들과 함께 계셨

---

16 Thomas Schmidt, *A Scandalous Beauty: The Artistry of God and the Way of the Cross* (Grand Rapids: Brazos, 2002), 70-71.

  —— 하나님이 내게 주신 욕망이라는 선물

지만 그들은 알지 못했다. 자신의 신분을 감춘 그분이 다가와서 말을 건넸을 때, 그들은 그분을 미처 알아보지 못한 채로 그 낯선 손님을 식사 자리에 초대했다. 그리고 그곳에서 예수님이 떡을 떼어 축사하실 때, 비로소 그들의 "눈이 밝아[졌던]" 것이다(눅 24:31). 여기서 누가는 창세기의 사건과 이 일 사이의 연관성을 정확히 짚어 낸다. 첫 인간들이 금지된 열매를 먹고 눈이 밝아졌듯이, 이제 우리는 예수님이 주시는 음식을 받아먹고 '눈이 밝아져서' 하나님께 돌아가게 된다. 사탄이 음식으로 온 세상을 속였다면, 예수님은 음식으로 그 세상을 치유하시는 것이다.

첫 인간들이 뱀이 내미는 음식을 "보고" "취했기에", 하나님은 그런 우리를 어떻게 대해야 할지를 아신다. 우리는 무언가를 '취하는' 이들이다. 그리고 하나님은 그런 자들을 어떻게 치유해야 하는지도 아신다. 그분은 우리를 부르셔서 '이곳에 와서 먹으라'고 초대하시는 것이다. 주님은 최후의 만찬에서 이렇게 말씀하셨다. "받아서 먹으라. 이것은 내 몸이니라"(마 26:26). 이처럼 무언가를 취하는 자들에게 다가가는 유일한 길은 그들이 의롭게 취할 수 있는 것을 내주는 것뿐이다.

신학자 앨런 패짓(Alan Padgett)은 이렇게 언급한다. "사탄의 왕국에서 하나님 나라와 다스림 가운데로 넘어가는 일 속에는 무엇보다 우리 욕망의 개혁이 포함된다."[17] 이것이 바로 예수님의 목표였다. 그분은 창세기 3장의 비극을 돌이키시며, 우리로 원래의 갈망들을 되찾게 만드는 여정을 시작하신다.

---

17 Alan Padgett, "Discipleship of Desire and the Hunger for Justice: Wisdom from Luther and Wesley", *Word & World* 4, no. 4 (Fall 2022): 282.

02

우리의 욕망이
무질서해지다

4장

◆

육적인 욕망

창세기 3장의 재난 이후, 모든 것이 피할 수 없이 변해 버렸다. 한때 선함과 친밀함, 신뢰가 넘치던 동산은 죄와 이기심과 불신이 가득한 세상으로 전락했다. 어둠과 절망이 하나님의 선한 세상에 드리웠다. 그리고 창세기 4장에서 인류는 곧바로 도시 환경을 구축했다. 도시 자체가 나쁜 것은 아니다. 새 창조의 마지막 모습은 그리스도께서 그 중심에 계시는 회복된 도시로 제시되기 때문이다. 그러나 타락 이후 인류가 발전시켜 온 도시 문화는 '그들 자신의' 야망과 이상, 가치관을 중심으로 조직된 사회를 드러낸다. 한때 하나님의 임재에 그 중심을 두었던 세상이 다시금 재편되었던 것이다. 로날드 롤하이저 (Ronald Rolheiser)는 그 결과를 이렇게 통렬히 묘사한다. "하나님을 거부하면서 … [인간들은] 여전히 어떤 이상들을 자신들의 규범으로 삼고, 그 이상들에 모든 종교 운동과 나란히 견줄 만한 절대성을 부여한다."[1]

---

1   Ronald Rolheiser, *The Shattered Lantern: Rediscovering a Felt Presence of God*

인류가 에덴에서 추방된 뒤, 하나님과 얼굴을 맞대던 친밀함은 사라졌다. 이를 뒷받침하듯, "추방하다"로 번역되는 히브리어 단어는 "이혼하다"라는 뜻도 지닌다.[2] 인류는 단지 지리적으로만 쫓겨난 것이 아니었다. 그들은 관계의 측면에서도 제자리를 잃고, G. K. 체스터턴이 "황량한 이혼 법정"으로 불렀던 그 산산이 부서진 세계로 들어가게 되었다.[3] 모든 일이 파열된 것이다.

그러나 하나님의 임재에서 쫓겨난 뒤에도, 인간은 창조 시에 부여받은 본래의 욕망을 계속 지니고 있었다. 인간은 여전히 주위의 것들을 다스리고 도우며 무언가를 갈망하려 했다. 문제는 그 욕망이 하나님과의 단절 속에서 비틀어지기 시작했다는 데 있다. 그들을 붙드시던 하나님의 임재에서 분리되면서, 인간의 욕망은 점차 타락하고 일그러지며 거꾸로 뒤집히게 되었다. 하나님 중심이던 우리의 욕망은 이제 인간 중심의 욕망으로 바뀌었다. 이는 남자와 여자가 자신들의 벗은 몸을 가리려고 나무숲으로 달려 들어가는 장면 속에서 상징적으로 드러난다. 일종의 교환이 일어난 것이다. 바울의 말처럼, 인간은 이제 "피조물을 조물주보다 더 경배하고 섬[기게]" 되었다(롬 1:25).

인간은 하늘과 땅을 지으신 분의 얼굴을 바라보도록 창조되었다. 그러나 그분의 얼굴을 잃어버릴 때, 우리는 대신에 하늘과 땅 자체를 주시하게 된다. 제럴드 메이(Gerald May)는 이 현상을 "영적인 열망의 뒤집힘"(displacement of spiritual longing)으로 지칭한 바 있다.[4] 우리 인

(New York: Crossroad, 2004), 142.

2 Sandra L. Richter, *The Epic of Eden: A Christian Entry into the Old Testament* (Downers Grove, IL: InterVarsity, 2008), 112.

3 G. K. Chesterton, *What's Wrong with the World* (San Francisco: Ignatius, 1994), 88.

4 Gerald May, *Addiction and Grace: Love and Spirituality in the Healing of Addictions* (New York: HarperCollins, 1988), 92. 『중독과 은혜』(IVP).

간의 가장 깊은 갈망들은 무한하고 끝없는 생명과 사랑의 원천이신 하나님에 의해서만 참으로 충족될 수 있다. 그것은 어떤 피조된 대상에서도 얻어질 수 없는 기쁨과 만족이다. 결국 피조물은 우리를 실망시키기 때문이다.

중세 교회의 성 토머스 아퀴나스(St. Thomas Aquinas)는 인간의 욕망이 하나님을 떠나서는 온전히 충족될 수 없다는 점을 자주 성찰했다. 그에 따르면, 타락의 결과로 인간의 욕망은 자신을 지탱해 줄 무언가를 끊임없이 찾아 나서게 되었다. 그러나 그것을 발견하지는 못한다. 달라스 윌라드는 이 현실을 현대적인 언어로써 이렇게 설명한다.

> 욕망이 부분적으로 무한한 이유는 우리가 하나님에 의해, 그분을 위해 지음받았기 때문이다. 우리는 늘 그분을 필요로 하며, 그분께 의지해서 살아가도록 만들어졌다. 우리는 무한하고 영원하며 우리의 모든 필요를 채우시는 오직 그분 안에서만 참된 만족과 안식을 누릴 수 있다. 혹시 우리가 그분에게서 멀어질 때도, 이 무한한 것을 향한 갈망 자체는 사라지지 않는다. 다만 그것은 우리를 파멸로 이끄는 대상들 위로 옮겨 가게 될 뿐이다.[5]

이 통찰은 부분적으로 놀라운 설득력을 지닌다. 그의 책 *Theology of the Body for Beginners*(초심자를 위한 몸의 신학)에서, 신학자 크리스토퍼 웨스트(Christopher West)는 인간이 지닌 에로틱한 욕망의 본질을

---

5 Dallas Willard, *Life without Lack: Living in the Fullness of Psalm 23* (Nashville: Nelson, 2018), 134. 이와 유사하게, 앨바체테(Albacete)도 인간의 마음이 "무한을 갈망한다"고 언급한다. 하지만 그 무한을 발견해 내지 못하기에, 결국 모든 선한 것들을 왜곡시킨다는 것이다. Alberto Albacete, *God at the Ritz: Attraction to Infinity* (New York: Crossroad, 2002), 120.

탐구한다. 여기서 그는 하나님을 향한 우리의 깊은 열망(그는 이것을 "대문자 E의 에로스"[Capital-E Eros]로 부른다)과, 현세적인 삶의 욕망과 기쁨(이것은 '소문자 e의 에로스'[small-e eros]로 부른다) 사이의 차이점을 서술하고 있다.[6] 그에 따르면, 오직 하나님만이 무한한 아름다움이시며 어떤 피조물도 그와 견줄 수 없다. 그리고 우리의 모든 사랑과 욕망, 심지어 에로틱한 충동까지도 결국 그 아름다움을 가리키게 되어 있다는 것이다. 그러나 인간들이 하나님을 향해 살며 그 안에서 자신을 발견하는 삶에서 스스로를 끊어 낼 때, 그들의 영혼은 자기 존재를 지탱할 의미를 찾기 위해 더 낮은 현실들로 눈을 돌릴 수밖에 없다. 웨스트는 에덴 이후의 인간적인 삶이 지닌 병리를 이렇게 진단한다. '우리는 대문자 E의 사랑을 소문자 e의 자리들에서 찾는 경향이 있다.'

웨스트의 관점에서, 이 논의는 인간의 성에 관해 중요한 함의를 지닌다. 대체로 서구의 세속적인 성 윤리는 각자의 성적인 정체성을 발견하고 표현하며 스스로 결정하려는 충동에 엄청난 의미를 부여해 왔다. 이는 마치 세속적인 성자가 되어 가는 여정과도 비슷하게 여겨졌던 것이다. 오늘날 서구 사회에서 자기 안의 '참된' 성적 자아를 발견했다고 말하는 이들은 마치 '경지에 도달한 이들'처럼 받아들여진다. 그러나 웨스트가 주장하듯, 이런 탐색은 결국 우리를 만족시키지 못한다. 일시적인 것(이 경우에는 인간의 성)은 영원한 것을 향한 우리의 필요를 채울 수 없다. 현세적인 선에 불과한 성은 하나님을 향한 우리의 욕망이 지닌 무게를 감당할 수 없으며, 그분을 대신할 수도 없는 것이다.

이 일을 경험해 본 사람이라면 누구나 안다. 성은 결국 우리를 실

---

6 Christopher West, *Theology of the Body for Beginners* (North Palm Beach, FL: Beacon, 2018), 120.

망시킨다. 이는 다음과 같은 잭 콘필드(Jack Kornfield)의 책 제목에서도 잘 드러난다. 『깨달음 이후 빨랫감』(*After the Ecstasy, the Laundry*).[7] 우리는 산꼭대기에 오래 머물 수 없다. 오르가즘 속에서 영원을 찾으려는 시도는 결국 좌절로 귀결될 뿐이다. 체스터턴이 사창가 앞에 줄 서 있는 남자가 실은 하나님을 찾고 있다고 말했을 때, 그가 염두에 둔 것도 바로 이 점이다. 모든 성적 타락의 이면에는 '성적 불멸'을 향한 은밀한 추구가 숨어 있다.[8]

현세적인 것들에서 영원을 찾으려는 우리의 이 태도는 서구 사회에서 정치가 점점 종교적인 열정을 띠게 된 이유 역시 설명해 준다. 이제 우리는 어떤 인물이나 쟁점에 투표하는 데 그치지 않는다. 오히려 각각의 정치적 선택에는 마치 전 역사의 무게가 실린 듯한 의미가 부여된다. 사람들은 "역사가 기로에 서 있다"고 말하고, "민주주의가 붕괴 직전에 있다"고 외친다. 한 표 한 표가 우리를 유토피아로 이끌거나 문명의 붕괴로 몰고 가는 듯이 여겨진다. 하나님을 향한 예배 대신에 정치가 새 종교가 되고, 각 당의 정책은 그 신학이 되었다. 그리고 소셜 미디어의 게시물들은 새로운 '대위임령'이 된 것이다. 그러나 정치가 사회를 붙드는 힘으로서 하나님의 얼굴을 대신할 수 있을까? 그의 책 *The Political Religions*(정치적인 종교들)에서, 에릭 푀겔린(Eric Voegelin)은 보이지 않는 초월적 기준을 상실한 정치가 지닌 위험성을

---

7   Jack Kornfield, *After the Ecstasy, the Laundry: How the Heart Grows Wise on the Spiritual Path* (New York: Bantam, 2000).

8   여기서 프로이드에 대한 새라 코클리의 성찰이 상당한 교훈을 준다. 코클리에 따르면, 프로이드는 성을 주된 것으로 놓는 동시에 하나님을 주변부에 속한 분으로 만든다. 하지만 성경의 시각은 이와 정반대이며, 여기서는 하나님과 성의 위치가 완전히 뒤바뀐다는 것이다. 그녀에 따르면, "욕망은 성보다 더 근본적인 성격을 띤다." Sarah Coakley, *The New Asceticism: Sexuality, Gender and the Quest for God* (New York: Bloomsbury, 2015), 9.

예언자적으로 이렇게 경고한다.

> 세상의 배후에서 하나님이 드러나지 않을 때, 세상에 속한 것들이 새로운 신들이 된다. 초월적 종교성의 상징들이 금지될 때, 그 자리를 대신하여 과학의 내재적 언어에서 나온 새로운 상징들이 형성된다. 기독교의 에클레시아가 그러하듯, 이 세계 내적인 공동체 또한 자기 나름의 묵시록을 지닌다. 그러나 이 새로운 묵시론자들은 자신들이 만들어 낸 상징들이 타당한 과학적 견해일 뿐이라고 주장한다.[9]

묵시적인 정치의 시대에 오신 것을 환영한다.

이제 이 시대에 자기결정적인 정체성이 차지하는 중심 위치를 생각해 보자. 후기 현대 세계의 인간들은 혈통과 역사의 속박에서 풀려나, 자기 자신 외의 그 어떤 것에도 매이지 않은 채로 살아가고 있다. 이제 그들 앞에 주어진 새 과업은 완전히 스스로 자신을 규정하는 자아가 되는 일이다. "너 자신이 되라"는 말은 세속적인 황금률이 되었고, 현대적인 성취에 이르기 위한 일종의 교리문답이 되었다. 개인주의는 여러 면에서 우리 삶에 이익을 주지만, 그것 위에 사회를 구축한 결과 '절망에 의한 죽음'이 증가하는 현실을 보게 되어도 놀랄 일은 아니다. 개인주의는 우리를 개인으로 길들인다. 곧 가족이나 공동체, 혈통이나 역사에 기대지 않아도 된다고 여기는 사람들로 만든다. 여기에 따르는 대가는 분명하다. 우리 자신 외에는 아무도 우리를 규정하지 않을 때, 우리는 결국 혼자일 수밖에 없다. 스스로 만들어 낸 자아는 더 이상 타자를 필요로 하지 않는다.

앞서 말했듯이, 에덴 이후의 세계는 여전히 욕망한다. 그러나 그

9　Eric Voegelin, *The Political Religions* (Stockholm: Bermann- Fischer, 1939), 51.

욕망은 하나님의 임재 바깥에 잘못 놓여 있다. 우리가 일시적인 것들에 무한한 의미를 억지로 담아 넣는 한, 우리는 늘 결핍 속에 머물 수밖에 없다. 다른 말로 하면, 인류는 에덴 이후 줄곧 '얼굴을 잃어 왔다.' '얼굴'을 뜻하는 히브리어 파님(*panim*)이 또한 '임재'를 의미하는 단어이기도 하다는 사실은 우연이 아니다. 이것은 구약의 중심 주제 가운데 하나가 된다. 구약에서 사람들은 하나님의 얼굴을 본다는 생각 앞에서 계속 움찔하며 물러선다. 왜 그런가? 거룩하지 않은 인간은 하나님의 얼굴을 보면 죽게 된다는 사실을 알고 있기 때문이다. 아빌라의 테레사(Teresa of Avila)는 이렇게 썼다. "내가 어떻게 그분의 편재하시는 눈을 바라볼 수 있겠는가?"[10] 이것이 바로 구약의 주제다. 죄된 백성이 어떻게 하나님의 얼굴을 볼 수 있는가?

그들은 그렇게 할 수 없었다. 그것은 인간이 감당하기에는 너무 큰 일이었다.

◇◇◇◇◇◇◇◇◇◇

하나님의 임재와 분리될 때 인간의 욕망에는 어떤 일이 일어나는가? 신약 성경은 그런 상태의 욕망을 간단히 '육신'(the flesh)으로 지칭한다. 영어권 독자들은 흔히 이 '육신'을 인대와 다리, 이마와 같은 물리적 신체로만 이해하지만, 그것이 전부일 수는 없다. 창세기 1장에서 하나님은 지금 우리의 몸을 이루는 피부와 뼈 등에 대해 분명히 "좋다"고 선언하셨다. 나아가 바울은 우리의 몸을 곧 하나님께 "예배"하는 "성전"으로 부른다.[11] 그러므로 성경에서 말하는 육신과 몸이 언

---

10   St. Teresa of Avila, "He Desired Me So I Came Close", Sisters of Saint Joseph of Rochester, https://www.ssjrochester.org/filehandler.ashx?x=6673.

11   고전 6:19; 롬 12:1-2.

제나 동일한 것은 아니다.

이 점은 신약성경이 '몸'(body)과 '육신'(flesh)을 서로 다른 단어로 표현한다는 사실에서도 확인된다. 몸, 곧 우리의 육체적인 존재를 이루는 구조는 헬라어 '소마'(sōma)로 나타난다. 반면 육신은 '사르크스'(sarx)로 표현되며, 이는 우리 안에 자리한 보이지 않고 악하며 반역적인 욕망의 차원을 가리킨다. 물론 신약의 문맥에 따라 '육신'이라는 말이 때때로 '몸'이나 '인간의 선한 능력'을 뜻할 때도 있다.[12] 그러나 그런 용례는 드물다. 예컨대 '대머리'(bald)라는 말이 머리카락이 없는 상태 혹은 자신감을 잃은 상태 모두를 의미하듯이, '육신' 역시 다양한 의미로 쓰일 수 있다. 하지만 이 단어는 대체로 구속받지 않은 인간 안에 있는 죄 되고 악한 욕망의 영역을 가리킨다.

육신은 사탄이 우리의 욕망에 호소하고 그것에 영향을 미치는 자리다. 욕망은 인간 안의 두 근원에서 생겨난다. 바울에 따르면, 우리의 욕망은 '육신'(sarx) 혹은 성령(pneuma)에게서 나온다. 그는 로마서 8장에서 두 부류의 사람을 대비시킴으로써 그 차이를 명백히 드러내고 있다. 곧 "육신을 따르는 자는 육신의 일을" 생각하고, "영을 따르는 자들은 영의 일을" 생각한다는 것이다(5절). 이 두 부류의 사람 모두 욕망을 지닌다. 그러나 그들을 가르는 기준은 각기 어떤 욕망을 중심에 두고 삶을 조직하느냐에 놓여 있다. 그들은 육신의 욕망을 삶의 중심에 두는가, 아니면 성령의 욕망을 중심에 두는가? 바울은 그리스도인의 삶(혹은 어떤 인간의 삶이라도)을 욕망이 제거된 상태로 이해하지 않는다. 오히려 그리스도인의 삶은 곧 특정한 욕망을 중심으로 방향

---

12 예를 들어, 고후 4:11을 보라. 성경에서 언급되는 '육신'(sarx)을 철저히 다룬 논의로는 Dallas Willard, "Spiritual Formation and the Warfare Between the Flesh and Human Spirit", *Journal of Spiritual Formation and Soul Care* 6, no. 2 (2013): 152-59를 참조하라.

지어진 삶이다.

바울은 회심과 세례를 통해 이 '육신'이 침묵되거나 소멸된다고 말하지 않는다. 여기서 기억할 것은 그가 그리스도인들에게 편지를 쓰고 있다는 점이다. 갈라디아서 5장에서, 그는 신자들이 영적으로 깨어난 이후에도 여전히 육신의 욕망을 경험하게 될 것임을 분명히 한다. "내가 이르노니 너희는 성령을 따라 행하라. 그리하면 육체의 욕심을 이루지 아니하리라. 육체의 소욕은 성령을 거스르고 성령은 육체를 거스르나니 이 둘이 서로 대적함으로 너희가 원하는 것을 하지 못하게 하려 함이니라"(갈 5:16-17).

당시 갈라디아의 신자들 안에는 여전히 "육체의 욕심"이 소용돌이치고 있었다. 사실상 바울은 육체와 성령의 소욕이 그리스도인 안에서 서로 "대적"한다고 말한다. 데이비드 베넷(David Bennett)은 이것을 "사랑들의 전쟁"[13]으로 묘사하며, 제이 스트링거(Jay Stringer)는 "욕망들의 내전"[14]으로 지칭한다. 그리고 아우구스티누스는 "옛 것과 새 것, 곧 하나는 육적인 것이고 다른 하나는 영적인 것이 서로 싸우면서 내 영혼을 갈가리 찢어 놓았다"고 표현했던 것이다.[15] 바울이 묘사하는 그리스도인의 경험은 무엇보다도 욕망들 간의 충돌이다. 이는 그가 '욕망들'은 복수형으로 지칭하면서도 '성령'은 단수형으로 언급하는 이유를 설명해 준다. 우리 신자들이 믿음을 얻은 후에도, 경건하지 못한 욕망들이 여전히 우리 내면에서 소용돌이친다. 그러나 다른

---

13 David Bennett, *A War of Loves: The Unexpected Story of a Gay Activist Discovering Jesus* (Grand Rapids: Zondervan, 2018).

14 "Pornography and Our Stories of Desire", The Allender Center at the Seattle School, March 12, 2022, https://theallendercenter.org/2022/03/pornography-and-our-stories-of-desire/.

15 *Confessions* 8.

한편으로는 늘 변함없이 우리에게 생명과 평안을 말씀하시는 성령이 임재해 계시는 것이다. 그런데 우리는 이를 통해 상당한 위로를 얻기도 하지만, 대부분의 경우에 그 충돌은 (아우구스티누스의 표현처럼) 마치 "갈가리 찢기는" 듯한 경험으로 다가온다.

안타깝게도 많은 그리스도인들은 오랜 제자도와 영적 추구 이후에도 '육신의 욕망'과 계속 싸워야 한다는 사실을, 자신이 신자답게 사는 데 실패했음을 드러내는 징표로 받아들인다. 혹은 우리 삶 속에 여전히 육신이 존재한다는 점을 곧장 자신의 실패로 해석하는 것이다. 그러나 이 육신과의 투쟁은 과연 하나님을 향한 우리의 추구가 실패하고 있음을 보여 주는 것일까? 이에 관해, 우리는 의외의 대답을 제시할 수 있다. 육신과 성령 사이에서 욕망의 전쟁이 계속된다는 사실은, 실제로는 성령의 임재를 가리키는 표지라는 것이다. 왜 그렇게 말할 수 있는가? 우리가 예수를 따르기 전, 그리고 하나님의 성령이 우리 안에 거하시기 전에는 육신과의 갈등이 아예 '없었기' 때문이다. 그때 우리는 아무 생각 없이 육신을 따랐고, 그런 전쟁 자체가 존재하지 않았다. 하지만 이제는 성령님이 우리 안에서 경건한 욕망을 일으키고 계신다. 그리고 역설적이게도, 바로 이 싸움이 우리가 성령 안에서 행하고 있다는 표시인 것이다. 오히려 싸움이 없다는 것이 문제다. 이에 관해, 에드워드 웰치(Edward Welch)는 이렇게 언급한다. "전쟁은 좋은 것이다. … 그것은 성령이 움직이고 계시다는 표지다."[16]

이를 부부 간의 갈등에 비유해 보자. 내가 누군가의 결혼식 주례를 맡아 달라는 요청을 받으면, 다섯 번의 결혼 예비 강좌를 듣도록 권한다. 미리 배워야 할 중요한 원리들이 있기 때문이다. 그러나 더

---

16 Edward Welch, *Addictions: A Banquet in the Grave* (Greensboro, NC: New Growth, 2011).

중요한 것은 그 과정 속에서 그들을 유심히 살펴보는 일이다. 나는 오 랜 세월에 걸쳐 어떤 커플에게 결혼이 적합하지 않은지를 가늠할 몇 가지 표시들을 어렵게 터득해 왔다. 그중 가장 분명한 표시는 그들의 관계 안에 갈등이 전혀 없다는 점이다. 그들이 한 번도 다툰 적이 없 다고 말하면, 나는 오히려 걱정하게 된다. 왜 그런가? 갈등은 그들 사 이에 실제로 소통이 이루어지고 있음을 보여 주며, 장차 결혼생활에 서 피할 수 없이 생겨날 긴장을 연애 기간에 미리 연습하고 있음을 의 미하기 때문이다. 관계 안에 건강한 갈등이 존재하는 것은 대개 좋은 일들이 일어나고 있다는 신호다. 물론 모든 갈등이 좋은 것은 아니다. 학대나 교묘한 조종, 가스라이팅 등은 바람직한 갈등이 아니다. 하지 만 참되고 선한 갈등은 그런 관계를 드러내 준다.

이와 마찬가지로, 우리 안에 있는 성령과 육신 사이의 충돌은 우 리가 올바른 길을 가고 있다는 표지다. 이 문제를 곱씹어 볼 때, 이것 을 여러분이 오랫동안 들어 온 다음과 같은 뱀의 속삭임을 무시하라 는 초대로 받아들여도 좋다.

왜 너는 아직도 이 싸움을 끝내지 못했니, 이 실패자야!

네가 정말 성숙하다면, 지금쯤은 이걸 극복했을 거야.

그런 일을 겪고도 네가 하나님의 자녀라고 진지하게 말할 수 있겠니?

여기서 가장 중요한 것은 사안을 명확히 분별하는 일이다. 육신의 욕망을 경험하는 것 자체는 죄가 아니다. 그 욕망을 따르는 것이 죄 다. 바울은 로마서 8장에서 "육신의 일"을 좇는 이들과 "영의 일"을 좇 는 이들 사이의 차이를 명확히 강조하고 있다. 그가 보기에, 이 두 가 지 일은 근본적으로 다른 삶의 궤적을 만들어 내기 때문이다. 육신의 욕망을 좇는 이는 계속 "하나님과 원수"가 되며, 이런 흐름이 제지되지 않을 때는 바울이 "점점 더 불법에 이르는 상태"(롬 6:19 NIV)라고 부른 것으로 이어진다. 결국 우리는 자신이 좇는 욕망들을 더 많이 욕망하게 된다. 셰익스피어가 『트로일러스와 크레시다』(*Troilus and Cressida*)에서 말했듯이, "욕망은 무한하되, 행위는 언제나 그 욕망을 다 담지 못하는 한계의 노예다." 이 순환은 끝없이 이어질 수 있다. 그러나 성령의 소욕으로 다스림을 받는 이들은 "생명과 평안"을 경험하게 될 것이다(롬 8:6).

여기서 바울은 생명의 길과 사망의 길을 그려 보인다. 우리는 모두 육신의 소욕이나 성령의 소욕 중 어느 하나를 따르게 된다는 것이다. 그는 제삼의 길에 대한 지도를 제시하지 않는다. 이에 관해 사도 요한이 그의 첫째 서신에서 말한 것을 들어 보자. "세상에 있는 모든 것이 육신의 정욕과 안목의 정욕과 이생의 자랑이니 다 아버지께로부터 온 것이 아니요 세상으로부터 온 것이라 이 세상[과] 그 정욕[들은] '지나가되' 오직 하나님의 뜻을 행하는 자는 영원히 거하느니라"(요일 2:16-17, 강조는 필자의 것). 여기서 요한은 창세기 3장을 염두에 두었을 가능성이 있다. 그가 언급하는 '세상과 그 정욕들'의 세 영역은 태초에 에덴동산에서 있었던 시험들과 서로 겹치기 때문이다. "육신의 정욕"은 그 열매가 먹음직했다는 뱀의 거짓말과 대응되고, "안목의 정욕"은 인간이 그 열매를 탐냈던 것과 연관된다. 그리고 "이생의 자랑"은 지혜를 얻으려 했던 그들의 욕망과 맞닿아 있는 것이다. 그럼에도 요한은 세상의 욕망들이 결국 "지나간다"고 말한다.

이것은 두 가지 면에서 교훈을 준다. 첫째, 육신의 정욕은 일관되거나 영원하거나 초월적이지 않다. 그 정욕은 변동이 심해서, 하루 중 어떤 때에는 생겨났다가 또 어떤 때에는 사라진다. 이는 성령의 역사와 뚜렷이 대비된다. 그분의 소욕은 일관되며 변덕스럽지 않고, 삶의 여러 순간 너머로 지속되기 때문이다. 달리 말해, 육신은 우리를 순간적인 즐거움과 만족으로 유혹해서 결국 장기적인 불안과 죽음으로 이끌고 간다. 이에 반해 성령은 현재의 고통스러운 신실함으로 우리를 부르시지만, 그 끝에는 결국 오랜 생명과 평안이 놓여 있는 것이다.

둘째, 이 가르침에는 좋은 소식이 담겨 있다. 이는 우리의 육신이 결국 "지나간다"는 것이다. 다만 그때가 아직 임하지는 않았다. 육신은 지금도 여기에 있으며, 신약의 어느 저자도 우리가 이 땅에 있는 동안에 그 육신이 사라질 것이라고 말하지는 않는다. 사람들은 흔히 예수님을 따르면 육신이 없어질 것이라고 여기거나 적어도 그렇게 되기를 바라지만, 실제로는 그렇지 않다. 예수님 안에서 거듭난 이들은 부활에 이르기까지 그 육신을 지닌 채로 살아가게 된다. 그때까지 우리는 육신을 개조하거나 바꿀 수 없다. 육신은 회개하지 않으며, 더 나은 상태로 개선될 수도 없다. 또한 잘라내 버릴 수도 없고, 굴복하지도 않는다. 이에 관해, 바울은 이렇게 언급한다. "[육신은] 하나님의 법에 굴복하지 아니할 뿐 아니라 할 수도 없음이라"(롬 8:7). 따라서 그는 우리의 육신을 제거하는 길 대신에 다음의 선택지를 제시한다. "그리스도 예수의 사람들은 육체와 함께 그 정욕과 탐심을 '십자가에 못 박았느니라'"(갈 5:24, 강조는 필자의 것).

영광에 이를 때까지 우리는 육신을 십자가에 못 박는다. 이것은 기독교 전통의 가장 빛나는 가르침 중 하나다. '육신을 십자가에 못 박는' 것은 그 욕망이 사라지거나 바뀐다는 뜻이 아니다. 그것은 육신을 그리스도와 함께 십자가에 매다는 것이다. 달리 말해, 육신을 십자가에 못 박는 것은 육신을 바꾸는 일이 아니라 그것을 아예 '죽이는' 일이다. 이는 평생에 걸쳐 이루어지는 과정이다. 성령 안에서, 우리는 육신이 우리 삶의 무대에서 최종 발언권을 행사하려 드는 일을 단호히 중단시키게 된다. 우리는 육신을 개선함으로써 이기는 것이 아니다. 우리는 그것을 십자가에 못 박음으로써 이긴다. 곧 우리의 옛 자아를 타락시킨 사탄의 욕망들에 맞서 전면적으로 평생에 걸쳐 치열한 싸움을 벌이는 것이다. 그리스도를 닮는 삶은 그분을 신실하게 따르기 위해 날마다 우리 육신의 욕망을 내려놓는 일 가운데서 이루어진다.

우리의 육신을 없앨 수 있는 길은 오직 하나뿐이다. 그리스도와 함께 십자가에 못 박혀야 한다. 스스로 애쓰던 일을 멈추고 그 십자가 앞에 나아가는 순간에, 우리는 비로소 참된 위로와 변화를 경험하게 될 것이다. 이것이 바로 은혜다.

◇◇◇◇◇◇◇◇◇◇

몇 년 전, 일리노이 주 천연 자원국은 주의 붐비는 고속도로망에서 매년 만 칠천 마리가 넘는 사슴이 달리는 차량에 치여 죽는다는 보고서를 발표했다. 국장인 폴 셸턴(Paul Shelton)은 사슴의 사고사가 해마다 늦가을에 급증한다고 밝혔다. 왜 그럴까? 이는 수사슴들이 11월에 발정기에 들어가서 짝을 찾는 시기이기 때문이다. 짝짓기 철이 한창일 때, 일리노이 주의 사슴들은 자신의 안전에 훨씬 덜 신경을 쓴다. 셸턴은 "그들이 거의 전적으로 번식 활동에만 집중하고 있으며, 평소보다 훨씬 경계심이 낮다"고 설명했다.[17]

이처럼 진리와 계시, 참된 지혜로부터 분리된 욕망은 어떤 종에게든 극히 위험하다. 욕망에 도덕적 틀이 결여되어 있을 때, 그것은 우리 자신과 타인의 안녕을 무시하게 만든다. 물론 우리는 약동하는 욕망을 지닌 존재로 창조되었다. 그러나 이 욕망에는 적절한 경계가 필요하다. 그것이 사라질 때, 우리는 선지자 예레미야가 묘사한 다음의

---

17   Curry Pikkaart, *7 Habits of Highly Healthy People* (Maitland, FL: Xulon, 2007), 87.

모습과 비슷한 존재가 된다. "들암나귀들이 그들의 성욕이 일어남으로 헐떡거림 같았도다. 그 발정기에 누가 그것을 막으리요?"(렘 2:24) 자신의 격렬한 욕망에 휘둘릴 때, 우리는 마치 이 들나귀들처럼 행동하는 것이다. 유진 피터슨의 말처럼, 그것은 "욕망의 충족이라는 한 가지 목적 외에는 어떤 억제도, 방향도 없는 상태"다.[18]

하나님이 정해 두신 욕망의 경계를 받아들이지 않는 이들은 이처럼 통제되지 않는 정욕에 휘둘리는 삶을 살게 될 가능성이 높다. 이처럼 우리의 욕망이 그분의 계획과 임재, 그리고 합당한 경계에서 분리될 때 과연 어떤 일이 일어날까? 이때에도 그 욕망은 사라지지 않는다. 다만 종종 통제력을 잃을 뿐이다. 이런 모습은 '에피투미아'(epithumia), 곧 "정욕"(lust)에 대한 신약의 가르침에서 분명히 드러난다.[19] 우리는 '정욕'이라는 단어에 본능적으로 부정적인 반응을 보이곤 한다. 정욕은 죄이며 악덕으로 여겨진다. 실제로 신약에서 '에피투미아'는 대개 부정적인 의미로 사용된다. 한 예로, 바울은 로마 교회를 향해 그들이 불순종과 거짓 예배에 집착하면 하나님이 "그들을 마음의 정욕대로 더러움에 내버려 두실 것"(롬 1:24)이라고 경고한다. 그리고 그 서신의 뒷부분에서는 "정욕을 따르지 말라"(롬 13:14 NIV)고 권면했던 것이다. 또한 예수님도 씨 뿌리는 자의 비유에서, "다른 것들에 대한 정욕이 들어와서 말씀을 막아 결실하지 못하게 된다"(막 4:19 NIV)고 가르치신다.

정욕은 곧 우리 자신의 육체적인 만족을 위해 어떤 사람이나 사물

---

18 Eugene Peterson, *Run with the Horses: The Quest for Life at Its Best* (Downers Grove, IL: InterVarsity Press, 2009), 115. 『주와 함께 달려가리이다』(IVP).

19 W. F. Arndt, F. W. Gingrich, and F. W. Danker, "Επιθυμία", in *A Greek-English Lexicon of the New Testament and Other Early Christian Literature*, 3rd ed. (Chicago, IL: University of Chicago Press, 2000), 372.

을 이용하도록 우리를 사로잡는 모든 왜곡된 욕망을 뜻한다. 이런 욕
망은 늘 그 지배나 영향 아래 있는 이들을 파괴하는 힘을 지니며, 여
기에는 예외가 없다. 나아가 일부 학자들은 구약의 우상 숭배와 신약
의 정욕 사이에 밀접한 연관이 있다고 여기기도 한다. 데이비드 폴
리슨(David Powlison)은 이렇게 말한다. "'우상 숭배'가 하나님에게서
벗어나는 인간의 움직임을 요약하는 구약의 특징적인 용어라면, '정
욕'(에피투미아)은 동일한 이탈을 가리키는 신약 특유의 표현이다."[20]

이 단어는 '에피'(*epi*, "위에")와 '투미아'(*thumia*, "욕망")를 결합한 복
합어다. 곧 '에피투미아'(*epithumia*)는 '투미아'의 강화된 형태다. 정욕
은 하나님이 우리에게 주지 않으신 어떤 것을 향한 강한 욕망이다. 다
만 이것은 '에피투미아'가 지닌 의미의 한 측면에 불과하다.

당혹스럽게도, 신약에서 '에피투미아'는 무언가 선한 일을 향한
강한 욕망을 가리킬 때도 쓰인다. 예컨대 바울은 자신에게 데살로니
가 교회 곁에 머무르려는 '에피투미아'가 있다고 말하며(살전 2:17), 다른
곳에서는 "떠나서 그리스도와 함께 있는" 것에 대한 '에피투미아'가
있다고 말한다(빌 1:23). 심지어 예수님도 제자들과 나누는 유월절 식
사에 대한 자신의 '에피투미아'를 말씀하셨다(눅 22:15). 이런 구절들
을 모두 '정욕'(lust)로 옮길 경우, 본문의 의미가 상당히 혼란스러워질
것이다. 과연 바울은 예수님이나 데살로니가 교회와 함께 있으려는
"정욕"을 품었던 것인가? 또 예수님은 그 유월절 식사를 나누려는 "정
욕"을 품으셨던 것일까?

이 정욕은 좋은 것일까, 나쁜 것일까? 이는 단순하지 않다. 그렇기
도 하고 '또' 아니기도 하기 때문이다. 하나님이 우리에게 주시지 않

---

20 David Powlison, "Idols of the Heart and 'Vanity Fair'", *Journal of Biblical Counseling* 13, no. 2 (Winter 1995): 36.

은 것을 향한 강한 욕망은 '정욕'(lust)이라 불리며, 이런 형태의 '에피투미아'는 분명히 죄악 된 것이다. 반면에 그분이 주신 것을 향한 강한 욕망은 '갈망'(longing)이라 불리는데, 이는 '에피투미아'의 긍정적인 측면이다. 에덴에서 추방된 이후, 인간의 욕망은 쉽게 변질되고 왜곡될 수 있게 되었다. 요컨대 정욕은 '안전벨트가 없는 갈망'이다. 이 정욕과 갈망의 핵심적인 차이는 무엇을 욕망하느냐에 있다. 우리의 강한 욕망은 마치 예리한 면도날과 같아서, 생명을 빼앗을 수도 있고 반대로 생명을 살리는 수술에 쓰일 수도 있다. 목표는 욕망을 '줄이는' 것이 아니라, 경건한 삶을 위해 그 욕망을 길들이고 성화시켜 가는 데 있다.

나는 그리스도인들이 종종 성욕을 경험하거나 성에 대해 생각한다는 단지 그 사실 때문에 자책한다는 것을 알게 되었다. 하지만 이것은 갈망과 육욕 간의 차이에 대한 큰 오해를 보여 준다. 정욕은 그저 성욕을 품거나 성에 대해 생각하는 것과 '동일시될 수 없다.' 오히려 성경은 성적인 욕망을 신성한 것으로 보도록 우리를 초대하며, 심지어 성에 대해 생각하도록 권하기도 한다. 구약의 아가서를 떠올려 보라. 이 지혜서는 대체로 두 연인이 결혼 첫날밤에 열정적으로 서로를 껴안는 모습들을 여러 순간에 걸쳐 묘사한다. 그 가운데서는 어떤 세부사항도 제외되지 않는다. 향기가 등장하고, 심지어 맛까지 언급된다. 현대 기독교의 관점에서 볼 때, 이 책에서는 산지나 염소털 같은 농업적인 비유들을 써서 신체의 특정 부위를 언급하는데 다소 외설스럽게 느껴질 정도다. 일부 유대인 공동체들에서 아이들이 열여섯 살이 될 때까지 이 책의 독서를 허락하지 않는 데에는 그만한 이유가 있다.

하지만 이 '선정적인' 책은 매년 오순절 기간에 유대 회당에서 낭독되곤 한다. 만약 성적인 갈망과 성에 대한 생각 자체가 곧 죄라면,

과연 하나님은 그 책을 영감된 성경에 포함시키심으로써 우리를 실족하게 만들려고 하셨던 것일까?(고전 8:13)

물론 하나님이 우리를 실족하게 하시는 것은 아니다. 성에 대해 생각하는 것 자체가 죄는 아니며, 성적인 갈망 역시 마찬가지다. 이런 일들을 일체 생각해서는 안 된다고 가르치는 종교적인 환경에서 자라온 이들에게, 이것은 반가운 치유의 메시지가 될 수 있다. 침묵은 최악의 교사이기 때문이다. 하나님은 인간의 성 문제를 무시하지 않으시고, 그 욕망의 섬세한 구조를 올바른 경계 안에서 보여 주실 정도로 우리를 사랑하신다. 아가서에서 우리는 진리와 성령님의 지혜로운 안내 아래 성에 대해 생각하는 법을 배운다. 바로 이것이 이 책의 힘이다. 아가서는 포르노그래피의 세계에 대한 '대안'을 제시한다. 이에 관해, 구약학자 리처드 헤스(Richard Hess)는 이렇게 언급한다. "아가서는 에로틱한 문학이지만, 여성을 잔인하게 억압하며 희화화하는 포르노와는 구별된다. … [아가서는] 부부가 나누는 사랑과 전적인 헌신에 초점을 둔다."[21]

성령님의 인도하심을 좇아 하나님의 선물인 성을 갈망하고 숙고하는 일은 마치 그분이 지으신 석양을 바라보며 음미하는 것과 같다. 과연 우리는 친구들과의 멋진 식사를 갈망하는 것도 단념해야 할까? 누군가의 아름다움을 곱씹는 일도 죄가 되는가? 그리스도인의 삶은 우리의 욕망이 아니라 '육신'을 십자가에 못 박는 삶이다.[22] 우리는 자

---

21   Richard Hess, *Song of Songs*, Baker Commentary on the Old Testament (Grand Rapids: Baker, 2005), 20.

22   데이비드 베너는 이렇게 언급한다. "여러분이 그간 어떤 말을 들어왔건 간에, 그리스도인의 영성은 욕망을 십자가에 못 박는 일에 관한 것이 아니다. 오히려 우리의 영성은 자신의 욕망을 순화시키고 그 초점을 가다듬는 일과 연관되어 있다." David Benner, *Desiring God's Will: Aligning Our Hearts with the Heart of God* (Downers Grove, IL: InterVarsity Press, 2015), 77.

신의 선한 욕망 대신에 그 '육신'을 내려놓아야 한다. 우리의 원수는 갈망이 아니라 정욕이다.

◇◇◇◇◇◇◇◇◇◇

육신은 평생 우리를 따라다닌다. 결혼 초에, 나는 새로운 서약만으로 모든 그릇된 성욕이 마법처럼 사라지리라는 은밀한 기대를 품고 있었다. "예"라고 말하는 순간, 내 안의 비뚤어진 부분들이 바로잡힐 것이라 여겼던 것이다. 하지만 나는 곧 이런 기대가 결혼생활에서도, 삶의 다른 영역에서도 위험하고 비현실적인 것임을 알게 되었다. 이 '육신'은 결코 사라지지 않았으며, 어떤 점에서는 오히려 더 자극되었다. 이 순진한 믿음은 불필요한 불안과 실패감에서 오는 수치심을 낳았고, 나 자신의 무지 역시 드러냈다. 따라서 나는 육신을 지녔다는 이유로 스스로를 정죄하지 않는 법을 배워야 했다. 이 육신에 대한 건강한 신학은 결혼(또는 그 어떤 것이라도)을 통해 육신이 개혁되거나 변화될 수 없음을 일깨워 준다. 아무리 많은 기도와 상담, 영적 지도, 금식이 있다 해도 그것을 고쳐 놓을 수는 없다. 그러나 그것은 문제가 되지 않는다. 하나님은 우리가 육신을 바꿔 놓도록 부르시지 않기 때문이다. 오히려 그분은 우리가 더 이상 육신의 종이 아니며, 육신에 의해 통제되지도 않는다는 사실을 보게 하신다. 우리는 이제 자유를 얻어 성령의 소욕을 따르게 되었다. 예수님 안에서, 육신의 음성은 더 이상 우리 삶의 최종 발언권을 갖지 못한다.

신약이 기록되고 수집될 무렵, 초창기의 그리스도인 공동체가 어떻게 예수님을 따랐는지를 전하는 여러 영적인 문헌들도 함께 기록되었다. 그중 하나가 *The Shepherd of Hermas*(헤르마스의 목자)다. 이후 이 영적인 환상이 담긴 글은 거의 네 세기에 걸쳐 거의 보편적이라 할 만큼 널리 읽히면서 독보적인 인기를 누렸다. 그 영향력이 매우 컸기에, 많은 이는 이 책이 신약 정경에 포함될 만하다고 여겼다. 비록 정경으로 채택되지는 않았지만, '시내산 사본'(Codex Sinaiticus)과 같은 초기의 신약 사본들에 그 책이 포함된 사실은 이런 평가를 뒷받침한다. 여러 정경 바깥의 문헌 가운데서도, 특히 이 책은 당시 적대적인 로마 제국 아래서 주님의 사역을 감당하던 초기 신자들의 공동체에 깊고 지속적인 영향을 끼친 것으로 여겨진다.

전승에 따르면 저자는 첫 로마 감독의 형제였던 비오(Pius)로 여겨지며, 그는 헤르마스라는 인물이 경험했던 그리스도인의 삶에 관한 다섯 가지 '환상'을 전하고 있다. 이 책이 역사적으로 중요한 이유는 당시 그리스도인들이 직면했던 영적인 관심사들 중 일부를 개략적으로 제시해 주기 때문이다. 그 가운데 하나가 바로 세례 문제였다. 당시 교회 안에서는 세례를 받은 뒤에 범한 죄가 용서될 수 있는지를 두고 신학 논쟁이 격렬히 벌어졌다. 신약의 비평가인 바트 어만(Bart Ehrman)은 이 문헌의 핵심 주제가 "세례 후에 죄에 빠진 그리스도인들이 무엇을 할 수 있는가"에 있다고까지 말한다.[23] 당시 많은 이는 이런 죄들에 대한 은혜가 매우 제한적으로만 존재할 뿐이라고 (혹은 아예 없다고) 보았다. 아마 이 논쟁으로 인해, 이후 콘스탄티누스 황제는 죽기 직전에 가서야 세례를 받게 되었을 것이다.

첫 번째 환상에서, 헤르마스는 놀라울 만큼 아름다운 한 여인을 잠시 보게 된다. 이후 그 여인은 하늘로 올라간 뒤 헤르마스를 불러, 그가 욕망을 품고 자신을 바라본 일을 하나님이 심판하실 것이라고 말한다. 그런데 갑자기 이 문헌의 저자가 등장하여 이와 다른 메시지

---

23 Bart Ehrman, *Lost Scriptures: Books That Did Not Make It into the New Testament* (Oxford: Oxford University Press, 2005), 251.

를 전한다. 그는 두 번째 기회를 위한 은혜가 '있다'고 말하며,[24] 여전히 은혜의 문이 열려 있다고 선언한다. 처음에 우리를 구원하신 은혜의 하나님이 지금도 은혜로 우리를 구원하신다는 것이다.

현대 독자들의 눈에는 이런 이야기가 사소하게 보일지도 모른다. 그러나 이 고대의 이야기는 초대 교회가 영적인 형성의 측면에서 겪었던 한 가지 어려움을 분명히 보여 준다. 당시 신자들은 자신들이 예수님의 죽으심과 부활로써 구원받고 자유를 얻었으나 여전히 죄를 짓는다는 사실을 곧 깨닫게 되었다. 그들은 그분을 따르기 이전과 동일한 몸 안에서 계속 살아가고 있었으며, 육신은 그들을 떠나지 않았던 것이다.

예수님을 따르게 된 뒤에도, 특히 육신의 욕망이 우리 안에 계속 남아 있다는 것은 4세기 그리스도인인 아우구스티누스의 저술을 관통하는 중요한 특징이다. 그는 서구 교회 역사상 가장 영향력 있는 신학자 가운데 한 사람이지만, 기독교 신앙을 향한 그의 여정은 곧은 길이 아니었다. 그리스도인 어머니 밑에서 자란 그는 열일곱 살에 카르타고로 유학을 떠났으며, 그곳에서 철학자들의 세련된 지적 분위기를 접하면서 지성적인 삶을 추구하게 되었다. 당시의 많은 이처럼 아우구스티누스 역시 카르타고의 성적 정욕이라는 어두운 욕망을 즐겼고, 이 무렵에 어린 시절의 신앙을 버렸다. 그러다가 그는 나중에 다시 그 신앙으로 돌아온 뒤, 자신의 저술 전반에서 원치 않는 불경건한 성적 욕망과의 계속되는 싸움을 고백했던 것이다. 이 욕망의 주제가 그의 글에서 일관되게 반복되는 모습을 보면서, 어떤 학자는 그를 "욕

---

24 다소 이상하게도, 여기서는 그 기회가 한 번뿐인 것으로 언급된다. 여하튼 이 부분에서는 세례 이후의 죄를 어떻게 다루어야 하는지를 두고 씨름했던 초기 교회의 중요한 윤리적 문제가 거론되고 있다.

망의 의사"라고 부르기도 했다.[25]

　마침내 극적으로 그리스도께 돌아온 뒤, 아우구스티누스는 다음의 유명한 기록을 남겼다. "오, 주님, 저를 정숙하고 순결하게 만들어 주소서. … 그러나 아직은 아닙니다!"[26]　이는 치열한 욕망의 내전을 겪는 한 인간의 고백이다. 그리고 바로 이런 솔직함 때문에 여러 세기 동안 많은 이가 그의 사상에 이끌려 왔던 것이다. 사도 바울도 이와 유사한 내적 갈등을 드러낸 바 있다. 고린도 교회에 보낸 편지에서, 그는 자신이 "육체[의] 가시"(고후 12:7)라고 불렀던 것의 존재를 담담히 밝힌다. 당시 이 가시는 바울에게 큰 고통과 어려움을 주었었던 것이 분명하다. 심지어 그는 그것이 자신을 "괴롭혔다"고까지 표현하고 있다. 그러나 이 '가시'의 성격은 끝내 분명히 드러나지 않는다. 어떤 이들은 바울이 성적인 투쟁을 가리킨다고 보며, 다른 이들은 일종의 중독 문제였을 것이라고 추정한다. 또 어떤 이들은 그것이 그에게 부담을 준 인간관계나 질병이었을 가능성을 제기한다. 어떤 학자는 바울 자신이 원래의 열두 제자 중 하나가 되지 못한 일을 슬퍼했을 것이라고 여기기도 했다(고린도후서가 대체로 그의 사도적인 정당성을 변증하는 편지라는 점에서 이런 추정은 어느 정도 일리가 있다). 요컨대, 바울의 '가시'가 무엇이었는지는 오늘날까지도 정확히 알 수 없다는 것이다.[27]

　하지만 우리는 바울이 이 편지를 쓸 무렵, 그 가시가 아직 사라지지 않았다는 것은 안다. 바울은 "이것이 내게서 떠나가게 하기 위하여

25　Christopher West, *Fill These Hearts: God, Sex, and the Universal Longing* (New York: Image, 2012), 35.

26　*Confessions* 8.7.

27　이에 더하여, 바울이 실제로 회심 '이전의' 경험을 언급한다고 믿는 신약학자들이 점점 더 많아지고 있다. 나는 그들의 주장을 확신하지 못하지만, 이 일은 그 주제가 현재 학계에서 열띤 토론의 대상이 되고 있음을 보여 준다.

내가 세 번 주께 간구하였더니"라고 말한다(고후 12:8). 그러나 그의 간구는 받아들여지지 않았다. 여기서 바울은 이 상황에 대한 자신의 해석을 제시한다. 곧 자신이 "자만하지 않[도록]" 하나님이 그 가시를 남겨 두셨다는 것이다. 하나님은 그를 교만의 죄에서 보호하시기 위해 그 가시가 지속되게끔 주권적으로 허용하셨다는 것이 그의 생각이다. 이런 바울의 태도는 우리에게 상당한 교훈을 준다. 이 가시가 무엇이든 간에, 그는 그것을 하나의 선물로 받아들이는 듯하다. 이를 통해, 그 자신이 더 깊은 하나님의 사람으로 빚어져 갈 수 있었기 때문이다.

내 친구 토니의 이야기도 이와 유사하다. 그는 청년 동성애자로서 예수님을 따르기 시작했다. 그의 회심은 강력하고 변혁적이었지만, 이전과 동일한 성향이 자신의 몸에 여전히 남아 있음을 깨달았다. 그의 욕망은 완전히 사라지지 않았던 것이다. 오늘날 그는 아름다운 여성과 결혼해서 교회를 섬기는 목회자가 되었다. 이제까지 오랜 시간 동안 예수님과 동행해 왔지만, 처음 그분을 만났던 날 그의 내면에서 소용돌이치던 그 욕망은 여전히 남아 있다. 하지만 그는 이 원치 않는 욕망들이 자신에게 놀라운 선물이 되었다고 고백한다. 이는 그 성향과 씨름하는 가운데, 그가 매일 매 순간 하나님께 간절히 의지하면서 자신의 모든 욕망을 그리스도께 복종시키는 사람으로 빚어져 가고 있기 때문이다. 이 '가시'를 통해, 하나님은 그가 깊은 믿음과 끈기를 품고서 때로는 넘어져도 다시 일어나게끔 인도하신다. 성령님은 그의 혼란스러운 욕망 가운데도 여전히 운행하고 계시는 것이다. 이 가시 덕분에, 토니는 (그를 아는 이들이 누구나 인정하듯이) 실로 인내심이 많고 온유하며 사랑이 풍성한 예수님의 제자가 되었다.

가시는 상처를 낸다. 하지만 그것은 조용한 선물이다. 비록 그 가시가 내 옆구리에 박혀 있을 때 감사히 여기기는 쉽지 않을지라도 말이다.

하나님은 우리의 원치 않는 욕망들을 거두어 가실 수 있을까? 물론 그러실 수 있다. 다만 성경과 교회사, 그리고 우리 자신의 삶은 그 일이 늘 보장되지는 않는다는 것을 보여 준다. 어쩌면 우리가 그것들과 함께 살아가면서 하나님의 은혜 안에서 겸손한 확신을 조금씩 키워 갈 때, 그 가시 끝에 달린 장미를 점점 더 보게 될지도 모른다.

나는 아우구스티누스와 바울, 그리고 토니의 이야기에 깊이 공감한다. 많은 이가 그렇게 바라듯이, 나 역시 예수님이 내 삶을 완전히 바꿔 놓으셔서 육신의 정욕이 즉시 제거되고 세례의 물로 씻겨 버렸다고 말할 수 있었으면 좋겠다. 하지만 실제로는 그렇게 되지 않았다. 나는 삼십 년에 걸쳐 그분을 따랐지만, 이전에 내게 있던 그 육신의 가시들은 지금도 여전히 남아 있다. 나는 미처 그것을 떨쳐 내지 못했다. 그러나 나는 육신의 소리보다 성령의 음성에 더 귀 기울이는 법을 배우게 되었다. 비록 가시들은 사라지지 않았지만, 살아오는 동안에 그것들이 주는 고통은 점점 줄어들었다. 그리고 그 가시들은 내 안에서 참으로 많은 일을 이루어 왔다.

내 삶에서 가장 약하고 무력하며 힘겨운 순간을 겪을 때, 예수님이 바울에게 그리하셨듯이 내게 이렇게 말씀하시는 것을 듣게 된다. "내 은혜가 네게 족하도다. 이는 내 능력이 약한 데서 온전하여짐이라"(9절).

◇◇◇◇◇◇◇◇◇◇

에덴 이후에 태어난 모든 이는 경건한 욕망과 육신적 욕망이 뒤섞인 신비한 혼합 상태로 살아간다. 그러면 우리는 육신의 욕망을 어떻게 이해해야 할까? 최근 수십 년 동안 상당한 비판을 받아 왔지만, 고대의 기독교 영성 전통에서 이어져 온 가장 의미 있는 신학적 개념 중 하나는 우리가 모두 죄인으로 '태어난다'는 사상이다. 어떤 이들은 이것을 '원죄'라고 부르는데, 그 기본 개념은 곧 우리 모두가 망가진 영혼을 지닌 채 영적으로 분열된 세상 속에 태어난다는 것이다. 이 세상은 구조상 늘 악한 욕망들을 향해 기울어져 있는 곳이다. 우리가 아무리 스스로를 진보적이고 계몽된 존재라고 여길지라도, 영적으로는 여전히 죽은 상태로 이 세상에 들어온다. 그리고 늘 하나님께 반역하는 성향을 지니고 있다. 바울에 따르면, 우리의 본질은 "허물과 죄로 죽[은]" 자라는 데 있다(엡 2:1). 우리는 모두 이 '육신'이라는 영적인 조건을 지닌 채로 태어난다.

우리는 육신을 지닌 존재이기에 육신의 제국을 세운다. 오늘날 '문화'라는 장막 뒤에는 우리의 욕망을 깨우고 그것을 어떤 기괴한 형상으로 다시 빚어내려는 권세들이 잠복해 있다. 이 육신의 제국에는 단 하나의 규칙이 있다. 곧 자신의 모든 욕망에 복종하라는 것이다. 우디 앨런(Woody Allen)은 아내를 버리고 의붓딸과 함께하면서 "마음은 자신이 원하는 것을 원한다"고 선언했다.[28] 이 마음의 변덕은 곧 신성한 계명이 되는 것이다. 이는 성적인 욕망의 억압을 (파시즘과 전쟁을 비롯한) '모든' 악의 근원으로 보았던 지그문트 프로이트(Sigmund Freud)가 기뻐했을 만한 세계관이다. 그리고 이 제국의 교리는 단 하나의 파문 조항만을 가진다. "'욕망에 순종하지 '않는' 자들은 추방된다." 우리는 조금씩 이 제국의 방식에 사로잡혀 왔다. 그 언어를 배우고, 그 식탁에서 먹으며 살아가게 된 것이다. 그것은 어떤 강압이나 폭력에 의해서가 아니라, 다양한 자극과 암시, 선동과 도발을 통해 이루어졌다.

28　Jeff Richman, "The Heart Wants What It Wants", Green- Wood, July 14, 2011, https://www.green-wood.com/2011/the-heart-wants-what-it-wants/.

우리의 삶은 모두 이 제국 아래서 형성되었다. 아주 어린 시절부터, 우리는 자신이 타고난 욕망에 속박된 존재라는 말을 들으면서 자란다. 그리고 그 가르침에 미처 저항하지 못하는 가운데, 우리는 위험한 생각들을 자신의 내면에 계속 주입하게 된다. '나는 이것을 절대 멈출 수 없어.' '나는 이렇게 태어났어.' '이건 그냥 나의 일부야.' '아무도 자신의 성적 취향을 선택할 수는 없어.' 이런 생각들에 무비판적으로 굴복할 때, 우리는 이 제국이 이미 우리를 사로잡았다는 것을 확인하게 된다. 하지만 그리스도인다운 삶의 일부는 바로 이 육신의 제국에 저항하는 데 있다.

우리는 초기의 기독교회 역시 하나의 제국 안에서 태어났다는 것을 기억해야 한다. 당시 세계를 지배하던 로마는 사람들에게 자신의 법과 규범을 강제할 수 있는 막강한 권력을 지니고 있었다. 그 제국은 결혼과 성을 정치적인 통제 수단으로 활용할 수 있다고 여겼으며, 원하는 누구와든 결혼할 수 있는 권리를 남자들에게 부여했다. 이런 조치들은 많은 초기 그리스도인들을 로마와 충돌하게 만들었다. 감히 그 제국이 그리스도인들 자신의 성을 지배할 수는 없다고 믿었기 때문이다. 이러한 대립은 특히 정절의 은사를 받은 초기 여성 신자들의 삶에서 가장 분명하게 드러났다. 알렉산드리아의 카타리나나 안디옥의 마가렛, 니코메디아의 바바라, 카이사랴의 도로테아를 비롯한 당시의 거룩한 여인들은 목숨을 걸고 로마의 혼인 명령에 저항했다. 기독교사에서 '동정녀 순교자들'로 알려진 이 여인들은 로마가 자신의 몸과 성을 소유하도록 허락하기보다 기꺼이 생명을 내놓았다.

동정녀 순교자들은 제국에 단호히 저항하면서 그들이 자신의 욕망을 예속시키는 것을 거부했다. 로마는 그들의 생명을 빼앗거나 감옥에 가둘 수 있었으며, 사슬에 묶어 경기장으로 끌고 갈 수도 있었다. 하지만 그들의 마음을 차지할 수는 없었다. 그들은 오직 예수님만을 원했으며, 그 무엇보다도 그분을 간절히 사모했기 때문이다.

동정녀 순교자들은 우리의 본보기다. 그들의 조용한 증언은 순교가 그저 목숨을 희생하는 일만을 뜻하지 않음을 일깨운다. 오히려 순교는 예수의 길을 위해 모든 것, 곧 우리의 욕망까지 바치는 것이다. 제국은 이런 순교자들을 미워한다. 지금 이 시대에도, 인간이 성적인 욕망의 노예로 살아가야 한다는 생각에 무릎 꿇기를 거부하는 이들만큼 심한 오해와 비난을 받는 집단은 거의 없다. 원치 않는 성적 욕망과 씨름하는 수많은 내 친구들은 성령님의 뜻을 받들고자 매일 자신의 몸을 십자가에 내어드린다. 그러나 이 '성적인 순교자들'은 거의 모든 이에게 조롱의 대상이 되는 것이다. 어떤 보수주의자들은 그런 욕망이 있음을 고백한다는 이유로 그들을 비난하고, 어떤 진보주의자들은 그 욕망에 따르지 않는다는 이유로 비난한다. 하지만 그들은 그리스도를 신실하게 따랐기에 마침내 영광의 면류관을 받게 될 것이다.

우리는 육신의 제국에도, 그 제국이 우리에게 강요하는 욕망에도 속박되어 있지 않다.

동정녀 순교자들은 우리 앞에 분명한 길을 보여 준다. 옛 바벨론 포로들이 경험했듯이, 아침마다 문 앞에 웅크리고 앉아 우리를 끌어당기고 찢어 놓으려 하는 제국의 손길을 마주하는 것은 몹시 지치는 일이다. 하지만 오래 저항할수록 우리는 더욱 강해진다. 우리는 포기하지 않을 것이며, '포기할 수도 없다.' 우리는 요한이 말한 이 세상의 제국, 곧 "짐승과 그 우상에게 경배하는 자들은 밤낮 쉼을 얻지 못한다"(계 14:11 NIV)고 한 그 제국에 맞서 저항해야 한다. 이 짐승의 나라에는 쉼이 없다. 하지만 그리스도 안에는 참된 쉼이 있다.

십자가는 우리 욕망을 위한 안식일이다. 그곳에서 그 욕망이 마침내 온전한 쉼을 누리며, 지친 우리의 영혼은 이같이 고백하게 된다.

"나는 더 이상 내 욕망을 따라야 할 필요가 없다. 나는 자유다. 나는 예수님의 십자가 위에 내 욕망을 내려놓고 쉴 수 있다."

십자가는 또한 하나님께 속한 것이 아닌 자신의 불타는 욕망 때문에 늘 스스로를 책망하는 데에서 우리를 자유롭게 한다. 이는 우리가 그 '육신'을 선택한 것이 아니기 때문이다. 그러니 이로 인해 자신을 미워할 이유도 없다.

벗들이여, 이제 그대들의 욕망이 참된 쉼을 얻게 하라. 그대들의 삶은 제국의 것이 아니기 때문이다.

5장

쇠퇴하는 욕망

이야기를 이어가 보자. 이 장을 쓰는 동안, 라파엘 새뮤얼(Raphael Samuel)이라는 뭄바이 사업가에 관한 특이한 뉴스 하나가 눈에 들어왔다. 그는 삶의 결과에 불만을 품고 자신의 존재 자체에 분노하여, 자신을 낳았다는 이유로 부모에게 소송을 제기했다. 그의 주장은 단순했다. 그는 자신의 출생에 동의한 적이 없었으며, 따라서 마지못해 살아가는 삶은 자신의 책임이 아니라는 것이었다. 누군가는 그 대가를 치러야 한다고 했다. 그는 자신의 생각을 숨김없이 드러내면서 이렇게 표현했다. "내가 태어나지 않았더라면 좋았을 것 같습니다. … 차라리 여기 없었으면 좋겠습니다. 마치 어떤 멋진 방이 있더라도, 나는 그 방에 들어가고 싶지 않은 것과 비슷합니다."[1]

새뮤얼의 정서에 공감하는 사람은 적지 않을 것이다. 삶은 '분명히' 어렵다. 하지만 자녀의 고통에 대해 부모가 비난을 받아야 하는

---

1 Geeta Pandey, "Indian man to sue parents for giving birth to him", BBC News, February 7, 2019, https://www.bbc.com/news/world-asia-india-47154287.

가? 혹은 그렇지 않다면, 누가 그 책임을 져야 하는 것일까? 새뮤얼처럼 누군가에게 소송을 걸고 싶은 마음이 어느 정도는 지금 우리 문화 전반에 깊이 스며들어 있다. 성경은 하나님이 우리를 어떤 강요나 강압, 폭력에 의해 창조하신 것이 아님을 생생히 증언한다. 오히려 그분은 자신의 깊은 갈망 가운데서 그리하셨던 것이다. 그런데 '우리가' 우리 스스로를 원하지 않는다면 어떻게 되는 것일까? 나아가 우리 삶이 만족스럽지 않거나, 하나님이 우리에게 바라시는 삶을 우리가 원하지 않는다면 어떻게 해야 할까? "사는 것보다 죽는 것이 내게 나으니이다"(욘 4:8)라는 선지자 요나의 탄식은 오늘날 많은 이의 마음속에 있는 실존적인 고뇌를 정확히 드러낸다.

누가 이 문제의 책임을 져야 할까? 우리 앞에 놓인 선택지는 두 가지다. 누군가가 책임을 져야 하거나(하나님이든, 우리 자신이든, 다른 누군가든), 아니면 아무도 책임질 대상이 없다는 것이다. 많은 이는 두 번째 입장이 가장 합리적인 반응이라고 여긴다. 하나님을 제거하면, 비난할 대상도 사라진다. 점점 더 많은 이에게 이런 사고방식은 하나의 세속적인 감성으로 굳어지고 있다. 그것은 하나님이라는 개념과 초월적인 의미에 대한 모든 흔적을 해체하려는 태도다. 세상에 신적인 의미나 목적이 없다면, 우리는 스스로 삶의 의미를 정할 자유를 갖게 된다. 이 사고는 결국 실존주의라는 차가운 사유의 영역으로 흘러간다. 가장 유명한 실존주의자인 장 폴 사르트르는 "인간은 자신이 만들어 낸 것 이외의 아무것도 아니다"라고 말했다.[2] 이와 유사한 관점은 이후 출간된 리처드 도킨스의 책 『만들어진 신』(*The God Delusion*)에서도 드러난다. 그는 이렇게 언급하고 있다. "누군가가 당신의 삶에 의

---

2 Jean-Paul Sartre, *Existentialism and Human Emotions* (New York: Carol, 1990), 15.

미와 목적을 부여해야 한다고 여기는 것은 유아적인 태도다. … 성숙한 관점은 곧 우리의 삶이 우리 자신의 선택을 좇아 의미 있고 충만하며 가치 있게 된다는 데 있다."[3]

이런 맥락에서, 성숙한 이들의 특징은 비난하거나 의지할 수 있는 자기 바깥의 어떤 존재(예컨대 하나님)를 더 이상 필요로 하지 않는 데 있다고 여겨진다. 이런 자기 의존의 세속적인 성례는 하나의 강력한 이념이 되어, 오늘날 우리의 시대 감각을 형성하는 중요한 힘이 되고 있다. 실제로 이런 주장들은 상당한 문화적인 영향력을 획득했고, 공적인 영역에서 유혹적일 정도로 설득력 있게 작용해 왔다. 그것들은 점차 수많은 사람에게 영향을 미치는 문화적인 상징으로 자리 잡았던 것이다. 이런 흐름을 잘 보여 주는 사례가 1999년의 영화 파이트 클럽(Fight Club)에 등장하는 타일러 더든의 상징적인 대사다. 그는 이렇게 말한다. "내 말을 들어봐! 하나님이 너를 좋아하지 않을 수도 있다는 걸 생각해야 해. 그는 처음부터 너의 존재를 '원하지' 않았어. 아마 너를 미워할 거야."

이런 사고방식이 매력적으로 느껴지는 이유는 충분히 이해할 수 있다. 한편으로, 그것은 하나님이 우리를 이 고통이 가득한 세상 속에 두고자 하셨다고 여기는 일의 실존적인 난점을 완화시켜 준다. 그러나 그보다 더 큰 이유는, 인간의 존재를 원하시는 창조주를 우리의 세계관에서 배제할 때 그 바깥에 계신 이에 대한 책임과 의무로부터 우리가 해방된다는 데 있다. 만약 더 높은 권세가 존재하지 않는다면, 우리는 원하는 대로 할 '자유'를 얻는 셈이다. 그렇게 인간은 스스로 자신의 최고 권위가 된다. 차갑고 자유롭고 무의미한 우주 속의 고아가 된 인간에게, 이 세상은 그저 우리 안의 피노키오가 하찮은 집착의

---

3 Richard Dawkins, *The God Delusion* (London: Bantam, 2006), 403-4.

대상들을 찾아 떠나는 '쾌락의 섬' 같은 곳이 된다. 결국 남는 것은 각자의 마음속에 있는 욕망뿐이다. '하나님은 잊어버리고, 자신의 욕망을 좇아 무엇이든 원하는 대로 하라'는 구호가 삶의 규범이 된다.[4]

오늘날 서구 사회는 하나님을 향한 갈망을 점점 잃어 가는 듯하다. 그리고 이것은 단지 문화 전반의 현상에만 그치지 않는다. 우리 각자의 삶에서도 개인적인 후유증들이 드러나고 있다. 실제로 많은 이가 하나님에 대한 갈망을 상실했으며, 이 장에서는 바로 그 현실을 다루어 볼 것이다. 그리고 하나님이 우리를 다시 욕망의 자리로 초대하시어 그분을 새롭게 경험하도록 이끄시는 방식 역시 살펴보려 한다.

사실 하나님이 우리를 원하신다는 것이 불편하게 느껴지는 이유는 어느 정도 이해할 만하다. 누군가가 우리를 원하지 않을 때, 우리는 그에 대한 책임에서 자유로워지기 때문이다. 그러나 한 존재의 욕망은 다른 존재의 응답을 요청한다. 예를 들어 부모의 삶이 그러하다. 열한 살 된 아들이 불쑥 사무실로 들어와서 앞마당에서 농구를 하자고 할 때, 나는 두 가지 선택 앞에 서게 된다. 함께 놀든가 계속 일하든가 하는 것이다. 그러나 아이가 그렇게 부탁할 기회조차 없게끔 내 생활 환경을 바꾸어 버리면, 이 선택의 위기를 피할 수 있다. 욕망이 없으면 결정할 필요도 없고, 상처받을 일도 없어진다.

이 때문에 부모들은 종종 '잘못하느니 차라리 아무것도 하지 않

---

4 그의 도발적인 사유에서, 찰스 테일러는 후기 근대의 세속적 양심이 오래된 종교적 억압을 벗어 던지고 다시금 제약 없는 쾌락주의로 향하게 되었다고 주장한다. 그는 이렇게 쓴다. "최근 수 세기 동안, 특히 지난 세기에 많은 이는 종교가 요구하는 규범들을 떨쳐 버리고, 자신들이 그런 요구들로 인해 금지되어 왔던 인간적인 욕구 충족의 가치를 재발견했다고 여겼다. 이들은 마치 자신들이 오랫동안 잊혀 왔던 선(善), 곧 일상의 삶 속에 감추인 보물을 되찾은 듯한 느낌을 품었다." Charles Taylor, *A Secular Age* (Cambridge, MA: Harvard University Press, 2007), 627.

는' 편을 택한다.[5] 자신이 그 자리에 없으면 상처 주는 일도 피할 수 있기 때문이다. 나는 지독히 내향적인 사람으로, 오랫동안 누군가가 호의적인 관심을 표현할 때 불편함을 느껴 왔다(다만 조금씩 바뀌고는 있다). 교제를 나누려는 그들의 욕망이 내 본래적인 내향성을 위협했던 것이다. 과연 옛 신학자들의 글을 읽으면서 고요한 침묵과 혼자만의 시간을 누리고자 하는 나 자신의 욕망을 내려놓아야 할까? 아니면 시간과 노력, 자신의 약점을 드러내고 상처받을 가능성이 따라오는 관계의 위험 앞에 나를 내어놓아야 하는가? 사람들이 나를 원하지도 않고, 내가 그들의 눈에 보이지도, 그들이 나를 필요로 하지도 않을 때 느끼는 자유와 홀가분함이 있다. 사람들이 나를 원하지 않을 때, 나의 내향적인 자아는 마음껏 활동할 수 있는 영역을 얻게 된다. 이런 점에서 욕망은 언제나 위험과 응답을 동시에 요구한다.[6]

이처럼 하나님의 갈망 역시 우리의 개인주의를 위협한다. 우리는 그 욕망에 응답하든지, 아니면 응답하지 않든지 해야 할 것이다. 어쩌면 신적인 갈망이 없는 세상은 더 안전하고 예측 가능하며 즐거운 곳으로 보일 수도 있다. 그러나 동시에 그것은 더 거짓되고 비인간적이며, 모든 진정한 사랑에 수반되는 위험성이 제거된 세계이기도 하다. 프랑스의 인류학자이자 민족지학자였던 클로드 레비-스트로스(Claude Levi-Strauss)에 따르면, 이 신적인 욕망이 없는 세상은 곧 '떠다니는 상징들'(floating symbols)의 세계다.[7] 이곳에서 사물과 사람들은

---

5 자녀 양육에 관한 대화에서 종종 이 표현을 쓰는 필자의 친구 미셸 왓슨에게 감사한다. 그녀의 허락을 받고 사용했다.

6 사바티안 무어는 이 점을 이렇게 표현한다. "위험은 욕망을 잊어버리기를 거부하는 데서 온다." Moore, "The Crisis of an Ethic Without Desire", in *Theology and Sexuality: Classic and Contemporary Readings*, ed. Eugene F. Rogers (Oxford: Blackwell, 2002), 159.

7 Claude Lévi-Strauss, *Introduction to the Work of Marcel Mauss* (New York:

더 이상 본래의 의미나 목적을 지니지 않으며, 모든 것은 우리가 원하는 대로 정의된다. 텍스트도 의미를 잃고, 오직 우리가 부여하는 의미만을 지닌다. 그리고 성경 역시 어떤 이가 투사하는 해석 외에는 고유의 의미를 갖지 않게 된다. 우리 자신의 경험 역시 외부의 무언가를 가리키지 않고, 그저 우리가 만들어 내는 방식대로만 해석된다. 이곳에서는 인간의 성과 성별, 사회 정의나 우리의 신체와 사상, 언어까지 모든 것이 유동적이 된다. 초월적인 갈망이 사라진 세계에서는 어떤 것도 그 자체로 고정된 의미를 지니지 않는다. 그 결과, 이 세계에서 인간은 스스로를 만들어 간다.

더욱이 하나님의 갈망이 사라지면, 우리 자신의 욕망이 곧 우리의 신이 된다. 이는 지극히 위험한 상태다. 그 세계에서는 내가 사랑하고 싶지 않은 사람을 사랑하지 않아도 된다. 나는 원하지 않는 이들을 차단하고 친구 목록에서 지우며, 심지어 아예 그들이 존재하지 않는 듯이 여길 수도 있다. 이런 표현들은 "바람직하지 못하다"[8]는 이유로 나치의 대학살에서 멸절된 그 유대인들을 떠올리게 만든다. 이 논리 안에서는, 내가 욕망하는 대상만이 인간으로 인정되기 때문이다.

지금 많은 이의 삶에서는 하나님을 향한 갈망이 거의 소멸해 버린 상태다. 우리는 마치 시스티나 성당 천장에 그려진 미켈란젤로의 「아담의 창조」 속 아담과 닮아 있다. 하나님은 피조물을 향한 그분의 간절한 열망을 담아 팔을 내미신다. 그러나 아담의 반응은 다르다. 손목은 힘없이 구부러지고, 팔은 게으르게 뻗어 있을 뿐이다. 마지못해 응답하는 듯한 그 자세는, 마치 속으로 이렇게 중얼거리는 것처럼

Routledge, 2013).

8　Stanley Hauerwas는 그의 *Unleashing the Scripture: Freeing the Bible from Captivity to America* (Nashville: Abingdon, 1993), chap. 16에서, 우리가 하나님을 무효로 만들었기에 유대인 대학살이 벌어질 수 있었다고 주장한다.

보인다. "별로다."

◇◇◇◇◇◇◇◇◇◇

회심은 곧 하나님을 향한 우리의 갈망으로 돌아가는 일이다. 이에 관해, 아우구스티누스는 이렇게 언급한다. "하나님은 우리의 허락 없이 우리를 만드셨다. 하지만 우리의 동의 없이는 우리를 구원하지 않으실 것이다."[9] 하나님은 그분의 갈망을 통해 우리를 지으셨다. 그러나 우리 삶의 변화는 그분의 은혜에 대한 우리 자신의 욕망에서 시작된다. 예수님은 우리를 간절히 찾고 부르시지만, 그 응답을 강요하시지는 않는다. 오히려 우리는 자신의 욕망에 근거해서 그분을 자발적으로 따르게 된다. 영국 성공회의 신학자이자 시인인 토머스 트라헌(Thomas Traherne)은 우리의 창조와 구원에서 욕망의 역할을 이렇게 표현한 바 있다. "원함은 우리와 하나님 사이를 묶는 끈이자 연결 고리다. 우리가 원하지 않았다면 굳이 그분과 결속되지도 않았을 것이다. … 영원 전부터, 우리가 그 일을 원해야 한다는 것은 필수적인 일이었다."[10]

분명히 하나님을 향한 우리의 갈망은 삶의 여러 시기마다 서로 다른 모습으로 나타날 수 있다. 신앙의 초기는 하나님을 사랑하려는 새롭고 전면적인 욕망이 밀려오는 시기로 특징지어질 수 있으며, J. I. 패커는 이 일을 곧 "하나님을 향한 애정의 각성"(arousal of affections God-

---

9　John Amsberry, *More of You Through Prayer* (Bloomington, IN: AuthorHouse, 2009), 5.

10　Thomas Traherne, *Centuries of Meditations*, Cosimo Classics (New York: Cosimo, 2009), 33. 이 인용문은 Jessica Martin, *Holiness and Desire* (Norwich, UK: Canterbury Press, 2020)의 서론에서 가져왔다.

ward)으로 지칭했다.[11] 나 역시 이를 경험한 바 있다. 신앙생활 초기에 나는 매일 새벽 다섯 시에 일어나 시편을 읽었으며, 담대한 믿음과 열심을 품고 간절히 기도했다. 또 성경 여러 권을 암송했고, 내 믿음을 다른 이들과 나누었다. 그리고 당시 내 존재의 모든 영역에서 하나님을 갈망했던 것이다.

그러나 어느 순간부터 내 마음이 달라졌다. 여전히 그분을 향한 갈망은 남아 있었지만, 그 설렘은 점차 약해졌다. 나는 좀 더 늦게 일어나기 시작했다.

이것이 내 갈망이 죽어 가고 있다는 뜻은 아니었다. 앞 장에서 살폈듯이, 우리의 갈망이 달라진다고 해서 곧 사라지는 것은 아니다. 오히려 내 갈망은 성숙하고 있었다. 이는 신혼부부의 사랑이 오십 년의 결혼 생활을 겪은 뒤에는 조금 다른 모습이 되는 것과 같다. 그리고 순전한 은혜로, 그 약해졌던 열망이 때로 우리 마음속에 되살아나기도 한다. 그럴 때는 그 순간에 머물면서 그것을 마음껏 누려야 한다. 이 간절한 욕망이라는 수줍은 선물이 우리 앞에 늘 모습을 드러내는 것은 아니지만, 그것은 실로 아름답고 생동감이 넘치며 지극히 경이롭다. 그러나 우리 대부분은 하나님을 향해 이전과 같이 깊은 갈망을 느끼지 못하는 시기를 겪게 된다. 이때에도 깨어서 주의를 기울이는 태도가 필요하다. 욕망의 그늘을 지나갈 때, 우리는 회복력 있는 자세와 기도하는 마음을 간직해야 한다. 그분을 향한 갈망이 희미해질 때에도 하나님이 여전히 우리를 원하신다는 사실을 기억하며, 그분을 바라보게끔 우리를 인도하고 사랑하며 지지해 줄 사람들과 함께해야 한다.

---

11 J. I. Packer, *A Quest for Godliness: The Puritan Vision of the Christian Life* (Wheaton, IL: Crossway, 1990), 27.

욕망은 변한다. 그러나 바울의 말처럼 사랑은 남아 있다(고전 13:8). 기독교적인 성숙의 두드러진 표지는 우리의 열망이 사라진 듯할 때에도 예수님을 계속 따라가는 능력에 있다. 하나님을 향한 열정적인 갈망을 경험하는 것이 그분의 사랑 안에 계속 거하기 위한 일종의 암묵적인 전제 조건은 아니다. 다시 말해, 예수님께 대한 우리의 헌신은 오늘 우리가 느끼는 욕망과 감정들을 넘어선다. 옛 성도들의 삶은 이 역설을 증언해 준다. 한 예로, 빌립보서 1장에서 바울은 감옥에서 교회에 편지를 쓰면서 하루라도 더 살기보다는 세상을 떠나서 예수님과 함께 있기를 원한다고 솔직히 말한다.

> 내 삶의 목적이 그리스도께 있으니 죽는 일도 유익합니다. 그러나 이 땅에서 계속 살아간다면, 유익한 수고를 감당하게 될 것입니다. 과연 어느 쪽을 선택해야 할까요? … 지금 이 둘 사이에서 씨름하고 있습니다. 나 자신은 세상을 떠나서 그분과 함께 있기를 갈망하며, 이는 내게 훨씬 더 좋은 일입니다. 하지만 여러분을 위해서는 내가 이 육신 안에 머무는 일이 더욱 필요할 것입니다. 이 점을 알기에, 나는 이 땅에 계속 머무르려 합니다.(빌 1:21-25 NIV)

여기서 바울은 세상을 떠나 그리스도와 함께 있으려는 갈망과, 자신의 지상 사역을 이어 갈 '필요' 사이에서 갈등하고 있다. 바울이 말하는 이 '갈망'(자신이 원하는 것)과 '필요'(옳은 것)를 구분해 내기 위해서는 상당히 성숙한 분별력이 요구된다. 그의 이 편지는 때때로 우리의 욕망이 선하다고 해서 그 실행이 정당화되지는 않는다는 점을 증언해 준다. 어떤 경우에는 우리가 원하는 일과 실제로 필요한 일이 크게 다를 수 있다.

우리는 이 '필요한 일'을 하나의 '의무'(duty)로 지칭할 수 있다. 이것은 상당히 강력한 개념으로, 사람들에게 종종 오해되곤 한다. 간단히 요약하자면, 의무는 곧 자신의 욕망과 상관없이 원칙에 입각해서 행하는 일을 의미한다. 한 가지 예를 들어 보자. 몇 해 전, 나는 큰 학회에서 저명한 성서학자인 N. T. 라이트를 소개해 달라는 요청을 받았다. 수천 명의 청중 앞에서, 나는 대학 시절에 그의 어떤 책을 읽고 흔들리던 믿음을 되찾게 된 일에 대해 깊은 감사의 말을 전했다. 이어 그를 소개하자 청중은 일어나서 박수를 보냈고, 나는 맨 앞줄에 앉았다. 그의 강연은 실로 압도적이었다. 그러나 한 가지 문제가 남아 있었다. 강연이 지나치게 길어졌던 것이다. 무려 '한 시간'이 초과되었다. 나는 곤경에 처했다. 조금 전에 내 영웅인 그를 사람들 앞에 소개했는데, 이제는 그에게 "마무리해 달라"고 큰 소리로 말을 건네야 하는 역할을 맡게 된 것이다. 하지만 예상대로 그는 관대하게 반응했고, 곧 강연을 마쳤다. 그럼에도 나는 당시에 이처럼 상반되는 메시지를 전해야 했던 것에 대해 여전히 아쉬운 마음을 품고 있다.

이것이 곧 내 의무였다. 나는 라이트의 강연을 끝까지 듣기를 '원했다.' 하지만 내게 주어진 의무로 인해, 그다음 순서를 계속 이어 가야만 했다.

실제로 우리의 삶에는 생생한 갈망을 품고 예수님을 따르는 순간들이 여전히 남아 있다. 그러나 끈기와 회복력을 지닌 그리스도인들의 경우, 바울이 '필요한 일'로 불렀던 의무를 이행하려는 마음으로 그분을 따르는 순간들 역시 있게 될 것이다. 때로는 우리의 갈망 때문에, 때로는 우리의 의무를 다하기 위해 그리하는 것이다.

이 욕망과 의무의 관점들은 인간의 문화를 바라보는 흥미로운 방식이 된다.[12] 어떤 문화는 욕망의 논리로, 또 다른 문화는 의무의 논리

---

12 실제로 달라스 윌라드는 의무(그는 이것을 "법"으로 지칭한다)와 욕망 간에 본질적인

 ——— 하나님이 내게 주신 욕망이라는 선물

로 움직이기 때문이다. 정치를 예로 들어 보자. 흔히 진보주의자들은 '자신들의 후보와 사랑에 빠지는' 한편, 보수주의자들은 '소속 정당의 노선을 따른다'고 표현하곤 한다. 우리는 세대 차이에서도 이러한 구분을 볼 수 있다. 2차 대전 당시에 독일과 맞서 싸운 내 조부모 세대는 그 거대한 전쟁에 참여하기 위해 자신들의 삶을 송두리째 내려놓았다. 내 할아버지인 텍스 역시 그 시대에 속한 사람이었다. 할아버지는 시카고 불스에 입단할 기회를 얻었지만, 진주만 폭격 이후 그 전쟁에 참전하기 위해 자신의 꿈을 포기해야 했다. 이는 오직 조국에 대한 책임을 다하기 위해서였던 것이다. 곧 그 일을 원해서가 아니라, 다만 그것이 자신의 '의무'였기 때문이다.

할아버지가 아직 살아계실 때는 그분의 전쟁 이야기를 듣는 것이 사실상 불가능했다. 그분은 자신이 수행한 의무나 그에 대한 경험들을 결코 자랑하지 않으셨다. 이런 점에서 나는 그분이 속한 세대가 지금 우리 세대와 얼마나 다른지를 뚜렷이 보게 된다. 지금 사람들은 멋진 식사를 할 때면 사진을 찍어 소셜 미디어에서 자랑하지 않고는 못 배기기 때문이다. 분명 두 세대는 매우 다르다.

2차 대전 이후 우리 사회는 의무 대신에 욕망을 따르는 쪽으로 조금씩 이동해 왔다. 하지만 어떤 의미에서, 지금 우리는 의무 문화와 욕망 문화 사이의 어정쩡한 지점에 서 있다. 사회 정의와 포용, 환경 보호 같은 문제들에서는 절대적인 의무에 기초한 윤리가 점점 더 드러나며, 그 안에서 옳고 그름은 많은 사람에게 더 이상 의문의 여지가 없는 확고한 원리로 여겨진다. 이에 반해, 성과 소비, 개인적인 정체성 등의 영역에서는 다른 이들에게 해를 끼치지 않는 한 우리 마음

충돌이 있다고 주장한다. Willard, "Spiritual Formation and the Warfare Between the Flesh and Human Spirit", *Journal of Spiritual Formation and Soul Care* 6, no. 2 (2013): 155.

대로 행할 자유가 있다는 것이다. 그 결과로 어떤 영역들에는 의무가, 다른 영역들에는 욕망이 적용되는 혼란스러운 상황이 생겨난다. 거리에서는 의무가, 침실에서는 욕망이 우리의 삶을 지배하는 것이다.

그런데 여기서도 일종의 변화가 생겨나는 듯하다. 문화적인 차원에서, 일부 사람들은 서구 세계가 받들어 온 '절대' 기준들에 이의를 제기하고 있다. 예를 들어, 크리스틴 엠바는 널리 읽힌 「워싱턴 타임즈」지의 기사 "동의로는 충분하지 않다"(Consent is not Enough)에서 상당히 사려 깊은 주장을 펼쳤다. 이는 곧 서구 사회가 성관계에서 '동의'를 궁극적인 의무로 여겨 온 결과, 성의 의미가 거의 상실되었다는 것이다. 엠바에 따르면, 지금 많은 서구인이 중요시하는 것은 그저 어떤 이들의 성 행위가 동의하에 이루어졌는지 여부뿐이다. 물론 엠바는 그 일의 중요성을 폄하하려는 것이 아니며, 이는 나 역시 마찬가지다. 그러나 우리의 성관계에서 동의를 유일한 의무로 여길 때, 성은 더 크고 영광스러운 본래의 목적을 잃고 만다. 엠바에 따르면, 그 동의의 의무는 성 윤리의 '출발점'이 되어야 한다. 하지만 우리는 그것을 '최종적인 목표 지점'으로 만들어 버린 것이다.[13]

그러면 의무는 어떻게 우리에게 도움을 줄까? 그것 자체는 우리의 목적이 될 수 없다. 의무는 그저 우리를 어떤 지점으로 인도해 주는 하나의 방편일 뿐이다. 지나치게 엄격한 의무는 오히려 파괴적인 것이 될 수 있다. '신실한 배우자로 남아야 한다'는 이유로 이를 악물고 남편의 학대를 견디는 아내를 떠올려 보라. 목표가 그릇될 때, 의무는 토머스 머턴(Thomas Merton)이 말한 '나쁜 금욕주의'가 되고 만

---

13 Christine Emba, "Consent Is Not Enough: We Need a New Sexual Ethic", *Washington Post* (blog), March 17, 2022, https://www.washingtonpost.com/opinions/2022/03/17/sex-ethics-rethinking-consent-culture/.

다.[14] 그렇기에 의무의 목표를 분별하는 일은 매우 중요하다. 이에 관해, 머턴은 이렇게 언급한다. "삶은 당신의 목표에 의해 형성된다. … 우리는 곧 우리가 바라는 것의 형상대로 빚어져 가는 것이다."[15] 우리는 어떤 의무의 좋고 나쁨을 그 종착지가 되는 목표에 근거해서 분별한다. 그리고 의무 자체가 목표가 될 때, 그것은 우리를 생명력이 없는 경직된 종교성으로 이끌어 갈 수 있다. 데이비드 베너(David Benner)는 이 점을 다음과 같이 표현한다.

> 때로는 다르게 표현되기도 하지만, 욕망은 영적인 삶의 중심에 놓여 있다. 때로 여러분은 일종의 의무감에서 계속 교회에 나올 수도 있다. 하지만 교회 생활이 지극히 실망스럽고 자신의 영적 갈망을 채움받지 못할 때도 여전히 하나님께 마음을 열고 그분을 찾게 하는 힘은 오직 여러분의 욕망에 있다.[16]

베너는 의무의 목표가 늘 우리의 욕망을 일깨우는 데 있음을 시사한다. 물론 그 의무가 욕망을 대신할 수는 없다. 하지만 우리의 의무를 잘 수행할 때, 그것은 유익한 욕망을 일으킬 수 있다. 의무를 이해하는 한 가지 방법은 피아노를 능숙하게 연주하는 사람을 떠올려 보는 것이다. 내 경험에 따르면, 이런 사람들에게는 대개 어린 시절에 피아노를 연습하도록 강요했던 양육자가 있었다. 이들은 피아노 치는 일을 싫어하는 경우가 많았지만, 성인이 되면서 그것을 사랑하게 되었다. 이것이 곧 의무의 힘이다. 우리가 의무를 잘 감당할지라도 처

---

14 Thomas Merton, *Contemplative Prayer* (New York: Image, 1971), 15.

15 Thomas Merton, *Thoughts in Solitude* (New York: Shambhala, 1993), 55.

16 David Benner, *Soulful Spirituality: Becoming Fully Alive and Deeply Human* (Grand Rapids: Brazos, 2011), 15.

음부터 욕망이 생겨나는 것은 아니다. 그러나 의무는 욕망을 길러 내는 데 도움을 줄 수 있다. 이처럼 우리가 예수님의 길을 따르려는 욕망을 느끼지 못할 때도, 그 일을 우리의 의무로 삼고 성실히 감당하면 동일한 결과를 얻게 된다.

이것은 C. S. 루이스가 기도를 다룬 자신의 마지막 책 *Letters to Malcolm*(말콤에게 보낸 편지)에서 언급한 주된 요점 중 하나다.[17] 그 책에서, 루이스는 의무의 실천은 어떤 것이든 그 자체로는 불완전함의 결과라고 주장한다. 만약 이미 온전히 의롭고 성화된 상태였다면, 우리에게는 의무가 필요치 않았을 것이다. 이에 관해, 루이스의 사상을 살핀 어느 학자는 이렇게 언급한다. "우리가 완전한 존재라면(장차 하늘나라에서 그렇게 되겠지만), 마치 꽃에서 향기가 나듯 우리 삶에서도 옳고 선한 일들이 자연히 흘러나오게 될 것이다. 이때 우리는 온전하고 의로운 마음으로 기꺼이 하나님께 기도하게 될 것이다."[18]

루이스의 관점에서, 의무는 우리의 삶이 아직 온전하지 않을 때 중재자의 역할을 한다. 우리 안에 참된 갈망이 없을 때, 의무는 그 갈망이 회복될 수 있게 우리 삶 전체를 가다듬도록 돕는 것이다. 이때 그 갈망은 의무의 열매로서 '생겨날 수 있다.' 나아가 우리가 그 의무들에 관해 감사하는 이유는 인류가 바로 그 의무를 통해 죄에서 구원을 받았기 때문이다. 예수님은 자신의 죽음을 원하셨던 것이 아니다. 다만 그 죽음이 필요했을 뿐이다. 십자가는 그분 앞에 놓인 의무였으며, 부활은 그분이 갈망하신 바였다. 이런 의무들은 곧 우리가 더 큰 갈망을 이루기 위해 더 작은 갈망들을 내려놓는 순간에 드러난다. 이

---

17 C. S. Lewis, *Letters to Malcolm: Chiefly on Prayer* (New York: HarperCollins, 2017). 『개인 기도』(홍성사).

18 Tony Payne, "Fire Extinguishers", *The Briefing* (blog), August 6, 1991, http://thebriefing.com.au/1991/08/fire-extinguishers/.

는 곧 '필요한 일'을 위해 자신이 바라던 일을 포기하는 순간이다. 이처럼 욕망과 의무는 제자도의 두 축이 된다.[19]

◇◇◇◇◇◇◇◇◇

다시 말하지만, 우리의 진정한 정체성은 우리 자신의 갈망이 아니라 하나님의 갈망에 그 근거를 두고 있다. 우리가 하나님과 교제할 수 있는 것은 (어떤 이들이 생각하듯) 우리가 그분을 온전히 사랑하기 때문이 아니다. 오히려 그분이 우리를 한결같이 사랑하시기 때문이다. 나아가 우리를 향한 하나님의 갈망 역시 그분을 향한 우리의 갈망에 달려 있지 않다. 우리의 갈망은 그저 변덕스럽고 신뢰할 수 없는 것에 불과하기 때문이다. 물론 그렇다고 해서 하나님을 향한 갈망이 우리의 성품 형성에서 갖는 중대한 역할이 훼손되는 것은 아니다. 하지만 우리의 모든 정체성을 그저 우리가 하나님을 향한 갈망을 충분히 품고 있는지에 근거해서 살핀다면, 자신의 영적인 삶에 대해 잘못된 인식을 갖게 된다. 그리고 그것은 하나님의 은혜가 아니라 자신에게 입각한 정체성을 영속화시킨다.

이런 문제들은 하나님을 향한 우리 자신의 갈망을 다른 이들의 것과 비교하는 경우에 흔히 생겨난다. 나는 기독교 역사를 즐겨 읽는 편인데, 종종 종교개혁자들이나 부흥운동가들의 글을 읽으면서 "그들의 믿음에 대한 부러움"에 사로잡히곤 한다.[20] 특히 존 웨슬리(John

---

19 대개 청교도들은 '의무의 영성'을, 경건주의자들은 '욕망의 영성'을 지향했던 것으로 간주된다. 그러나 우리에게는 둘 다 필요하다. 욕망과 의무를 결합시키는 방식으로 사역했던 윌리엄 퍼킨스의 삶에 대한 흥미로운 연구로는 Christopher Henderson, "Desire and Duty: The Spirituality of William Perkins", *Churchman* 131, no. 4 (2017): 307-23을 보라.

20 Barbara Brown Taylor, *Holy Envy: Finding God in the Faith of Others* (Norwich: Canterbury Press, 2019).

Wesley)의 말을 읽고 나면 늘 질투심이 든다. "내게 오직 죄만을 두려워하고 하나님만을 갈망하는 백 명의 설교자를 달라. 그들이 목회자건 평신도건 조금도 개의치 않겠다. 그런 이들만으로도 지옥의 문이 흔들리고 하늘나라가 이 땅에 임하게 될 것이다."[21]

나 역시 그런 열정을 원하지만 늘 그렇게 살지는 못한다. 웨슬리 같은 이들의 고동치는 열망을 접하면 그들에 대한 경외심이 새롭게 일어나지만, 동시에 내가 실패하고 있는 것은 아닐까 하는 두려움도 더 커진다. 이런 경험은 드문 일이 아니다. 영웅들의 그늘 아래서, 우리는 미약하게 깜빡이는 듯한 우리 자신의 갈망보다 거세게 타오르는 듯한 그들의 하나님을 향한 열망을 품게 되기를 바란다. 비록 겉으로 드러나지는 않을지라도, 이런 열망에 대한 부러움은 평생 우리 마음속에 머무를 수 있다.

내가 가르치는 학생 중 한 명은 목회자의 아들이다. 그 학생은 자기 집에서의 아침 풍경을 생생히 들려주었다. 눈을 뜨면 어두운 새벽 시간에 아버지가 열렬히 기도하고 있는 모습을 보곤 했다는 것이다. 그의 아버지는 그에게 영웅과도 같은 존재였다. 그러나 그는 이 기억이 오랫동안 자기 자신을 책망하게 만드는 원인이 되었다는 사실도 털어놓았다. 자신의 열정은 아버지의 열정에 비해 너무도 미미하게 느껴졌기 때문이다. 늦잠을 잔 날이면, 그는 자신은 아버지처럼 하나님을 갈망하지 않는다는 속삭임에 이끌려 부끄러움의 악순환 속으로 빠져들곤 한다. 그는 하나님을 향한 아버지의 깊은 갈망을 질투하고 있었다.

모든 부러움은 (정도의 차이는 있어도) 결국 '안쪽에 속하고 싶다'는 욕망에서 나온다. C. S. 루이스는 "안쪽 고리"(The Inner Ring)라는 다소

---

21 Wesley Duewel, *Ablaze for God* (Grand Rapids: Zondervan, 2018), 107에 인용됨.

잘 알려지지 않은 글에서, 우리가 내부자들의 어떤 은밀한 "안쪽 고리"에 들어가기를 필사적으로 추구하면서 삶을 보낸다고 말한다. 이런 부러움에 굴복할 때, 우리의 삶은 늘 밖에서 안을 들여다보고 있다는 고통스러운 감각을 맛보는 순간들의 연속이 되고 만다. 루이스는 이렇게 쓴다. "나는 모든 사람이 일정한 삶의 시기에 겪게 되며, 그리고 많은 이의 삶에서는 유년기부터 노년에 이르기까지 거의 전 생애에 걸쳐 시달리곤 하는 가장 지배적인 문제 중 하나가 특정한 '고리' 안에 들어가고자 하는 욕망과 그 밖에 남겨질지도 모른다는 두려움이라고 믿는다."[22]

이 '안쪽에 속하고 싶다'는 욕망이 우리의 많은 시기심을 부추긴다. 그러나 기독교 신앙에서는 사실상 '안쪽 집단'이라는 것이 없다. "모든 사람이 죄를 범하였으매 하나님의 영광에 이르지 못하더니"(롬 3:23). 하나님과의 교제는 오직 믿음을 통해서만 들어갈 수 있다. 우리가 가장 존경하는 영웅들조차도, 아마 자신의 일기에는 차마 적지 못했을 영적 침체의 시기를 겪었을 것이다. 우리는 살아가는 동안에 늘 자기 마음속의 욕망을 주변 사람들의 것과 견주어 보면서 은밀히 평가하곤 한다. 그러니 스스로를 실패자처럼 느끼는 것도 무리는 아니다. 하지만 우리는 자신이 하나님의 자녀로 입양된 근거가 스스로 충분한 욕망을 만들어 냈다는 데 있지 않음을 기억해야 한다. 그 근거는 오직 우리의 믿음이다. 우리 욕망의 빈곤은 깊은 당혹감과 부정적인 자기 인식, 그리고 좌절을 동반할 수 있다. 하지만 우리가 하나님의 아들딸로 받아들여진 일은 변덕이 심한 우리 자신의 욕망에 기반을 두고 있지 않다.

---

22 C. S. Lewis, "The Inner Ring", memorial lecture, King's College, University of London, 1944, https://www.lewissociety.org/innerring/.

나는 하나님을 향한 나의 욕망이 생겼다가 사라지기를 반복한다는 사실을 조금씩 받아들이게 되었다. 이는 어린 시절에 가족 중 한 명에게서 겪은 두 가지 경험과 맞닿아 있다. 한번은 그에게 특정한 책을 읽어 달라고 부탁했다. 그는 다른 책을 읽어 주고 싶어 했지만, 결국 내가 설득해서 내 뜻대로 되었다. 그는 잠시 멈춰 서서 나를 빤히 바라보며 말했다. "A. J., 너는 늘 네가 원하는 걸 얻어 내는구나, 그렇지 않니?" 그때 나는 일곱 살이나 여덟 살이었다. 그 사람은 이후에도 내가 무언가를 원한다고 말할 때마다 이렇게 대꾸하곤 했다. "그래, A. J.야, 너도 이제는 '원한다'는 게 어떤 건지 알겠구나." 두 말 모두 가볍게 던진 농담이었지만, 내 마음속에 깊이 남았다. 이 말을 삼십 년 간 머릿속에서 되풀이하며 살아오는 동안에 내 욕망은 상처를 입었고, '욕망은 대체로 나쁘고 믿을 수 없는 것'이라는 생각이 내 안에 자리 잡게 되었다. "너는 늘 네가 원하는 걸 얻는구나." 'A. J., 너는 원하는 것은 무엇이든 얻어 내는 이기적인 아이다.' "이제는 '원한다'는 게 뭔지 알겠구나." 'A. J., 네 욕망은 나쁘고, 잘못된 것이며, 애초에 실수다.'

그가 무심코 던진 이 말들은 나를 깊은 수치심과 당혹감이 뒤섞인 상태에 빠뜨렸고, 그런 욕망들을 품은 나 자신이 나쁜 사람이라는 인식을 갖게 했다. 그 결과 나는 욕망을 숨기고, 주변 사람들의 기대에 맞게 그것을 조율하는 법을 배우게 되었다. 나는 내 욕망의 소리에 거의 귀 기울이지 않았고, 어쩌다 그리할 때면 그것이 지나치게 격렬하게 터져 나와 파괴적이고 해로운 모습으로 나타났다. 이런 패턴은 성인이 되어서도 계속되었다. 지금도 나는 생일이나 크리스마스에 무엇을 갖고 싶은지 묻는 질문을 싫어한다. 정작 내가 무엇을 원하는지 모르기 때문이다. 그래서 늘 대답을 하지 못한다. 이렇게 뒤틀린 욕망 가운데서, 나는 가장 가까운 이들에게조차 자신의 욕망을 드러내지 않고 숨기는 것이 통제력과 힘을 얻는 가장 강력한 수단 중 하나임을 터득했다.

나는 내 욕망에 어떤 장애가 있는 것처럼 느낀다. 어린 시절에는 내 욕망이 숨겨져 있었다. 이후 어른이 된 뒤로는, 욕망을 감추는 것과 그것을 권력의 수단으로 움켜쥐는 것 사이를 오가며 살아왔다. 그리고 그 대가는 가장 가까운 사람들에게 고스란히 돌아갔다. 그러나 예수님은 우리의 욕망 한가운데서 우리를 만나 주신다. 그분이 우리의 몸을 고치실 수 있다면, 왜 우리의 욕망은 고치실 수 없겠는가? 실제로 내 욕망의 치유는 다음과 같은 그분의 말씀을 듣는 데서 시작되었다. "그 때에 사람들이 예수께서 안수하고 기도해주심을 바라고 어린 아이들을 데리고 오매 제자들이 꾸짖거늘 예수께서 이르시되 어린 아이들을 용납하고 내게 오는 것을 금하지 말라 천국이 이런 사람의 것이니라 하시고 그들에게 안수하시고 거기를 떠나시키라"(마 19:13-15). 예수님은 어린 아이들을 환영하시며, 모든 아이들이 그분께 나아오기를 원하신다. 더 나아가, 우리 안에 있는 '내면의 아이'마저도 그분께 오기를 바라신다. 그들을 막으려 드는 쪽은 오히려 어른들이다.

오늘날 나는 어린 시절에는 알지도 못했고 이름 붙이지도 못했던 그 모든 숨겨진 욕망을 예수님께 속삭이면서 치유의 길을 걷고 있다. 저에게는 누군가의 손길이 필요해요. 친구를 원해요. 함께 놀아 줄 아빠를 원해요. 지금 이 순간, 누군가가 저와 함께 있기를 원해 주었으면 좋겠어요. 예수님은 그 속삭임들을 듣고 응답하신다. 그분은 내 '모든' 어린 시절을 당신의 품으로 받아 주신다. 나는 상처 입고 깨어진 모습 그대로인 그 '내면의 아이'를 그분께 데리고 나아갈 때, 비로소 내 욕망이 치유되는 것을 경험해 왔다. 또 나는 이 모든 일을 시간 낭비로 여기고 꾸짖는 내 안의 '어른'을 무시하는 법도 배워야 했다.

우리는 그 아이와 그 욕망에 귀를 기울일 가치가 있다. 비록 그 일이 원래의 시기보다 훨씬 늦게 이루어졌을지라도 말이다.

스탠리 하우어워스는 이렇게 말했다. "우리에게는 참된 변화와 그릇된 욕망으로부터의 해방이 필요하다. 그래야만 그분이 하나님의 아들이심을 알아볼 수 있다."[23] 감사하게도, 예수님은 심지어 과거의 상처도 치유해 주실 수 있다. 무뎌지고 수치심에 눌리고 위축되어 버린 우리 자신의 욕망을 그분 앞에 가져갈 때, 그분은 그것들을 만지셔서 새 생명으로 일으켜 세우신다. 누군가가 하나님을 향한 갈망을 품는 자신의 능력을 너무 중시할 때, 그것을 감지하는 것은 어렵지 않다. 나는 학생들에게 하나님과의 관계에 대해 물을 때 종종 그런 모습을 보게 된다. 그들의 대답은 많은 것을 드러낸다.

요즘 성경을 거의 읽지 않아요.
기도하고 싶지도 않고, 실제로 기도도 안 합니다.
하나님을 그렇게 간절히 원하지도 않아요.

우리의 영적인 정체성이 그저 하나님을 위해 어떤 활동을 하고 싶어 하는지에만 달려 있다면, 이는 처음부터 실패할 수밖에 없는 구조가 된다. 오히려 우리의 정체성은 그 변덕스러운 열정이나 의욕보다 훨씬 더 깊은 곳에 뿌리를 두고 있다. 그러나 하나님을 향한 욕망의 깊이만으로 자기 가치를 판단하기 시작하면, 우리는 결국 그리스도의 십자가 수난(Passion)을 우리 자신의 열정(passions)으로 바꾸어 버리게 된다. 이때 우리의 신앙 훈련은 쉽게 자기만족의 수단으로 변

---

23 Stanley Hauerwas, *A Cross- Shattered Church: Reclaiming the Theological Heart of Preaching* (Grand Rapids: Brazos, 2009), 30.

질되는 것이다. 그리고 매일 성경 읽기에 얼마나 마음이 끌리는지 여부로 우리의 정체성을 가늠하는 일은 지극히 위험하다. 어떤 훈련에 대한 욕망을 잃는 것이 곧 하나님에 대한 욕망을 잃는 것은 아니다. 우리는 모두 욕망의 소멸을 경험한다. 이는 그것이 하나님을 향한 욕망이든, 교회에 대한 욕망이든, 경건 생활이나 기도에 대한 욕망이든 마찬가지다. 어느 날은 원하다가, 다음 날은 원하지 않기도 한다. 그러므로 우리 정체성의 본질이 그저 예측할 수 없이 흔들리는 욕망들의 총합에 놓여 있지 않다는 사실에, 우리는 모두 감사할 수 있다. 하나님은 우리가 그분을 향한 갈망을 잃어버릴 때에도 우리를 붙들어 주실 수 있으며, 실제로 그렇게 행하신다. 이 모든 일은 은혜로 이루어지며, 그 은혜가 없다면 우리는 아무것도 아니다.

◇◇◇◇◇◇◇◇◇◇

어떤 이가 하나님을 향한 절실한 욕망을 잃어버리는 경험은 새로운 일이 아니다. 4세기의 사막 교부 에바그리우스 폰티쿠스는 *On the Eight Thoughts*(여덟 가지 생각에 관하여)에서 그가 '아케디아'(*acedia*)로 부른 상태, 곧 영적인 침체와 무기력을 묘사한 바 있다. 찰스 스펄전 (Charles Spurgeon) 역시 "사역자의 탈진"(The Minister's Fainting Fits)이라는 강연에서 자신의 영적인 우울을 고백했다. 심지어 마더 테레사조차도, 사후에 공개된 일기들에서 하나님을 사랑하려는 열망을 잃었다는 슬픔과 고통을 수없이 적어 놓았음이 드러났다. 이들은 우리의 신앙 선배들이다. 그리고 그들조차도 하나님을 향한 깊은 갈망을 상실하는 경험을 했다. 그것이 '아케디아'이든, 영적인 우울이나 열망의 소멸이든 간에, 우리는 다음의 사실을 반드시 기억해야 한다. '예수님 안에 있는 우리의 정체성은 우리가 무엇을 하는가보다, 우리가 어떤 존재인가에 더 깊이 근거하고 있다.'

나아가 나는 이렇게 언급하고 싶다. '우리가 그리스도를 통해 하나님 안에서 자신의 참된 정체성을 발견할 때, 하나님이 주신 욕망들 가운데서 그분을 바라볼 수 있는 새로운 자유를 얻게 된다.' 누구든지 그분과 동행하는 삶을 진지하게 추구하는 이라면, 언젠가는 이렇게 묻게 될 것이다. "하나님, 제 삶에서 무엇을 하기를 원하시나요?" 이런 질문들은 우리 자신의 욕망이 없이는 나오지 않는다. 물론 우리는 하나님이 원하시는 것을 원해야 한다. 신약에서 "하나님의 뜻"이라고 부르는 바로 그것이다. 제가 결혼을 해야 할까요? 혹은 목회자나 교사가 되어야 할까요? 저 사람을 용서해야 할까요? 또는 저 아이를 입양해야 할까요? 이런 질문들은, 우리 마음속에 하나님이 원하시는 바를 알고 또 행하려는 욕망이 있음을 보여 주는 첫 신호다. 만약 하나님이 우리에게 하실 말씀이 있다고 믿지 않는다면, 우리는 이런 질문을 하지 않을 것이다. 그리고 그분에 대해 무관심할 경우에도 마찬가지다.

하지만 우리가 언제나 제때에 명확한 답을 얻는 것은 아니다. 때로 하나님은 신속히 응답하시지만, 그렇지 않을 때도 많다. 그리고 물론 이런 경험들은 우리를 답답하게 만들 수 있다. 그러나 이전에 뚜렷한 응답을 받지 못했던 시간들 가운데서, 나는 오히려 이런 생각을 품게 되었다. 혹시 내가 하나님의 뜻을 구했다는 그 사실 자체가 이미 그분의 뜻에 속한 일부인 것은 아닐까 하고 말이다. 우리는 하나님의 뜻을 분별해내려 애쓰는 그 순간에 그 뜻에 가장 가까이 다가가 있는 경우가 많다. 실제로 나는 여러 번 하나님께 "무엇을 원하십니까?"라고 물었다가, 조용히 되돌아오는 듯한 다음의 질문을 마음속에서 느낀 적이 있다. "A. J., 너는 무엇을 원하느냐?"

과연 하나님은 때때로 우리 자신의 욕망과 소원대로 행하도록 허락하시는가? 그렇다. 그러나 거기에는 분명한 한계가 있다. 여기서 우리는 시편 기자의 말을 기억해야 한다. "여호와를 기뻐하라. 그가 네 마음의 소원을 네게 이루어 주시리로다"(시 37:4). 이 말씀은 마치 하나님이 우리에게 백지수표를 주신다는 의미로 다가올 수 있다. 그러나 시편 기자의 말뜻은 우리가 원하는 것을 무엇이든 가질 수 있다는 것이 아니다. 그는 먼저 "여호와를 기뻐하라"고 명령한다. 무엇보다 하나님의 마음을 기쁘시게 하라는 것이다. 그리고 그는 우리에게 원하는 대로 다 행하라고 말하지 않는다. 이 점이 왜 중요할까? 이는 그것이 우리의 욕망에 질서를 부여하는 틀을 만들어 주기 때문이다.

부모들은 이 원리를 좇아 살아간다. 아들이 "방에 가서 놀아도 돼요?"라고 물으면, 나는 이렇게 말한다. "그래, 다 놀고 나서 치우기만 해." 물론 기본 규칙은 있다. 불장난이나 다치기 쉬운 놀이는 안 되고, 디지털 기기를 보아서도 안 된다는 것 등이다. 그러면 아이는 가서 레고와 포켓몬 카드의 세계에 푹 빠져든다. 나는 아이에게 무엇을 가지고 놀아야 하는지까지 지시한 적은 없다. "그래, 가도 돼. 하지만 레고랑 포켓몬 카드로만 놀아야 해." 이렇게 답하지는 않는다. 부모는 적절한 경계를 정해 주며, 아이는 그 안에서 놀이의 기쁨에 몰입한다. 솔직히 말해, 부모로서 아이가 자기 욕망이 주는 기쁨을 누리는 모습을 바라보는 것보다 더 즐거운 일은 없다. 그리고 그 모든 일은 우리가 세워 둔 경계 안에서 이루어져야 할 것이다. 이때 규칙의 역할은 욕망을 없애는 데 있지 않다. 그것은 욕망이 집을 망가뜨리지 않게 지켜 주는 역할을 한다.

그리스도 안에 있는 이들에게는 주님을 기뻐하는 일이 마음의 소원보다 앞선다. 그리고 이 시편 말씀의 구조 가운데는 이미 정체성과 욕망의 관계가 반영되어 있다. 곧 하나님의 자녀라는 우리의 정체성이 우리가 무엇을 원하게 될지를 형성하는 것이다.

이 일은 모든 것을 스스로 알아내야 한다는 두려움에서 우리를 자유롭게 한다.[24] 우리는 종종 깊은 두려움에 사로잡혀, 하나님을 끊임없이 "안 된다"고만 말씀하시는 분으로 오해한다. 무언가 잘못할까 봐 겁이 나서, 결국 아무것도 하지 못하게 되는 것이다. 그러나 이것은 우리를 사랑하고 아끼시는 하늘 아버지 안에 뿌리 내린 사람의 태도가 아니다. 좋은 아버지는 자녀가 스스로 선택하고 또 실수하도록 허락하기 때문이다. 하나님은 자녀를 과잉보호하는 '헬리콥터 부모'가 아니시다. 따라서 우리의 잘못된 선택으로 하나님의 주권적인 계획을 망쳐 버릴지 모른다는 두려움은 우리 자신의 능력을 과대평가하는 동시에 하나님의 헤아릴 수 없는 주권을 낮추어 보는 것이 된다. 하나님은 거름더미조차도 기름진 흙으로 바꾸실 줄 아시는 분이다. 이 하늘의 무게는 우리의 어깨 위에 지워져 있지 않다. 그리고 우리는 그분의 뜻을 살아내도록 돕는 일에 하나님이 우리보다 더 깊은 관심을 품고 계신다는 사실을 기억하며 안심할 수 있다.

이 점을 가장 분명히 보여 주는 예가 있다. 신약에서 예수님이 하늘 아버지의 음성을 직접 들으신 장면은 단 두 번만 기록되어 있다. 하나는 세례를 받으셨을 때이고, 다른 하나는 변화산에서 그분의 영광이 드러났을 때다. 이 두 경우 모두에 그 아버지의 말씀은 동일하다. "이는 내 사랑하는 아들이요 내 기뻐하는 자라"(마 3:17; 17:5).

예수님이 하늘 아버지의 음성을 들으셨던 그 두 장면에서, 하나님은 그분에게 무엇을 하라고 말씀하지 않으신다. 오히려 예수님이 '누구인지'를 말씀하신다. 여기서 아버지는 예수님의 참된 정체성을 드

---

24 여기서 웬델 베리의 소설 『제이버 크로우』에 나오는 다음의 겸손한 말이 떠오른다. "나는 종종 이미 그곳에 이르고 나서야 내가 어디로 가고 있었는지를 알게 되었다. 물론 내게도 욕망과 목표는 있었다. 하지만 내 삶은 대개 실수나 뜻밖의 일들을 통해 내게 다가오거나, 혹은 내가 그 삶을 향해 나아가게 되었다." Wendell Berry, *Jayber Crow* (Berkeley: Counterpoint, 2001), 133.

러내신다. 곧 그분은 자신이 사랑하며 기뻐하는 존재라는 것이다.

사람들의 필요를 돌보는 거룩한 일을 하는 상담자라면 누구나, 아버지의 사랑을 확신하지 못할 때 생겨나는 고통을 잘 알고 있다. 그들은 그것을 매일 목격한다. 그러면 그 문제가 우리 마음속에서 해결될 때에는 어떤 일이 생겨날까? 하나님 아버지가 예수님을 향해 품으셨던 그 사랑이, 예수님 안에 있는 우리에게도 동일하게 주어진다는 것을 알게 되면 어떻게 될까? 우리가 바로 그 확신을 품고 매일의 삶을 시작한다면 어떻게 될까? 이때 우리는 자신이 늘 부족하다는 감각과 언제든 하나님을 실망시킬 수 있다는 두려움에 사로잡혀 사는 삶에서 자유케 될 것이다. 그리고 하나님을 사랑하려는 열망을 스스로 애써 만들어 내야 한다는 무거운 부담에서도 벗어나게 될 것이다. 나아가 하나님의 사랑이 아침 묵상을 기꺼이 실천하려는 우리의 태도 여하에 따라 달라진다고 여기는 생각에서도 해방되는 것이다.

아버지는 우리를 기뻐하신다. 이것이 바로 우리가 지닌 참된 정체성의 토대다.

◇◇◇◇◇◇◇◇◇◇

역사 속의 그리스도인들은 뚜렷한 이유 없이 영적인 욕망을 잃어버렸던 경험을 기록해 왔다. 아빌라의 테레사(Teresa of Ávila)의 저술은 그녀가 기도와 고독 속에서 하나님과 누렸던 비할 데 없는 친밀함을 생생히 전해 준다. 신앙의 초기에 그녀가 예수님을 너무도 강렬하게 갈망했기에, 어떤 학자는 그것을 "무모할 정도였다"고 평한 바 있다.[25] 아마 우리의 경험도 이와 비슷했을지 모른다. 하지만 역사 기록

---

25 Constance FitzGerald, OCD, "A Discipleship of Equals: Voices from Tradition—Teresa of Ávila and John of the Cross", in *Desire, Darkness, and Hope: Theology in a Time of Impasse*, ed. Laurie Cassidy and M. Shawn Copeland (Collegeville,

에 따르면, 그녀는 또한 청소년기에 허영심과 타인에 대한 애정, 그리고 세속적 즐거움의 유혹을 겪으면서 하나님을 향한 욕망이 식어 가는 것을 경험하기도 했다. 그럼에도 우리가 여전히 테레사의 글을 읽고 있다는 사실은 한 가지 중요한 현실을 증언한다. 이는 곧 하나님을 향한 그녀의 한결같은 사랑이 점차 약해진 욕망을 넘어섰다는 것이다. 다소 오르내림이 있었지만, 예수님을 향한 그녀의 끈질기고도 견고한 사랑은 끝까지 남아 있었다. 이처럼 하나님을 향한 우리의 사랑이 세월 속에서 단련될수록, 우리의 욕망도 부드럽게 익어 가며 성숙해 간다.

이 일은 오직 하나님을 향한 우리의 사랑이 그분께 느끼는 끌림보다 더 깊을 때에만 가능하다. 오늘날의 문화에서, 우리는 '전능한 끌림'(Almighty Attraction)이라는, 우리가 숭배하는 신들 가운데 하나 앞에 거의 맹목적으로 무릎을 꿇고 있다. 어떤 사람이 특정한 사람이나 사물 혹은 경험에 매력과 끌림을 느끼고 그에 대한 욕망을 품게 되지만 그것을 따르지 않기로 선택하면 그는 곧 "억압되어 있다"고 조롱당한다. 마치 어떤 영원한 자연법칙을 위반하고 있기라도 하듯이 말이다. 이처럼 은연중에 '끌림'을 신격화하는 것은 소비주의에 깊이 물든 서구 문화의 절대 규범이 되었다. 사람들은 우리 자신이 끌리는 것을 추구할 것이라고 여기고, 심지어 그 일을 요구하기까지 한다. 이제 우리는 자신이 무엇에 매력을 느끼는가 하는 것에 의해 규정되는 것이다.

그러나 '끌림'에는 분명 한계가 있다. 역사 속에서 끌림이 늘 지금처럼 큰 비중을 차지했던 것은 아니다. 결혼에 대한 문화적 기대를 예로 들어 보자. 이전 세대에서 남녀의 결혼이 오로지 '끌림'이라는 기

MN: Liturgical, 2021), 27.

준만으로 이루어지지 않았다. 많은 고대 사회에서는 중매 결혼이 일반적이었고, 그 안에서 끌림은 거의 중요하지 않았다.[26] 선택이나 욕망도 마찬가지였다. 사실상 끌림은 부차적인 요소였고, 언약과 공동체, 그리고 인격이 훨씬 더 중심에 놓여 있었다. 물론 이것이 이상적인 모습이었다고 말할 수는 없다. 그러나 여러 문화적인 이유들로 인해, 오늘날에는 결혼을 위한 언약의 토대가 끌림으로 거의 완전히 옮겨 가 버렸다.

이런 변화는 나름 의미가 있고, 아마도 필요한 교정책이었을 것이다. 그러나 어쩌면 그 정도가 너무 지나쳤는지도 모른다. 만일 끌림이 언약의 유일한 토대라면, 언약이 유지되기 위해서는 끌림 또한 계속 남아 있어야 한다. 이때 누군가의 결혼은 끌림이 지속되는 동안에만 존속하게 된다. 여기서 한 가지 문제가 생긴다. 끌림이 약해질 때, 헌신도 함께 약해지는가 하는 것이다.

안타깝게도, 대답은 종종 '그렇다'이다. 내가 아는 한 젊은 부부의 이야기는, 오직 서로의 끌림에 근거해서 언약을 세울 때 어떤 위험이 따르는지를 잘 보여 준다. 더그가 클라라와 교제하기 시작했을 때, 두 사람은 강렬하고 만족스러우며 황홀한 성적 친밀감을 나누었다. 언제나 온통 섹스뿐이었으며, 그들은 마치 서로를 위해 만들어진 것 같았다. 그들은 이내 결혼했다. 그러나 겨우 이 년 만에, 더그는 아내를 향한 자신의 성적 욕망이 점점 무뎌지고 있음을 깨닫고 놀랐다. 끌림은 서서히 약해졌다. '내가 실수한 걸까? 왜 아내가 예전만큼 매력적으로 느껴지지 않을까? 우리가 결혼하지 말았어야 했던 건 아닐까?' 밤마다 점점 낯선 사람처럼 느껴지는 아내 옆에 누워 있을 때, 이런

26　Stephanie Coontz, *Marriage, a History: How Love Conquered Marriage* (New York: Penguin, 2005).

질문들이 더그를 괴롭혔다. 어느 날 그는 나에게 자신의 가장 큰 두려움을 털어놓았다. 성관계가 좋을 때는 두 사람의 관계도 좋았다는 것이다. 그러나 열정이 사라진 뒤, 그는 문득 자신이 정말 사랑한 것은 그녀가 아닐지도 모른다고 의심하게 되었다. 그저 그녀와 함께할 때 느꼈던 쾌감만을 추구했을 수도 있었던 것이다.

매력이 누군가를 향한 사랑의 유일한 근거가 될 때, 우리가 사랑하는 것은 더 이상 그 사람이 아니다. 그저 그 사람이 우리에게 주는 느낌만을 사랑할 뿐이다. 여기서 한 가지 질문이 생긴다. 과연 우리는 하나님을 사랑하는가, 아니면 그분과 함께할 때 받게 되는 느낌을 사랑하는 것인가? 성경에서 말씀하는 언약적인 사랑과 인간적인 '끌림'은 전혀 다른 차원에 속하며, 그 끌림 위에 세워진 욕망은 모래 위에 지은 집과 같다. 패트리샤 스테이시는 오, 오프라 매거진(*O, The Oprah Magazine*)에 실은 욕망에 관한 글에서 이렇게 탄식한다. "욕망은 하나의 역학, 곧 마음의 고문실에서 만들어 낸 듯한 규칙을 가진 게임을 만들어 낸다. 이 모든 규칙은 마치 진정한 사랑과 관계를 찾는 일을 고통스럽게 만들기 위해 고안된 것처럼 보인다. 우리는 가질 수 없는 것을 원한다. 이것이 바로 욕망과 열정의 기묘한 역설이다. 그리고 그것을 손에 넣는 순간, 우리는 종종 그 '원함' 자체를 잃어버린다."[27] 이것이 바로 끌림을 우상으로 만들 때 드러나는 어두운 그림자다. 끌림 자체가 목적이 될 경우, 그 대상이 더 이상 매력적으로 느껴지지 않을 때에는 사랑이 지속될 수 없다. 그래서 많은 사람이 결혼이나 우정, 소명이나 직업의 길에서 욕망의 상실을 경험하게 된다.

이 논리는 종종 우리가 하나님과 맺는 관계에서도 그대로 드러난

27　Patricia Stacey, "Understanding Desire", *O, The Oprah Magazine* (blog), 2008, www.oprah.com/relationships/Desire-in-Relationships-What-Really-Causes-Attraction.

다. 우리는 하나님께 매력을 느끼는 동안에만 그분을 사랑한다. 하나님이 우리의 감각과 바람을 만족시켜 주실 때, 우리는 그분을 좋게 느끼고 그분께 마음을 둔다. 그러나 그분이 더 이상 매력적으로 느껴지지 않는 순간, 우리는 더 나은 '구애자'를 찾아 나선다. 우리는 그분의 은혜 때문에 하나님을 사랑하다가도, 하나님의 명령 앞에서는 그분을 피하려 든다. 이런 방식으로 예수님을 따르는 삶은 언제나 더 많은 것을 갈망하게 만들 뿐이다. 그것은 우리를 충만하게 하지 못한다. 놀랍게도 성경은 예수님에 대해 이렇게 말씀하고 있다. "그는 고운 모양도 없고 풍채도 없은즉 우리가 보기에 흠모할 만한 아름다운 것이 없도다. 그는 멸시를 받아 사람들에게 버림받았으며 간고를 많이 겪었으며 질고를 아는 자라"(사 53:2-3).

예수님은 사람들의 눈에 매력적인 분이 아니셨다. 그 시대의 기준으로 보아도, 시선을 끌 만한 외모를 지니신 분이 아니었다. 죄로 기울어진 인간의 마음은 그분을 욕망하지 않으며, 아예 그리할 수조차 없다. 그러나 그분은 지극히 아름다우신 분이다. 다만 우리가 그것을 알아보지 못할 뿐이다. 진실로 예수님을 따르는 이들의 경우, '끌림'은 그분과 관계를 맺는 방식이 아니다. 우리는 더 깊은 방식으로 그분과 관계를 맺어 가게 된다. 이는 하나님을 신실하게 사랑하는 것이 곧 그분께 끌리는 것과 같지는 않음을 배웠기 때문이다. 문제는 예수님이 아름답지 않다는 것이 아니다. 다만 우리 마음이 참 아름다움의 모습을 잊어버렸다는 데 있다.

6장

◆

원하지 않은 욕망

20세기 말, 신경과학자인 벤자민 리벳(Benjamin Libet)은 뇌와 인간의
결정 사이의 관계를 탐구하는 일련의 획기적인 실험을 수행했다. 한
연구에서, 그는 피실험자에게 스스로 손목을 튕기게 하고 그 직전 수
밀리초(millisecond, 천분의 일초—역자 주) 동안의 뇌 활동을 기록했다. 그
러자 예상대로 손목이 움직이는 순간에 뇌 활동이 급격히 증가했다.
그런데 리벳은 피실험자가 손목을 움직이기로 마음먹은 때보다 약
350~400밀리초 전부터 이미 뇌에서 뚜렷한 에너지 축적이 나타난다
는 사실을 발견했다. 이런 리벳의 연구는 손목을 움직이려는 개인의
의식적인 결정이 실제로는 뇌의 무의식적 영역에서 비롯된다는 점을
시사한다. 다시 말해, 의식적인 선택 직전에 무의식적인 욕망이 먼저
나타난다는 것이다. 자연히 리벳은 이 연구를 통해 널리 유명세를 얻
었지만, 이와 동시에 큰 논쟁을 불러왔다.[1]

---

1 Benjamin Libet, "Do We Have Free Will?", in *The Volitional Brain: Towards a
   Neuroscience of Free Will*, ed. Benjamin Libet, Anthony Freeman, and Keith
   Sutherland (Thorverton, UK: Imprint Academic, 1999). 욕망이 무의식으로부터 올

이런 리벳의 연구는 여러 질문을 제기한다. 우리의 욕망은 어디에서 오는가? 우리가 그것들을 선택하는가? 아니면 욕망은 의식보다 더 깊은 어딘가에서 생겨나는 것일까? 나는 소위 '기이한 중독'에 빠진 이들의 실제 이야기를 다룬 흥미로운 텔레비전 프로그램을 몇 번 본 적이 있다. 그 프로그램에서 특히 내 눈길을 끈 것은 사람이 대단히 특이한 것에 중독될 수 있다는 점이었다. 그 이전에도, 나는 마약이나 성, 알코올 혹은 공동 의존(codependency: 중독자와의 관계에서 상대를 위해 지나치게 희생하는 상태—역자 주) 등에 관한 더 흔한 중독들에 대해서는 잘 알고 있었다. 그러나 이 '기이한 중독'의 세계는 나를 전혀 알지 못했던 영역으로 데려갔다.

특히 인상적인 한 회차에서는, 소파 쿠션 속의 스펀지를 먹고 싶은 욕망 때문에 평생을 고통스럽게 살아온 한 젊은 여성의 이야기가 소개되었다. 그녀는 매일 매년마다, 그 스펀지를 한 조각씩 씹어 삼키고 싶은 강렬한 충동에 끊임없이 시달렸다.

이 여성이 이런 기이한 욕망을 선택한 것일까? 아니면, 그 기이한 욕망이 그녀를 선택했을까?

그 회차에서 소파를 먹는 여성의 이야기는 끝내 설명되지 않은 채로 남는다. 그 자신을 포함해서, 누구도 그 이유를 말해 줄 수 없었다. 이것이 바로 그 이야기의 핵심이었다. 왜 그녀 자신이, 혹은 다른 누군가가 그런 행동을 욕망하게 되는지를 전혀 알 수 없다는 점이다. 그녀는 이 모든 일이 말도 안 되는 것임을 스스로 인정했다. 그녀는 소파 쿠션을 먹는 것이 사회적으로도, 영양학적으로도 아무런 이득이 없음을 잘 알고 있었다. 그녀는 수십 년간 자신의 삶을 잠식해 온 이

수 없다는 주장에 대해서는 D. Hulse, C. Read, and T. Schroeder, "The Impossibility of Unconscious Desire", *American Philosophical* Quarterly 41 (2004): 73-80을 보라.

욕망을 결코 원하지 않았다. 어떤 상담이나 독서, 대화 혹은 자기 성찰도, 왜 이 원치 않고 수치스러운 욕망이 그토록 강하게 자신을 지배해 왔는지를 밝혀 주지 못했다. 결국 그녀에게 남은 것은 스스로도 원치 않는 욕망에 억눌리고 사로잡혔으며 갇혀 있다는 감각뿐이었다.

이상한가? 그렇다. 조금은 우스꽝스럽기까지 한가? 분명 그러하다. 그러나 그 젊은 여성의 이야기 속에는 나로 하여금 깊이 공감하게 만드는 무언가가 있었다. 나는 소파 쿠션을 먹는다는 생각에 혐오감을 느끼면서도, 동시에 그녀의 처지를 불쌍히 여기는 마음에 사로잡혔다. 이 중독의 밑바닥에는 우리 모두에게 공통되는 이야기가 깔려 있다. 그 이야기는 나를 깊은 자기 성찰로 이끌었다. 왜 '내 안에는' 이렇게 기이하고, 원치 않는 욕망들이 숨어 있는 것일까?

우리 모두는 차라리 없었으면 좋겠다고 느끼는 욕망들을 가지고 있다. 비록 우리가 겉으로 잘 드러내지는 않지만, 이런 원치 않는 욕망은 인간 경험의 근본적인 일부이다. 욕망을 연구하는 철학자들은 알 수 없는 곳에서 불쑥 나타나는 이 욕망들을 '순간적인 욕망'(fleeting desires)이라 부른다.[2] 이것들은 우리의 선택 여부와 무관하게 깊은 존재의 심연에서 갑자기 튀어나와 우리를 덮쳐 오는 것처럼 느껴진다. 그런 예들은 우리의 일상에서 흔히 볼 수 있다. 우연히 마음에 드는 자동차를 보는 순간, 우리의 욕망이 홀연히 깨어난다. 원했든 원하지 않았든 말이다. 길을 걷다가 동네 빵집에서 갓 구운 도넛 냄새를 맡으면, 그것이 대체로 건강에 좋지 않음을 알면서도 나를 끌어당기는 그

---

2 Timothy Schroeder, *Three Faces of Desire* (New York: Oxford University Press, 2004), 150. G. F. 쉴러 같은 이들은 "동기가 부여된 욕망들"(이유가 있어서 생겨난 욕망들)과 "동기가 부여되지 않은 욕망들"(이유와 상관없이 생겨난 욕망들)을 구분한다. G. F. Schueler, *Desire: Its Role in Practical Reason and the Explanation of Action* (Cambridge, MA: MIT Press, 1995), 28.

욕망에 이내 흔들린다. 또 어떤 경우에는, 특정한 외모상의 특징을 지닌 사람에게 성적인 욕망이 불쑥 일어나기도 한다. 이 '순간적인 욕망들'은 곧 자신의 의지적인 선택과는 무관하게 우리를 찾아오는 욕망이다.

이 문제를 이해하는 한 가지 방식은, 부흥운동가이자 신학자인 조너선 에드워즈(Jonathan Edwards)가 *A Treatise on Human Affections*(인간 애정에 대한 논문)에서 제시한 성찰에서 찾을 수 있다.[3] 그는 이 글에서 인간의 감정과 성령님의 사역 사이의 관계를 탐구하면서, 두 영역이 어떻게 겹치고 또 맞닿는지를 살핀다. 에드워즈는 인간의 '감정'(emotions)과, 자신이 '애정'(affections)이라 부르는 것 사이에 중요한 차이가 있다고 주장한다. 감정은 변덕스러워서 우리의 허락이나 의지와 상관없이 생겨났다 사라진다. 그러나 애정은 성령님의 기적적인 역사에 의해 새롭게 빚어지고 변화된 우리 내면의 성향이다. 에드워즈에 따르면, 감정은 날씨와 같다. 그것은 하루에도 여러 번 바뀌고, 시시각각 달라진다. 반면 애정은 일종의 기후와 같아서, 그 감정을 지배하는 장기적이고 구조적인 특성이 된다. 그리고 순간적인 욕망의 경우와 마찬가지로, 감정만으로는 우리 마음의 깊고 지속적인 성향이 충분히 드러나지 않는다.

그리고 순간적인 욕망들은 우리 삶의 중심 부분이다. 이 주제에 대한 과학적 연구들은 그 욕망들이 우리 삶에서 생각보다 훨씬 더 큰 비중을 차지하고 있음을 보여 준다. 그런 과학자 중 한 명인 티모시 윌슨은 자신의 책 *Strangers to Ourselves*(스스로에게 낯선)에서 인간이 '적응하는 의식'(adaptive consciousness)을 지니고 있다고 주장한다. 이

---

3 Jonathan Edwards, *The Works of Jonathan Edwards: Religious Affections*, ed. John E. Smith, vol. 2 (New Haven, CT: Yale University Press, 2009).

는 우리의 내면에 서로 얽혀 있는 욕망들의 체계가 있으며, 그 체계가 대체로 무의식의 수준에서 작동한다는 것이다. 윌슨에 따르면, 그 수많은 욕망 가운데서 실제로 우리가 의식적으로 원하거나 파악하고 있는 것은 극히 일부에 불과하다. 그의 연구는 매일 우리가 내리는 선택 가운데서 고작 오 퍼센트만이 숙고된 의지의 직접적인 결과임을 시사한다.⁴ 다시 말해, 우리의 일상적인 결정 중 대부분은 의식적인 의도에 의해 이루어지지 않는다는 것이다. 이렇게 볼 때, 우리는 원치 않는 욕망을 가지고 있을 뿐 아니라 우리의 삶 '전체'가 대개 그런 욕망들로 이루어져 있다고 말해도 과언은 아닐 것이다.

원치 않는 욕망이 모두 나쁜 것은 아니다. 사도행전 9장에서 바울은 다메섹 도상에서 예수님을 만나기를 '원하지' 않았다. 이는 그의 삶의 방향 전체가 바뀌는 일을 의미했기 때문이다. 훗날 그는 자신이 "부득불 복음을 전하[게]" 되었다고 기록한다(고전 9:16). 다시 말해, 복음을 전하지 '않을' 수 없게 되었다는 뜻이다. 다메섹 도상에서 하나님은 이후 바울의 삶을 훨씬 더 어렵게 만들 하나의 욕망을 일깨우셨다. 심지어 바울 자신이 그 일을 원하지 않을 때에 그렇게 하셨던 것이다.

나는 때로 하나님을 사랑하려는 이 갈망을 그냥 떨쳐 버릴 수 있기를 바란다. 주님도 아시듯이, 그러면 내 삶이 훨씬 더 편해질 것이기 때문이다. 그러나 하나님은 순전한 은혜로, 내가 그분을 원하지 않았을 때조차 당신 자신을 향한 욕망을 내 안에 일깨우셨다.

우리는 마음을 들여다볼 때마다 복잡하게 얽힌 여러 욕망을 마주

---

4 Timothy D. Wilson, *Strangers to Ourselves: Discovering the Adaptive Consciousness* (Cambridge, MA: Harvard University Press, 2002). 나는 제임스 스미스가 다음의 책에서 윌슨의 글을 다루어 준 것에 감사한다. James K. A. Smith, *You Are What You Love*, 32-35.

하게 된다. 에덴 이후의 세상과 삶은 "가시와 엉겅퀴"로 가득하기 때문이다. 우리 모두는 삶의 동산에 스스로 심지 않은 욕망들을 품고 살아가며, 그것들을 완전히 제거하는 일이 불가능하게 여겨진다. 예수님은 마태복음 13장의 가라지 비유에서 이 삶의 현실을 분명히 말씀하셨다. 그분은 한 농부의 이야기를 들려주신다. 밤에 잠자리에 든 사이, 누군가가 그의 밭 곳곳에 "가라지를 덧뿌리고" 간 것이다(마 13:25). 그것은 농부가 심은 것이 아니지만, 그는 그것을 안고 살아가야 한다. 이것이 바로 순간적인 욕망들을 둘러싼 인간의 경험이다. 우리가 힘써 성령의 열매를 가꾸고 덕을 따르는 삶을 살려 할지라도, 마치 우리 삶의 밭 도처에서 가라지가 계속 자라나는 듯이 느껴질 때가 많다.

◇◇◇◇◇◇◇◇◇◇

18세기 부흥운동가 존 웨슬리는 자신과 동료들을 '한 권의 책을 좇는 사람들'(*homo unius libri*)로 지칭했다고 전해진다. 이는 그들이 성경을 사랑했다는 사실을 가리키는 표현이다. 이런 맥락에서 그리스도인들은 오래전부터 '책의 백성'이라 불려 왔다. 실제로 기독교와 유대교만큼 읽기에 헌신한 전통도 드물다. 이 두 전통은 자신들의 성경을 거듭 읽고 묵상하며 숙고할 가치가 있다고 믿는다. 하나님의 백성은 본질적으로 책과 더불어 살아가는 사람들이다.[5] 그러나 이렇게 성경을 존중하면서도, 정작 우리가 읽는 글이 정확히 무엇인지에 대해서는 충분히 숙고하지 못하는 경우가 많다.

5　나는 많은 책들을 통해 독서에 대한 애정을 품게 되었으며, 그 가운데는 다음의 책들이 포함된다. Karen Swallow Prior, *Booked: Literature in the Soul of Me* (New York: T. S. Poetry, 2012); Terry W. Glaspey, *Great Books in the Christian Tradition* (Eugene, OR: Harvest House, 1996). 책 읽기가 초기 기독교 문화를 어떻게 형성했는지에 대한 학문적 검토로는 Frances Young, *Biblical Exegesis and the Formation of Christian Culture* (Cambridge, MA: Cambridge University Press, 1997)를 보라.

골로새서나 로마서, 디모데전서나 빌레몬서를 펼쳐 읽고 있는 자신의 모습을 떠올려 보라. 여러분은 지금 무엇을 읽고 있는가? 실제로 여러분 앞에 놓인 것은, 대학원 세미나를 준비하는 어떤 교수의 세련되고 잘 다듬어진 글이 아니다. 오히려 그것은 당시의 바울과 베드로, 야고보 같이 극심한 고난과 박해, 혹은 옥살이를 겪었던 이들의 개인적인 기록이다. 성경의 글들은 일종의 학술 논문이 아니다. 그것은 날마다 예수님을 섬기기 위해 자신의 삶을 내어놓기로 결단하며, 언제 처형되거나 사회에서 밀려날지 모른다는 것을 알면서도 믿음의 길을 걷던 사람들의 영감된 성찰이다. 이들은 '하나님 나라'로 불리는 위대한 영적인 혁명을 증언하기 위해 자신의 삶을 바쳐 온 예수님의 증인들이었다.

신약의 각 페이지마다 투쟁과 분투의 흔적이 가득하다. 신약 서신서를 읽는 것은 지극히 개인적인 상황에서 쓰인 어떤 이의 편지를 들여다보는 일과 같다. 그리고 이것이 바로 이 글들이 오랜 세월 동안 생명력을 지니는 이유 중 하나다. 나는 종종 그 저자들은 과연 자신의 생각이 당대의 수신자들 너머로 더 광범위한 영향을 미치게 되리라고 예상했을지 궁금해진다.

하나의 장르로서 일기와 편지는 내 영적인 삶에 깊은 영향을 주어 왔다. 몇 해 전, 한 영적인 멘토가 내게 이런 과제를 내 주었다. 살아 있든 이미 세상을 떠났든, 내 믿음을 형성하는 데 가장 큰 영향을 준 인물들의 이름을 적어 보라는 것이었다. 나는 C. S. 루이스, 헨리 나우웬, 존 웨슬리, 플래너리 오코너, 유진 피터슨, 아우구스티누스, 디트리히 본회퍼 같은 이들을 적어 내려갔다. 그런 다음에 그들의 공통점이 무엇인지 생각해 보라는 질문을 받았다. 그 순간 하나의 깨달음이 찾아왔다. 내가 존경해 온 인물들은 모두 일기를 남긴 사람들이었다. 내게 가장 큰 영향을 준 이들은 실제 삶의 문제를 안고 살아가던 사람들이었고, 그 문제들을 정직하게 글로 남긴 사람들이었다.

여러 해에 걸쳐 나는 내가 존경하는 이들의 일기를 깊이 읽어 왔다. 플래너리 오코너의 *Prayer Journal*(기도 일기)는 그녀가 명성을 얻기 전에 쓴 기도들을 사후에 묶어 출간한 책이다. 어떤 꾸밈도 없이 소박한 한 기도에서, 오코너는 하나님께 자신을 작가로 만들어 달라고 청한다. 그녀는 하나님이 원하시는 일이라면 무엇이든 하겠다고 말하면서도, 그중에서도 가장 바라는 것은 작가가 되는 일이라고 고백한다. 끝으로 그녀는 이렇게 덧붙이면서 자신의 기도를 마무리한다. "이 일을 위해서라면 세상의 모든 것을 내려놓을 수 있다고 느끼게 해 주소서. 다만 그럴지라도 제가 수녀가 되겠다는 뜻은 아닙니다."[6]

내게는 오코너의 이 유머러스한 자기 인식이 실로 정겹게 느껴진다. 그녀는 하나님이 원하시는 일을 하고 싶어 했다. 그러나 동시에, 자신이 수녀가 되는 일만큼은 원하지 않는다는 것도 잘 알고 있었다(그리고 실제로 수녀가 되지 않았다). 오코너는 곧 자신의 문학적 이력이 눈부시게 부각되리라는 것을 미처 알지 못했다. 하지만 그 전성기는 오래가지 않았다. 거의 모든 이에게 찬사를 받은 초기의 작품들을 발표한 뒤, 남부 출신의 가톨릭 작가였던 그녀는 루푸스병 진단을 받았다. 그리고 그 병은 마침내 그녀의 생명을 앗아갔던 것이다. 이후에 그녀가 쓴 글들은 날것 그대로의 명료함과 예리한 통찰로 특징지어진다. 자신의 소명에 속한 겟세마네 동산에서, 오코너는 절뚝거리면서 글을 써 내려갔다.

이후 나는 한 가지 사실을 깨달았다. 내 영적 여정에 가장 깊은 영

---

6 Flannery O'Connor, *A Prayer Journal*, ed. W. A. Sessions (New York: Farrar, Straus and Giroux, 2013), 6.

향을 준 이들은 예수님을 사랑했지만 이 땅에서 자신이 바랐던 모든 것을 얻지는 못한 사람들이었다. 루이스는 결혼한 지 얼마 되지 않아 아내를 참혹한 죽음으로 잃었으며, 나우웬은 평생 자신의 소명과 성적인 정체성을 두고 씨름했다. 피터슨은 사역의 상당 기간 동안 알코올 문제와 싸워야 했고, 아우구스티누스는 자기중심성과 성적 욕망에서 끝내 완전히 벗어나지 못했다. 그리고 본회퍼는 제3제국에 맞서기 위해, 유망한 신학자였던 자신의 경력을 기꺼이 내려놓았던 것이다. 그들은 자신이 원한 모든 것을 얻지는 못했지만, 그 가운데서 오히려 자기 마음과 정신을 하나님께로 돌렸다. 나는 이것이 히브리서 기자가 하나님과 동행한 신실한 이들을 두고 말한 다음의 내용과 같다고 본다. "이 사람들은 다 믿음으로 말미암아 증거를 받았으나 약속된 것을 받지 못하였으니 이는 하나님이 우리를 위하여 더 좋은 것을 예비하셨은즉 우리가 아니면 그들로 온전함을 이루지 못하게 하려 하심이라"(히 11:39-40).

거룩함에 이르는 길은 곧 우리가 욕망하는 것을 다 얻지는 '못하는' 일들을 통해 이루어진다. 청교도 전통에서는 그들이 '채찍' 혹은 '십자가'로 부른 시련을 통해 하나님이 우리를 거룩하게 만들어 가신다고 말한다.[7] 곧, 우리가 원하는 것을 주시지 않음으로써 성화시켜 가신다는 뜻이다. 곰곰이 생각해 보면, 그 반대의 경우도 똑같이 사실이다. 내가 아는 사람들 중에서 가장 미성숙하고 자기중심적인 이들은 바로 원하는 것을 모두 손에 넣은 이들이다. 만약 하나님의 놀라운 계획이 도리어 '실망'을 통해 우리를 거룩하게 빚어 가시는 데 있다면 어떻게 해야 할까?

---

7 이 내용은 다음의 책에서 언급된다. Iain Duguid, *Ezekiel*, NIV Application Commentary (Grand Rapids: Zondervan, 1999), 295-96.

　내가 영적인 일기를 읽는 훈련을 이어 갈 때, 내 멘토는 내가 존경하는 이들의 일기뿐 아니라 나 자신의 일기 역시 읽어 보라고 권했다. 거의 스물다섯 해 동안 일기를 써 왔으니, 물론 돌아볼 기록이 적지 않다. 다만 나는 C. S. 루이스나 플래너리 오코너, 헨리 나우웬 같은 인물이 아니어서, 그 속에는 군더더기도 많다. 그럼에도 이 글들은 여전히 내 영혼을 들여다볼 수 있는 창문과 같다. 마치 타임랩스 사진처럼, 그것들은 세월이 흐르는 동안에 내가 어떻게 변해 왔는지를 보여 준다.

　내 일기들을 다시 읽어 내려가다가, 끝없이 반복되는 대문자 X에 눈길이 멈췄다. 그 표시는 수천 번이나 등장했고, 거의 모든 페이지에 빠짐없이 적혀 있었다. 이 X의 사연은 내가 처음으로 하나님께 드리는 생각과 기도를 글로 쓰기 시작했을 때로 거슬러 올라간다. 시간이 흐르면서 이 일기들은 고백의 공간이 되었고, 내 안에서 실제로 일어나는 일들을 표현할 수 있는 안전한 장소가 되었다. 그 고백 중 많은 부분은 매일 겪는 사소한 문제들에 관한 것이었다. 신학에 대한 단상들이나 나를 성가시게 하는 이들 혹은 동료들의 별난 성향에 대한 이야기들 말이다. 이런 것들을 솔직히 적어 내려갈 공간을 갖게 되자, 내 영혼은 한결 자유로워졌다. 그리고 내면에서 무엇이 일어나고 있는지를 밝히 드러낼수록, 나는 점점 더 솔직하고 열린 태도를 취하게 되었다.

　일기에서 나는 예수님께 회심한 이후 줄곧 씨름해 온 내 안의 원치 않는 욕망들을 하나님께 털어놓기 시작했다. 나는 늘 누군가 내 일기를 들춰보게 될까 봐 두려웠다. 그래서 그것을 숨기는 나만의 방법은 그 싸움을 그대로 적지 않고 커다란 X 하나로 표시하는 것이었다. 지금 다시 읽어 보니, 그 X가 일관되게 반복되는 모습에 새삼 놀라게 된다. 여기에도 X, 저기에도 X. "하나님, 왜 제게는 X가 있을까요?" "하나님, 제 X를 용서해 주세요." "하나님, 제 X에서 저를 건져 주세요." "예수님, 제가 X를 지니고 있는데도 여전히 저를 사랑하실 수 있나요?" "성령님, 제 X 가운데서 당신의 능력을 보여 주세요."

마치 내가 이 기록들을 쓰고 있던 당시에, 이 모든 X들로 인해 내 안에 깊은 수치심이 자리 잡고 있었던 것 같다. 왜 이런 싸움이 삼십 년 동안이나 내 삶에서 떠나지 않았을까? 왜 나는 이것을 그냥 극복하지 못하는 걸까? 하지만 이제는 더 이상 X를 부끄러워하지 않는다. 나는 이 부끄러운 사실을 멘토에게 털어놓았다. 내가 그에게 고백하는 내용이나 일기에 적어온 것들이 늘 그 오래된 싸움에 관한 이야기들뿐이라는 것 말이다. 그러자 그는 그것이야말로 하나님의 은혜의 표지임을 일깨워 주었다. 내가 예배해야 할 대상은 내 영적인 성장이 아니라 예수님 자신이라는 것이다. 나는 그 성장을 스스로 이룰 수 있는 존재가 아니다. 다만 선물로 받을 뿐이다. 그리고 지난 수십 년간 예수님과 함께 걸어온 길을 돌아보면, X는 하나님이 나를 가장 친밀하게 만나 주셨던 바로 그 자리를 표시하고 있었다. 동시에 그것은 내가 그분을 가장 절박하게 필요로 했던 자리이기도 했다.

나만 그런 것이 아니다. 심지어 바울도 초대 교회에서 예수님을 따르는 삶을 다루면서, 자기 안에 없기를 간절히 바랐던 것들과의 싸움 앞에서 혼란스러워했다. 그는 로마서 7장 15-16절에서 이렇게 고백한다. "내가 행하는 것을 내가 알지 못하노니 곧 내가 원하는 것은 행하지 아니하고 도리어 미워하는 것을 행함이라. 만일 내가 원하지 아니하는 그것을 행하면 내가 이로써 율법이 선한 것을 시인하노니." 이는 마치 바울이 로마 교회에 보내는 편지 한가운데 커다란 X를 그려 넣은 것과 같다. 바울조차도 이처럼 무거운 짐을 지고 영광에 이르는 길을 걸었다면, 우리 역시 그러하지 않겠는가?

대개의 경우, 우리가 안고 있는 그 X는 하나님의 은혜와 신실하심이 깃든 지점을 표시해 준다. 시간을 두고 차분히 바라볼 때, 우리를 가장 고통스럽게 하는 그 옆구리의 가시가 바로 하나님이 우리에게 자신을 드러내시는 자리임을 알게 될 것이다. 우리 자신의 힘이 다하는 곳에서 그분의 은혜가 시작된다.

◇◇◇◇◇◇◇◇◇◇

우리 삶에서 가장 힘겹고 고통스러우며 깊이 분노하게 만드는 지점이야말로 우리가 그리스도의 형상으로 가장 깊이 빚어져 가는 자리인 경우가 많다. 이 말은 인생의 상상할 수 없는 고통을 그럴듯하게 포장하거나 가볍게 여기려는 것이 아니다. 또한 고난을 추구하거나 미화하라는 뜻도 아니다. 오히려 이것은 우리에게 큰 소망을 줄 수 있는 하나의 관점이다.

인간의 삶에는 좌절이 깊이 새겨져 있다. 바울은 로마서 8장에서 이 세상이 죄의 부식하는 힘으로 인해 "좌절된 상태"에 놓여 있다고 말한다(개역개정에는 "허무한 데 굴복[한다]"로 되어 있다―역자 주). 바울은 여기서 세 차례나 '서스타네조'(sustanezō), 곧 '탄식하다'라는 말을 사용한다. 세 가지의 탄식이 있다. "피조물이 다" 탄식하고(22절), 하나님의 자녀 됨을 기다리는 "우리" 자신도 탄식하며(23절), 성령님도 "말할 수 없는 탄식"으로 함께 탄식하신다(26절). 창조 세계와 인간, 그리고 하나님이 하나 되어 함께 신음하고 있는 것이다. 14세기의 신비가였던 시에나의 성 카타리나에 따르면, 이 바울의 언어는 성령께서 우리의 고통 속에서 피조물과 함께 눈물을 흘리신다는 것을 깨우쳐 주는 표현이다.[8]

---

8 Catherine of Siena, *The Dialogue*, ed. Suzanne Noffke (Mahwah, NJ: Paulist, 1980),

많은 신약학자들은 로마서 8장에서 바울이 말하는 '탄식'의 언어 가운데 해산의 진통 속에 있는 여인을 연상시키는 강렬한 이미지가 담겨 있다고 본다. 그렇다면 이 탄식의 고통 저편에는 생명의 선물이 기다리는 것으로 이해해야 한다. 우리는 고대 사회에서 출산이 높은 사망률 때문에 특히 위험한 일이었음을 기억해야 한다. 그 시대에 아이를 낳는 것보다 더 용감한 일은 없었다. 클라우디아 베르그만(Claudia Bergmann)은 *Childbirth as a Metaphor for Crisis*(위기의 은유로서의 출산)에서, 고대 미술 속에서 출산하는 여인들이 흔히 전사처럼 묘사되었다는 점을 보여 준다.[9] 고대 세계에서 생명을 낳는 일보다 더 싸움터의 전사를 연상시키는 행위는 없었던 셈이다. 실제로 (내가 전해 듣기로는) 출산은 극도로 고통스럽고 힘겨운 경험이다. 그러나 그 진통의 열매로 우리는 참된 생명과 사랑의 선물을 얻게 된다. 바울은 (적어도 부분적으로는) 우리 삶의 어려움과 좌절과 탄식을 가장 큰 생명의 선물이 태어나는 자리로 보기를 원하는 듯하다.

그 상상하기 힘든 고통의 한가운데에는 위대한 선물이 있다. 우리는 심지어 고통 자체가 하나의 선물이라고 말할 수도 있다. 폴 브랜드와 필립 얀시는 『고통이라는 선물』(*The Gift of Pain*)이라는 인상적인 책을 쓴 바 있다.[10] 의사였던 브랜드는 수십 년 동안 나병 환자들을 돌보았다. 그는 이 책에서 나병 환자들이 겪는 주된 어려움 중 하나가 고통을 느끼지 못한다는 점이라고 설명한다. 어떤 이들은 왜 고통이 중

168-69.

9　Claudia D. Bergmann, *Childbirth as a Metaphor for Crisis: Evidence from the Ancient Near East, the Hebrew Bible, and 1QH XI, 1–18*, vol. 382 (Berlin: de Gruyter, 2009).

10　Paul Brand and Philip Yancey, *The Gift of Pain: Why We Hurt and What We Can Do about It* (Grand Rapids: Zondervan, 2020).

요한가 하고 물을 수도 있다. 하지만 만약 우리가 손을 불 위에 올려 놓고도 아무것도 느끼지 못한다면, 우리는 손이 타들어 가는 위험을 피하지 못할 것이다. 고통은 본질적으로 우리를 해로운 일로부터 보호하기 위해 하나님이 우리 안에 설계해 두신 보호 장치다.

치유를 중시하는 서구 문화에서는 거의 언제나 고통을 악으로만 본다. 그러나 고통이 하나님의 선물이 될 수도 있다면 어떨까? 여기서 "될 수도 있다"는 표현이 매우 중요하다. 우리는 결코 고통과 고난을 미화하거나 그것을 목표로 삼아서는 안 된다. 그렇게 되면, 누군가가 고통과 고난을 겪어야 할 필요를 만들어 내는 위험에 빠지게 된다. 다시 말해, 고난을 영광스럽게 만들면 그 고난이 계속되어야만 하는 논리에 이르게 된다.

그러나 우리는 고통을 새롭게 구속의 빛 아래서 보기 시작할 수도 있다. 신약 성경에서 예수님이 나병 환자를 고치시는 장면이 얼마나 자주 나오는지를 떠올려 볼 때 우리는 깊은 인상을 받게 된다. 만일 복음서에서 언급되는 그 질병들이 오늘날의 나병이라면, 그 환자들의 치유는 단지 건강을 회복시키는 일에 그치지 않았다. 그것은 동시에 다시 고통을 느낄 수 있게 만드는 일이기도 했다. 회복은 곧 인간이 본래 지음받은 상태로 돌아가는 것이며, 인간에게 신경계가 주어진 데에는 충분한 이유가 있다. 따라서 예수님의 치유는 우리가 다시 고통을 느낄 수 있는 능력까지 회복시키는 것이다. 실로 기이한 선물이 아닐 수 없다!

나는 새롭게 예수님을 따르게 된 이들에게 물세례를 준 적이 여러 번 있다. 그 과정에서 알게 된 사실이 있다. 누군가 예수님의 피로 거듭날 때, 그들이 가장 먼저 경험하는 것 중 하나는 이제까지 자신이 범해 온 죄에 대해 느끼는 새로운 종류의 고통이다. 이전에는 느끼지 못했던 죄의 아픔이 비로소 느껴지기 시작하는 것이다. 처음으로 그들은 음란물에 대한 집착이나 지나친 음주, 거친 성품, 혹은 가까운 이들을 대하던 태도에 대해 마음의 가책을 경험한다. 믿음의 길로 나아오자마자, 그들은 중생의 고통을 체험하는 것이다. 이는 마치 나병환자가 다시 감각을 회복하는 것과도 같다. 이전에 우리는 "감각 없는 자"(엡 4:19)였고, "의에 대하여는 자유로웠[던]" 자들(롬 6:20)이었다. 이 때문에 베드로가 예수님을 세 번 부인한 뒤, 예수님이 "네가 나를 사랑하느냐"라고 세 번 물으실 때 그는 깊은 마음의 상처를 받는다(요 21장). 심지어 화해조차도 우리를 다시 경건한 고통으로 이끌 수 있다. 치유의 한 부분은 다시 고통을 느끼는 법을 배우는 것이다. 무감각함은 기독교적인 미덕이 아니다.

우리의 고통은 선물이 될 수 있다. 생명은 고통의 경험을 통해 세상에 온다. 갓 어머니가 된 여인의 팔에 안겨 눈을 크게 뜨고 있는 아기는, 그 고통의 대가를 기꺼이 치른 어머니로 인해 새 생명을 얻었다. 하나님이 주시는 삶이 우리가 바라던 것과 다를 때, 이 사실을 기억해야 한다. 어느 어머니도 해산의 고통 자체를 원하지는 않는다. 다만 자신의 아이를 원할 뿐이다. 하나님의 불가해한 경륜 속에서, 종종 우리는 원치 않는 일들을 겪은 후에 비로소 간절히 원했던 것을 얻게 된다.

◇◇◇◇◇◇◇◇◇◇

수십 년간 원치 않는 욕망들과 함께 살아온 고통스러운 경험은 내게 분명한 흔적을 남겼다. 무엇보다 그것은 나로 하여금 하나님을 간절히 찾고 구해야 할 필요성을 계속 느끼게 만들었다. 나를 붙들며 도우시는 그분의 자비와 은혜를 깨닫지 못할 때, 나는 늘 스스로의 힘을 과신하게 되는 경향이 있다. 바울과 C. S. 루이스, 헨리 나우웬 같은 이들이 증언하는 바는 바로 이 원치 않는 욕망의 가혹한 시련들을 통해 우리가 온전한 의존의 길로 나아가게 된다는 것이다. 이는 곧 하나님과 주위의 이웃들, 그리고 성령님의 역사에 깊이 의존하는 삶의 길이다. 그렇기에 나는 내 X에 감사한다. 이를 통해 자신이 하나님을 늘 절실히 필요로 하는 존재임을 깨달았기 때문이다.

그리고 내게는 그 반대도 사실이었다. 몸부림이 없을 때, 나는 오히려 정체되었다. *The Price of Privilege*(특권의 대가)에서, 매들린 레빈(Madeline Levine)은 우리가 아이들에게 할 수 있는 가장 해로운 일 중 하나는 그들이 원하는 것을 모두 들어주는 것임을 지적한다. 레빈에 따르면, 모든 욕구를 충족시켜 주는 양육은 성숙의 지연, 관계의 붕괴, 심지어 삶의 의미와 목적의 상실과 같은 여러 발달상의 문제를 낳을 수 있다.[11] 이 사실은 우리의 부모 노릇을 더욱 어렵게 만든다. 참된 부모의 사랑 가운데는 아이의 바른 성품 형성을 위해 어떤 욕구들을 통제하는 것 역시 포함되어야 한다. 그러나 우리는 종종 자기 안의 불안함 때문에 아이들의 모든 바람을 들어준다. 아이들의 부모가 되기보다 친구가 되고 싶어 하기 때문이다. 그 결과, 우리는 사회학자들이 말하는 '또래부모'(peerents, '또래'[peer]와 '부모'[parents]의 합성어—역자주)가 된다.

의사들은 이 원리를 잘 안다. 나는 의사였던 아버지가 이런 불평을 조용히 하시던 것을 기억한다. 자신의 고통을 사전에 진단해 놓고 병원에 와서 특정한 약을 처방해 달라고 하는 환자가 너무 많다는 것이었다. 종종 중독의 한 징후는 환자가 자신이 원하는 약의 이름을 정확히 말할 수 있다는 데서 드러난다. 그리고 윤리적인 측면에서, 의사는 물론 누군가가 원한다는 이유만으로 어떤 약이나 치료를 제공하는 일에 신중해야 한다. 우리가 오피오이드(마약성 진통제—편집자 주) 위

11　Madeline Levine, *The Price of Privilege: How Parental Pressure and Material Advantage Are Creating a Generation of Disconnected and Unhappy Kids* (San Francisco: HarperCollins, 2006).

기를 겪고 있는 이유 중 하나도, 이처럼 "안 된다"고 말하는 일이 너무 어렵기 때문이다.

참된 행복이 성취된 욕망의 결과라는 신화는 인간 삶의 거의 모든 영역에서 발견된다. 우리는 행복이 원하는 것을 모두 얻는 데서 비롯된다고 생각하기 쉽다. 하지만 그 반대일 수도 있다. 우리가 바라던 대로 다 이루어진다고 해서 심오한 인격이 형성되는 것은 아니기 때문이다. 오히려 그 경우에 우리는 가장 까다롭고 천박한 괴물 같은 존재가 되어 버릴 수도 있다. 다만 그렇다고 해서 우리가 불행해지도록 부름받았다는 뜻은 아니다. 예수님의 길은 참된 행복으로의 부르심이다.[12] 그러나 그 길은 행복이 무엇인지를 새롭게 정의한다. 세상 사람들이 말하는 행복은 곧 자기가 원하는 것을 모두 얻는 데 있다. 그러나 하나님 나라에 속한 행복은 곧 그분이 원하시는 모든 일에 자신을 온전히 내어드리는 데서 온다.

◇◇◇◇◇◇◇◇◇◇

마태복음은 예수님의 생애 마지막 날들을 자세히 전한다. 십자가를 앞두고 예수님은 겟세마네라는 동산에 들어가서 기도하신다. 밤새 깨어 기도하지 못하고 잠들어 있는 제자들을 보신 뒤, 예수님은 홀로 남아 오직 자신만이 감당할 수 있는 일을 준비하신다. 다가오는 죽음의 고요함 속에서, 예수님은 이렇게 기도하신다. "내 아버지여 만일 할 만하시거든 이 잔을 내게서 지나가게 하옵소서. 그러나 나의 원대로 마시옵고 아버지의 원대로 하옵소서"(마 26:39).

그 경험은 실로 극심한 불안과 고통을 동반한 것이어서, 예수님

---

12 이것이 바로 다음의 책에서 주로 다루는 주제다. John Piper, *Desiring God: Meditations of a Christian Hedonist* (Colorado Springs: Multnomah, 2011).

은 마침내 "피땀"을 흘리기 시작하신다. 그러면 예수님은 왜 이 고통을 자발적으로 받아들이셨을까? 여기서 이 기도가 드려진 장소가 중요하다. 그곳은 겟세마네라는 동산이었다. 히브리어로 '갓 셰마님'(*gat shemanim*)은 '기름틀'이라는 뜻으로, 1세기 유대인들이 올리브를 짜서 기름을 얻던 곳을 가리킨다. 마태는 이 기도의 장소와 그분께 일어나는 일을 의도적으로 연결시키는 듯하다. 올리브가 이곳에서 눌려 짜여서 기름을 내듯이, 예수님도 피를 흘릴 정도로 눌리고 짓이겨지고 계신 것이다.

예수님은 만일 하나님의 뜻이라면 십자가에서 죽는 이 혹독한 시련에서 벗어나게 해 달라고 구하시는 듯하다. 그리고 그분이 말씀하신 "잔"은 구약 여러 곳에서 언급되는 "진노의 잔"을 가리킨다.[13] 이는 곧 십자가 처형이라는 고난의 잔이었으며, 그분은 당연히 그렇게 끔찍한 죽음을 맞고 싶어 하시지 않았다. 독자들이 주목할 점은, 이 말씀을 하실 때 예수님이 홀로 계셨다는 사실이다. 당시 그 상황의 증인이 될 만한 다른 이들은 모두 잠들어 있었다. 그러므로 이 기도의 내용은 훗날 이 이야기를 기록하게 될 제자들에게 예수님이 친히 전해 주셨을 수밖에 없다. 이 사실은 이 장면의 중요성을 말해 준다. 성경은 우리가 예수님의 고뇌를 보기를 원한다.

여기서 질문이 있다. 예수님의 요청은 과연 응답된 것일까?

나는 여러 번 사람들에게 이 이야기를 읽게 한 뒤, 예수님의 기도가 응답되었는지 답해 보라고 한 적이 있다. 그때마다 우리가 기도에 대해 심각한 오해를 품고 있다는 사실이 분명히 드러나곤 했다. 대부분의 사람들은 예수님의 기도가 응답되지 않았다고 여긴다. 이는 그분이 십자가에서 죽지 않게 해 달라고 구하셨지만 결국 그 위에서 숨을 거

---

13 시 75:8; 사 51:17; 렘 25:15-16을 보라.

두셨기 때문이다. 그러면 그분의 기도는 어떻게 응답되었던 것일까?

우리는 대개 기도를 통해 원하던 것을 얻은 경우에만 그 기도가 응답되었다고 믿는다. 즉 우리에게 유리한 결과를 가져온 것만을 '응답받은 기도'로 여기는 것이다. 그러나 예수님의 기도는 분명히 응답을 '받았다.' 그리고 그 응답은 '아니다'였던 것이다. 예수님은 십자가에서 죽으셔야만 했다. 그리고 그 죽음은 세상을 죄에서 구원하기 위해 아버지의 뜻에 자신을 온전히 내어 맡긴 순종의 결과였다.

응답되지 않는 기도는 없다. 하나님은 때로 "그렇다"로 답하시며, 때로는 "아니다"라고 응답하신다. 어떤 때에는 "나중에"라고 하신다. 우리의 어떤 기도도 하나님이 듣지 않거나 응답하지 않으시는 것은 없다.

이는 전적으로 죄 없으신 한 분이 자신의 욕망을 다른 분의 뜻에 복종시키는 이야기다. 세상은 아버지께서 원하시는 일을 행하기 위해 모든 것을 기꺼이 내려놓으신 구주로 말미암아 구원을 받는다. 그분은 자신을 아버지의 뜻 아래 두셨다. 이처럼 세상은 아버지의 뜻을 위해 자신의 욕망까지 십자가에 못 박으신 분에 의해 구원을 얻었던 것이다. 그분은 자신의 눌림과 깨어짐을 통해 우리에게 생명을 주셨다. 여기서 우리는 첫 번째 동산에서 있었던 일이 분명히 역전되는 것을 보게 된다. 첫째 아담은 본질적으로 이렇게 말했다. "하나님, 당신의 뜻이 아니라 내 뜻이 이루어지게 해 주소서." 그러나 둘째 아담이신 예수님은 이렇게 선언하셨다. "아버지여, 나의 원대로 마옵시고 아버지의 원대로 하옵소서."

예수님이 자신의 뜻을 하나님께 복종시키신 곳은 기도의 자리였다. 이 기도의 자리에서 우리의 욕망이 가장 깊이 정화된다. 이때 그것을 하나님 앞에 내려놓을 수 있기 때문이다. 그리고 거기서 멈추지 않는다. 우리는 아버지께 우리의 욕망을 드리고, 대신에 그분의 뜻을 기꺼이 받아들인다. 예수님은 우리의 진정한 본보기가 되시며, 십자가는 무엇보다도 예수님이 자신을 기꺼이 쏟아부으신 분이심을 드러낸다. 그곳에서 그분은 자신의 전부를 내주셨던 것이다.

이것은 사랑에 대한 우리의 모든 생각을 새롭게 규정한다. 사랑은 우리가 원하는 것을 얻는 일이 아니다. 사랑은 이기는 일도 아니며, 오직 자신을 내주는 것이다. 때로 사랑은 패배한다. 그러나 바로 그 패배를 통해, 죽음의 고통을 지나 조용히 승리에 이르는 길을 낸다. 하나님의 나라에서 이긴다는 것은 정복하는 것이 아니다. 그것은 정복을 '당하는' 것이며, 십자가에 못 박히는 것이다.

◇◇◇◇◇◇◇◇◇◇

힘든 것이 언제나 나쁜 것은 아니다. 우리의 모든 욕망들, 늘 우리를 따라다니며 괴롭히는 그 원치 않는 욕망들까지 다 내려놓는 과정에서, 참된 길을 보여 주시는 구주를 만나게 된다. 이 원치 않는 욕망들은 분명 우리로 지치고 좌절하게 하며, 때로는 원망하게 만든다. 그러나 그 몸부림이 낳는 영광과, 그 너머에 있는 생명은 우리가 상상할 수 없을 정도로 크고 값지다. 로마서 8장에서 바울은 이 세상의 '탄식'에 대한 숙고를 마치면서 독자들에게 다음의 소망을 남긴다. "생각하건대 현재의 고난은 장차 우리에게 나타날 영광과 비교할 수 없도다"(롬 8:18). 지금 우리의 삶은 좌절 아래 놓여 있다. 의심할 여지 없이, 이 세상은 끝없는 가시로 가득한 곳이다.

그러나 그 가시는 우리 안에서 많은 선한 열매를 맺고 있다.

하나님은 우리가 영광스러운 존재로 드러나기를 원하시며, 이 영광은 아무 대가 없이 주어지지 않는다. 어쩌면 나중에 우리는 하나님이 우리가 원하는 모든 것을 주지 않으시는 이유가 우리를 너무나 사랑하시기 때문임을 알게 될 것이다.

03

우리의 욕망을 양육하다

7장

욕망을 죽이기

우리가 통제할 수 있는 것들은 많다. 우리는 습관과 일정, 심지어 자신의 선택까지도 통제할 수 있다. 그러나 욕망을 통제하는 일은 그리 쉽지 않다. 욕망은 종종 우리 마음속의 길들여지지 않은 부분처럼 느껴진다. 그것을 억제하려 애쓰다 보면 지치고 소진되기 마련이다. 내 경우에도 내면의 욕망과 싸워야 한다는 것 때문에 깊은 슬픔과 피로를 느낄 때가 적지 않다. "왜 나는 아직도 이걸 극복하지 못할까?" "이 문제와 수십 년을 싸워 왔잖아." "너무 지친다. 이제 좀 풀고 그냥 인생을 즐기면 안 되나?" 그러다 보면, 우리는 마음속의 어떤 욕망들을 완전히 제거하려는 시도가 마치 사막에서 신기루를 쫓는 일과 같다는 생각에 압도될 수 있다. 여기서 나는 여러분을 절망하게 하려는 것이 아니다. 그것은 내 목적이 아니며, 나는 다만 현실적인 태도를 취하려 할 뿐이다.

인간의 마음에는 어느 정도의 현실 감각이 꼭 필요하다.

마음이란 무엇인가? 서구 사상에서는 정신의 영역(이성과 지성)을 마음의 영역(느낌과 감정)과 분리하는 경향이 있다. 그러나 이런 구분은 성경 고유의 것이 아니라 우리 자신이 만들어 낸 것이다. 성경적인 관점에서 마음을 이해하는 신학은 감정과 지성을 서로 배타적인 두 영역으로 깔끔하게 나눠 놓지 않는다. 실제로 신약에서 헬라어 '카르디아'(*kardia*)는 '마음'(heart)과 '정신'(mind)을 가리키는 데 모두 쓰이며, 히브리어에는 아예 '뇌'에 해당하는 단어조차 없다. 이 '카르디아'는 곧 우리의 내적인 실재를 지칭한다. 그것은 우리 존재의 한 부분이며(일부 학자들은 이를 대체로 '배'[guts]나 '내장'[innards]으로 옮겨야 한다고 제안하기도 했다), 그곳에서 우리는 느끼고 생각하는 동시에 삶의 방향을 정하기도 한다.[1]

성경의 저자들은 욕망을 마음이나 정신의 한 부분으로 따로 구분 짓지 않는다. 오히려 욕망은 우리의 내면 전체가 추구하는 일종의 지향성이다. 바울이 에베소서에서 사람들이 "유혹의 욕심을 따라 썩어져 가[고]" 있으며 "너희의 심령이 새롭게 되어[야]" 한다고 말할 때(엡 4:22-23), 그가 염두에 둔 것은 바로 이 욕망의 문제다. 변화된 욕망은 변화된 정신과 나란히 간다. 그렇기에 바울은 우리가 특정한 욕망에 '마음을 두는' 일을 다루었던 것이다. 마찬가지로 에스겔과 예레미야 같은 선지자들은 하나님이 이스라엘의 마음에 "할례를 행하[실]" 것이라고 선포한다(렘 4:4). 이는 육체의 욕망을 자르고 베어 내며 드러내는 행위다. 마음의 할례는 곧 욕망의 할례이며, 어떤 이들은 이를 "욕망의 상처 입음"(woundedness of desire)이라고 부른다.[2] 이 성령의

---

1 제임스 K. A. 스미스는 다음의 책 전체에서 '내장'이라는 표현을 '마음'과 같은 의미로 사용한다. *Desiring the Kingdom: Worship, Worldview, and Cultural Formation* (Grand Rapids: Baker Academic, 2009). "머리"와 "마음"의 성경적인 개념에 대한 탁월한 논의로는 Rick Nanez, *Full Gospel, Fractured Minds: A Call to Use God's Gift of the Intellect* (Grand Rapids: Zondervan, 2010), 23-24를 보라.
2 나는 이 문구를 다음의 글에서 처음 접했다. Ian Curran, "Mindful Desire: Contemplation and the Practice of Theology in Wendy Farley", in *Erotic Faith: Desire, Transforma-*

기적은 우리의 마음과 정신과 영, 곧 우리의 '내장' 전체가 하나님과 그분의 나라를 향하게끔 다시 방향 짓는다.

우리가 그리스도를 따르기 시작한 뒤 종종 새로운 욕망을 경험하게 되는 이유도 바로 여기에 있다. 성령께서 우리 마음의 욕망을 다시 질서 잡아 주시기 때문이다. 회심 이전에 우리는 아우구스티누스가 언급한 '무질서한 애착들'을 품고 있었으며, 성령의 역사가 없이는 계속 이런 상태로 머물게 된다. 이는 곧 선한 것보다 악한 것을, 궁극적인 것보다 좋은 것을 사랑하며, 영원한 것보다 피조된 것을 더 사랑하는 상태이다. 이 무질서한 욕망은 선지자 호세아의 말에서도 드러난다. 그는 이스라엘을 많은 연인들을 좇는 음녀에 비유한다(호 2:5). 그 백성들의 마음속에 사랑이 자리 잡고 있긴 하지만, 그 사랑은 참된 질서를 잃어버렸다. 그러므로 성령님은 우리의 욕망을 그 본래의 모습대로 다시 정돈해 가신다.

여기서 우리는 한 가지 난감한 질문을 던지게 된다. 과연 우리에게는 자신의 욕망을 죽이고 십자가에 못 박으며 할례를 행할 힘이 있는가? 다시 말해, 우리는 그 욕망을 지배할 수 있는 의지를 지니고 있는가? 이 난해한 신학적 논쟁은 기독교 역사 전반에 걸쳐 치열하게 이어져 왔다. 예를 들어 초대 교회의 두 지도자였던 펠라기우스와 아우구스티누스는 의지의 신비한 본질을 두고 정면으로 맞섰다. 펠라기우스는 인간이 죄와 덕, 그리고 욕망 사이에서 자발적으로 선택할 자유를 지닌다고 보았다. 그러나 아우구스티누스는 이에 동의하지 않았다. 인간에게는 의지를 통해 욕망을 변화시킬 능력이 결여되어 있다고 믿었기 때문이다. 아우구스티누스는 우리가 자유롭게 죄를

tion, and Beloved Community in the Incarnational Theology of Wendy Farley, ed. Mari Kim (Eugene, OR: Wipf & Stock, 2022).

지을 수는 있지만, 우리를 타락시키는 그 죄의 힘에서 벗어날 능력은 '없다'고 가르쳤다. 이 욕망의 문제에 관한 양자의 차이는 더없이 중대한 것이었다. 이에 관해, 신학자 로저 올슨은 이렇게 언급한다.

> 아우구스티누스에 따르면, 인간은 자유롭게 죄를 지을 수는 있지만 죄를 짓지 '않을' 자유는 없다. 이것은 그들이 죄 짓기를 '원하기' 때문이다. 타락은 그들의 동기와 욕망을 너무나 깊이 부패시켰기에, 하나님의 개입하시는 은혜가 없이는 오직 죄를 짓는 것만을 원하게 되었다. 그렇기에 그들은 '자유롭게' 죄를 짓고 있는 것이다. 그러나 펠라기우스와 그 추종자들은 이런 자유의지 개념을 거의 명백히 거부하면서, 인간이 정말로 자유롭다고 말하기 위해서는 죄를 짓거나 짓지 않을 수 있는 가능성을 모두 지녀야만 한다고 주장했다.[3]

여기서 핵심이 되는 것은 '원하다'라는 단어다. 아우구스티누스 신학의 한 가지 중요한 요소는 곧 우리의 죄악 된 본성이 우리 자신의 욕망과 결합하게 되었다는 개념이다. 우리의 문제는 단지 우리가 죄를 짓는다는 데 그치지 않는다. 정말 중요한 문제는 우리가 죄를 '욕망한다'는 데 있다. 기독교 역사에서 가장 중요한 책들 가운데 상당수가 바로 이 문제와 씨름해 왔다. 조너선 에드워즈의 *Freedom of the Will*(의지의 자유)와 마르틴 루터의 *Bondage of the Will*(의지의 속박) 등이 그것이다. 이것은 또한 장 칼뱅이 가르쳤던 신학의 중심 주제이기도 하다. 그는 마음을 끊임없이 스스로 우상을 만들어 내는 "우상의

---

3 Roger Olson, *The Story of Christian Theology: Twenty Centuries of Tradition and Reform* (Downers Grove, IL: InterVarsity, 1999), 273.

공장"으로 묘사했다.[4]

하나님은 그리스도의 십자가와 부활을 통해 우리에게 용서를 베푸셨다. 그러나 그 속죄가 우리 마음을 무질서한 애착들로부터 마법처럼 단번에 떼어 놓는 것은 아니다. 우리가 하나님께 반역했을 때, 문제는 단지 우리의 행동이 그분의 뜻에 어긋났다는 데만 있지 않았다. 우리는 하나님께서 하지 말라고 명하신 일을 하려는 뒤틀린 욕망을 품고 있었다. 기독교 역사에서 이것은 흔히 '정욕'(concupiscence)으로 지칭되어 왔다. 이는 곧 하나님이 원하지 않으시는 일들을 향해 우리 안에서 요동치는 욕망이다. 인간은 어떤 것을 하지 말라는 말을 듣자마자 갑자기 그것을 행하려는 욕망을 갖게 되기 마련이다. 바울은 이를 이렇게 묘사한다. "그러나 죄가 기회를 타서 계명으로 말미암아 내 속에서 온갖 탐심을 이루었나니 이는 율법이 없으면 죄가 죽은 것이라"(롬 7:8). 하나님의 명령이 선포되는 바로 그 순간, 우리의 죄악된 마음은 그 뜻을 어기려는 욕망을 품게 된다.

우리는 마치 환한 햇빛이 비치는 바깥으로 나가기를 거부하고 하루 종일 집 안에서만 노는 아이들과 같다. 그런데 막상 폭우가 쏟아지기 시작하면, 이번에는 화를 내며 빗속에서 뛰게 해 달라고 요구하는 것이다.

그렇기에 달러스 윌라드는 하나님이 선하다고 하시는 것을 우리가 악하다고 불러서는 안 된다고 말한다. 예를 들어 성적인 욕망 역시 하나님이 정해 두신 경계 안에서는 '선한' 욕망이다. 하지만 그 자체를 나쁜 것으로 규정해 버리면, 우리의 죄 된 마음은 그것을 그릇된 시기에 그릇된 방식으로 원하도록 자극받게 된다. 이에 관해, 윌라드는 이

---

4 이 주제에 대한 상세한 탐구로는 Richard Keyes, "The Idol Factory", in *No God but God: Breaking with the Idols of Our Age* (Chicago: Moody Publishers, 1992)를 보라.

렇게 언급한다. "무언가를 금지하는 일 자체가 우리의 행동과 욕망을 불러일으키는 힘을 지니기에, 오히려 그 충동은 더욱 강력해지고 만다."[5] 이처럼 선한 일을 거짓으로 악하다고 규정할 때, 우리 마음이 뒤틀려서 T. S. 엘리엇이 말한 '최후의 가장 큰 유혹'에 빠지게 된다. 이는 곧 "옳은 일을 그릇된 이유에서 저지르는 것"이다.[6]

이런 이유로, 윌라드는 우리의 의지(선택하는 능력)와 욕망(원하는 능력) 사이의 차이를 상기시킨다. 의지는 선과 악에 근거해서 결정을 내리지만, 욕망은 흔히 도덕적인 기준을 고려하지 않은 채로 무언가를 원하는 것이다. 우리가 성령님의 손길에서 벗어나 있을 때, 우리의 의지는 욕망의 종이 된다. 그러나 성령님의 역사가 우리 속에 임할 때, 의지는 점차 욕망의 '주인'이 되어 간다. 여기서 윌라드는 이렇게 경고한다. "진정한 위험은 우리의 의지가 욕망에 사로잡힐 때 찾아온다."[7] 어쩌면 예수님이 제자들에게 다음과 같이 말씀하셨을 때 염두에 두신 일도 바로 이것일지 모른다.

누구든지 나를 따라오려거든 자기를 부인하고 자기 십자가를 지고 나를 따를 것이니라 누구든지 제 목숨을 구원하고자 하면 잃을 것이요 누구든지 나를 위하여 제 목숨을 잃으면 찾으리라 사람이 만일 온 천하를 얻고도 제 목숨을 잃으면 무엇이 유익하리요 사람이 무엇을 주고 제 목숨과 바꾸겠느냐(마 16:24-26)

이 자기 부인(이는 사복음서에 모두 등장하는 예수님의 몇 안 되는 공통 명령

---

5 Dallas Willard, "Beyond Pornography: Spiritual Formation Studied in a Particular Case", *Journal of Spiritual Formation and Soul Care* 9, no. 1 (2006): 6.

6 T. S. Eliot, *Becket* (New York: Harcourt Brace, 1935), 44.

7 Willard, "Beyond Pornography", 7.

가운데 하나다) 가운데는 우리의 욕망을 하나님의 뜻 아래 두기로 선택하는 일이 분명히 포함된다. 이때 우리 마음의 바람과 욕구를 하나님의 뜻과 기대와 갈망 아래에 두는 올바른 방향 전환이 이루어지는 것이다. 여기에는 선택이 따른다. 우리는 자기 욕망을 부인하고 예수님의 뜻을 따르든지, 아니면 그분의 뜻을 부인하고 자기 욕망을 따르든지 둘 중 하나를 택해야 한다.[8]

이것은 해방을 향해 나아가는 평생의 여정이다. 그리고 그것은 자신의 거짓된 애착들을 내려놓고 그것들을 하나님을 향한 사랑 아래 두는 일을 수반하는 고통스러운 여정이기도 하다. 헨리 나우웬은 『세상의 길 그리스도의 길』(*The Selfless Way of Christ*)에서, 예수님의 이 좁은 길을 따르는 것이 누구에게나 쉽지 않다고 말한다. 그것은 우리 마음을 지배하고 있는 '권력'이라는 거짓 신과 정면으로 맞서는 길이기 때문이다. 그는 이렇게 언급한다.

> 우리가 무력함에서 어떤 선한 결과가 나온다고 믿는 것은 거의 불가능해 보인다. 개척자들과 자수성가한 사람들의 나라, 곧 학교에 들어가는 첫 순간부터 자유 기업의 경쟁 세계에 발을 들여놓기까지 줄곧 야망이 찬양을 받는 이 나라에서, 우리는 자신의 힘을 내려놓거나 심지어 힘을 욕망하지 않는 데서 어떤 선이 생길 수 있다는 생각을 아예 하지 못한다. 우리 사회에 널리 퍼진 확신은 곧 '힘은 선한 것이며 그것을 가진 사람들은 더 많은 힘을 원하기 마련'이라는 생각이다.[9]

8　이것이 바로 쇠렌 키에르케고르가 쓴 "마음의 순결함은 한 가지를 바라는 것이다"라는 말의 의미다. 우리의 경우, 그것은 곧 우리의 뜻을 하나님의 뜻 아래 두는 것이다. Søren Kierkegaard, *Purity of Heart Is to Will One Thing* (New York: HarperOne, 1994).

9　Henri Nouwen, *The Selfless Way of Christ: Downward Mobility and the Spiritual Life* (Maryknoll, NY: Orbis, 2007). 『세상의 길 그리스도의 길』(IVP).

나는 나우웬의 말이 대단히 현실적이면서도 깊은 치유력을 지닌 것임을 깨닫는다. 우리는 모두 자신의 내면이 얼마나 복잡한지를 알고 있다. 우리 마음은 정원과 같다. 그곳에서는 가장 풍성하고 무성하며 아름답고 생명을 주는 열매들이 자랄 수도 있다. 그러나 또한 그 마음에서는 영원한 생명을 밀어내는 해로운 잡초들이 싹틀 수도 있다. 마음은 우리의 욕망이 자라나는 토양이다. 마음이 잘 가꾸어질 때, 선한 욕망이 자라난다.[10]

예수님을 향한 우리의 사랑이 성숙하고 자라 가는 평생의 여정은 자신의 내면에서 무엇이 자라고 있는지를 세심하게 살피는 일만을 요구하지 않는다. 이를 위해서는 하나님께 속한 욕망들을 북돋우는 동시에 무질서한 욕망들을 제거하는 일 역시 필요하다. 우리의 정원에서 무엇에 물을 주든, 결국 그것이 자라나게 되어 있기 때문이다. 이것이 곧 다음과 같은 A. W. 토저의 말에 담긴 목회적인 지혜다. "돌보지 않은 정원은 곧 잡초로 뒤덮일 것이다. 진리를 가꾸고 오류를 뿌리 뽑는 데 집중하지 않는 마음은 머지않아 신학적인 황무지가 된다."[11]

◇◇◇◇◇◇◇◇◇◇

신약은 인간의 마음에 대해 현실적인 진단을 제시한다. 실제로 사도 야고보는 두 차례에 걸쳐, 죄를 향한 욕망이 인간 존재의 내부에

---

10 커트 톰슨(Curt Thompson) 역시 마음의 욕망을 정원에 비유하면서 이렇게 말한다. "욕망은 우리가 단순히 반응하기만 하면 되는 어떤 독립적인 현상이 아니다. 정원사들이라면 누구나 알듯이, 그 욕망은 적절한 가지치기가 필요한 것이기도 하다." Curt Thompson, *The Soul of Desire: Discovering the Neuroscience of Longing, Beauty and Community* (Downers Grove, IL: InterVarsity Press, 2021).

11 A. W. Tozer, *Man: The Dwelling Place of God* (Chicago: Moody Publishers, 1997), chap. 37.

서 비롯된다고 경고한다. "오직 각 사람이 시험을 받는 것은 '자기' 욕심(evil desires)에 끌려 미혹됨이니"(약 1:14, 강조는 나의 것). 그러나 야고보는 여기서 멈추지 않는다. 그는 곧이어, 거듭난 사람들 사이에서조차 일어나는 다툼과 분쟁이 "너희 지체 중에서(within you) 싸우는 정욕"(4:1, 강조는 나의 것)에서 나온다고 말한다. 실로 우리는 악한 욕망을 지니고 있다. 그러나 그 욕망들은 흔히 외부에서 주입되는 것이 아니라, 우리 안에서 스스로 생겨난다.

이것은 유혹에 대한 우리의 사고방식을 어떻게 바꿔놓는가? 우리는 흔히 유혹이 마치 작은 악마가 우리 어깨에 앉아 성과 초콜릿, 살인에 관해 속삭이는 식으로 찾아온다고 여길지도 모른다. 실제로 유혹은 우리 안에 어떤 생각이나 개념, 혹은 욕망들을 주입시키는 악한 자의 역사가 될 수 있다. 그러나 많은 경우, 그는 이미 우리 안에 자리 잡은 욕망을 부추기기만 하면 된다. 이 점은 상당히 아이러니하다. 나는 살아오면서 공적인 장소에서 음란물 광고를 본 적이 한 번도 없다. 그런데 그 이유는 이 연간 수십억 달러 규모의 산업이 굳이 광고를 필요로 하지 않기 때문이다. 어쩌면 우리는 위에서 언급한 야고보서의 가르침을 통해 그 이유를 헤아려 볼 수도 있다. 곧 음란물 산업은 인간이 이미 마음속에 품고 있는 욕망을 이용하는 것이다. 뒤틀린 마음이 이미 안에서 유혹의 일을 하고 있는데, 바깥에서 따로 광고할 필요가 어디 있겠는가?

내가 몇 해 전에 멘토로서 도왔던 한 젊은이는 원치 않는 강렬한 성적 욕망으로 고통받고 있었다. 그는 포틀랜드에 거주할 때 자신의 싸움을 지지해 줄 전문 치료사를 찾으려 했던 경험을 들려주었다. 그곳에서 금욕과 성적 거룩함, 그리고 독신에 대한 그의 바람을 기꺼이 지지해 줄 상담자를 찾는 일은 몹시 어려웠고, 그는 거의 절망에 가까운 상태에 이르렀다. 그는 여러 차례, 자신의 '억압적인' 태도가 슬픔과 우울, 심지어 자살로 이어질 수 있다는 경고를 들어야 했던 것이다. 이 일은 원수의 전술이 지닌 어두운 면을 드러낸다. 원수는 우리를 억지로 죄에 빠뜨리지 않는다. 그는 훨씬 더 교묘하다. 때로 우리는 수많은 '좋아요' 속에서 자신의 죄를 인정받곤 한다. 하나님이 십자가에 못 박으라고 말씀하시는 어떤 죄가 다른 이들 안에 있을 때, 우리는 오히려 그 죄를 긍정해 줌으로써 쉽게 공범이 되는 것이다. 악은 반드시 밖에서 우리를 유혹할 필요가 없다. 안에 이미 있는 것을 긍정해 주기만 해도 충분하기 때문이다.

다른 한편으로, 우리는 이 문제를 너무 단순화해서는 안 된다. 유혹은 여러 형태로 찾아온다. 어떤 유혹은 우리 안에서 비롯되고, 어떤 것은 외부에서 온다. 그런데 유혹이 어떤 경로를 통해 오든, 그 유혹 자체가 곧 죄라는 생각은 거부해야 한다. 어떤 어둡고 악한 일에 대한 유혹을 겪는 일이 곧 죄인 것은 아니며, 이는 원치 않는 욕망을 경험하는 것이 죄가 아닌 것과 마찬가지다. 이런저런 욕망을 순간적으로 느끼는 일은 우리가 통제할 수 있는 영역이 아니기 때문이다. 어떻게 이렇게 말할 수 있을까? 아주 단순하다. 죄 없으신 우리의 구주 예수님도 유혹을 받으셨기 때문이다. 그분은 온전한 사람이셨기에, '실제로' 시험을 받으셨다. 그러나 동시에 죄는 없으셨던 것이다. 그러므로 둘 중 하나다. 유혹을 겪는 것이 죄라면 예수님은 죄인이어야 하고, 그분께 죄가 없다면 그 일 역시 죄가 아니다. 이 사실은 우리를 해방시킨다. 우리가 유혹을 경험한다는 이유로 스스로를 정죄할 때마다, 우리는 하나님의 아들과 딸이라는 자신의 참된 정체성을 저버리는 것이 된다.

문제는 유혹 그 자체에 있는 것이 아니다. 문제는 우리가 그것에 어떻게 반응하느냐에 있다. 죄는 우리가 유혹을 저녁 식사에 초대하고, 마침내 집 안에 눌러앉게 할 때 시작된다. 우리 마음속에 유혹을 붙잡아 둘 때 죄가 태어나는 것이다. 그래서 성경은 종종 유혹과 죄의 관계를 마치 눈덩이가 점점 커져가는 과정처럼 묘사한다. 시편 1편에서 저자는 복된 삶을 이렇게 묘사한다.

복있는 사람은 악인들의 꾀를 따르지 아니하며 죄인들의 길에 서지 아니하며 오만한 자들의 자리에 앉지 아니하고 오직 여호와의 율법을 즐거워하여 그의 율법을 주야로 묵상하는도다(시 1:1-2)

시편 기자가 말하는 악의 진행 단계를 주목해 보라. 저자는 먼저 "악인의 꾀를 따라 걷지 않는"(NIV) 사람에 대해 말한다. 또 그런 이는 죄인들의 곁에 "서지" 않으며, 그 악한 자들의 무리 중에 "앉지"도 않는다는 것이다. 많은 성경 주석가들은 여기서 악에 결부되는 행동의 분명한 점진적 흐름을 지적해 왔다. 우리는 처음에는 그 곁을 지나쳐 걷고, 그다음에는 그들과 함께 서며, 결국 그 자리에 앉게 된다.

처음에는 단순한 '걷기'로 시작하지만, 곧 깊이 빠져들게 된다. 여기서 시편 기자가 창세기 4장의 가인과 아벨 이야기를 염두에 둔 것은 아닐까 생각하게 된다. 형의 손에 동생이 죽는 것으로 끝나는 이야기는 처음부터 그런 식은 아니었다. 이야기는 종교적 질투에서 출발한다. 가인은 하나님이 아벨의 제사는 받아 주셨지만 자신의 제사는 받아들여지지 않은 것에 분노한다. 이후 일은 빠르게 전개된다. 가인은 아벨을 데리고 들로 나간 뒤, 어느새 자신의 형제를 살해했다. 그 결과 가인은 추방되어 방황하는 자가 되었던 것이다. 그의 욕망이 바르게 정돈되지 않은 결과, 한 번의 '걷기'는 살인으로 끝났다. 이처럼 제대로 다루지 않은 죄는 눈덩이처럼 불어난다.

시편 137편에서도 이와 비슷한 표현이 쓰인다. 이 시편은 이른바 '저주 시편'으로, 기자의 분노와 격정이 담긴 노래다. 그는 가나안 족

속이 자신을 비롯한 하나님의 백성을 가혹하게 다룬 일에 대해 정당한 분노를 품고 있다. 그리고 하나님 앞에서 곧 그 족속에 관해 이렇게 선포한다.

네 어린 것들을 바위에 메어치는 자는 복이 있으리로다(시 137:9)

우리는 이 시편을 그 전체의 맥락에서 바르게 읽어 가야 한다. 여기서는 폭력을 행사하려는 하나님 자신의 욕망을 표현한 것이 아니다. 영감된 성경은 다만 시편 기자의 분노를 말로 드러내 주고 있을 뿐이다. 나아가 시편 기자가 실제로 자신의 말을 실천했다는 증거가 없다는 점도 감안해야 한다. 이 시편은 결코 폭력을 정당화하거나 권장하지 않는다. 오히려 이 구절에서는 죄의 본성을 묘사하고 있다. 시편 기자는 가나안 족속의 아이들이 자라나서 결국 하나님의 백성을 죽이게 되는 현실에 분노하며, 그렇기에 그들을 처음부터 제거해야 한다고 말한다. 그리고 이 메시지는 죄에 대해 분명한 영적 의미를 지닌다. 죄는 초기에 죽여야 한다. 만일 그 죄를 죽이지 않으면, 그것이 자라나서 마침내 우리를 죽이게 될 것이기 때문이다. 이에 관해, 쇠렌 키에르케고르는 이렇게 언급한다. "우리가 죄에서 빠져나오지 못하는 순간마다 그것은 점점 자라난다."[12]

◇◇◇◇◇◇◇◇◇◇

그렇다면 우리는 악한 욕망을 향한 유혹을 어떻게 다루어야 하

---

12 Søren Kierkegaard, *The Sickness unto Death*, trans. Walter Lowrie (New York: Penguin, 2004), 106. 이에 관해, 라 로슈푸코(La Rochefoucauld)는 이렇게 언급한다. "처음의 욕망 하나를 억누르는 일이 그 뒤에 따라오는 모든 욕망을 충족시키는 것보다 훨씬 쉽다."

는가? 오늘날 우리의 현실에서는, 인간의 죄와 허물에 대한 처방으로 그저 "그 일을 멈추라"든지 "더 나은 사람이 되라"고 강권하는 것이 일종의 종교적인 원칙처럼 여겨지는 경우가 너무 많다. 그러나 인간에게는 공허한 금지 이상의 것이 필요하다. 연구에 따르면, 말더듬이나 언어장애로 어려움을 겪는 이들 중 상당수는 바로 그 문제들에 대한 불안 때문에 더욱 그런 증상을 보이게 된다.[13] 말더듬에 대한 두려움이 오히려 더 심한 말더듬을 유발할 수 있는 것이다. 그렇기에 그 일을 겪는 이들에게 그저 "멈춰"라고만 말하는 것은 문제를 더 악화시킬 수 있다. 유혹의 문제에서도 이와 동일한 원리가 나타난다. 원치 않는 욕망을 애써 억누르려 들수록, 우리는 오히려 그 욕망에 집착하게 된다. 그리고 다른 일들에 관해서는 거의 생각하지 못하게 되는 것이다. 새뮤얼 페리(Samuel Parry)는 이것을 "몰입 가설"(preoccupation hypothesis)로 지칭한다.[14] 누군가에게 욕망을 품지 말라고 할수록, 그로 인해 생기는 불안이 오히려 더 커질 수 있다는 것이다.

규칙들이 우리의 행동을 바로잡을 수는 있지만 욕망은 바로잡지 못한다. 유혹에 맞설 때 우리가 사용할 수 있는 한 가지 도구는 곧 성경에서 '고백'이라 부르는 방편이다. 그렇다면 고백이란 무엇이며, 그 일은 어떻게 이루어지는가? 대부분의 개신교인들과 복음주의자들은 고백을 떠올릴 때, 참회실과 사제, 죄인, 그리고 하나님의 용서를 얻기 위해 정해진 참회문을 기계적으로 읊는 장면을 연상하는 경향이 있다. 그 결과 이런 전통에 속한 많은 이는 고백의 실천을 시대에 뒤떨어지고 쓸모없는 것으로 여긴다. 그러나 넓게 보면, 신약에는

---

13   Timothy Schroeder, *Three Faces of Desire* (New York: Oxford University Press, 2004), 22-23.

14   Samuel Perry, *Addicted to Lust: Pornography in the Lives of Conservative Protestants* (New York: Oxford University Press, 2019), 34.

두 가지 형태의 고백이 나타난다. 하나는 하나님 앞에서의 고백이고, 다른 하나는 사람들 앞에서의 고백이다. 요한은 그의 첫 서신에서 첫 번째 형태, 곧 하나님께 드리는 고백을 이렇게 설명한다. "만일 우리가 우리 죄를 자백하면 그는 미쁘시고 의로우사 우리 죄를 사하시며 우리를 모든 불의에서 깨끗하게 하실 것이요"(요일 1:19). 이처럼 하나님 앞에 우리 죄를 진실하게 아뢸 때, 우리는 그분의 용서를 확신하게 된다.

그런데 여기에는 중요한 함의가 있다. 요한이 "자백하다"라고 쓴 말은 '호몰로게오'(homologeō)인데, 이는 '호모'(homo, "같은")와 '로게오'(logeō, "말하다")가 결합된 단어다. 이 합성어는 문자 그대로 "같은 것을 말하다", 또는 "한 목소리로 말하다"를 의미한다. 곧 고백이란 하나님과 뜻을 같이하는 것이다. 이런 고백은 하나님이 미처 모르거나 아직 파악하지 못한 어떤 사실을 알려 드리는 일이 아니다. 오히려 그 반대다. 하나님은 우리의 죄를 이미 깊이 알고 계신다. 고백은 곧 하나님이 이미 분명히 알고 계시는 사실을 그분 앞에서 인정하는 것이다. 이것이 바로 시편 38편의 정신이며, 그곳에서는 이렇게 부르짖는다. "주여 나의 모든 소원이 주 앞에 있사오며 나의 탄식이 주 앞에 감추이지 아니하니이다"(9절). 고백은 하나님께 무언가를 가르치거나 보고하는 일이 아니다. 그것은 하나님이 이미 아시며 우리 마음속에서 증언하고 계시는 사실에 대해 그분과 의견을 같이하는 행위다. 요한의 말대로 우리 자신의 죄를 인정할 때, 우리는 하나님의 뜻을 거스른 일들에 대한 용서와 은혜의 깊은 샘물에 닿게 된다.

이처럼 첫 번째 고백은 하나님 앞에 드리는 것이다. 그리고 서로에게 행하는 두 번째 고백은 야고보서의 끝부분에서 언급된다. "그러므로 너희 죄를 서로 고백하며 병이 낫기를 위하여 서로 기도하라 의인의 간구는 역사하는 힘이 큼이니라"(약 5:16). 야고보의 이 권면에는 몇 가지 주목할 점들이 있다. 그중 하나는 이것이 하나의 명령이라는 것이다. 고백은 그리스도인의 삶에 속한 필수적인 부분이다. 그렇기에 고백에 대한 우리의 이미지가 잘못 형성되어 왔다는 이유만으로 이 실천을 가볍게 여기거나 폐기해서는 안 된다.

또 우리는 '서로에게' 고백하되, 그것이 '서로를 위해 기도하는 것'과 함께 이루어지게끔 해야 한다는 점을 주목해야 한다. 여기서 "서로"라는 표현이 반복되는데, 이는 두 사람 사이의 상호성을 강하게 드러낸다. 이것은 권력을 지닌 누군가가 자신보다 약한 다른 이에게서 고백을 받아 내는 구조가 아니다. 오히려 두 사람이 동등한 위치에서 서로의 죄를 나누는 모습을 그려 준다.

하나님께 죄를 고백하기는 쉽다. 그러나 서로에게 고백하는 일은 몹시 고통스럽다. 하지만 야고보의 주의 깊은 가르침은 왜 서로에게 죄를 고백하는 일이 그렇게 중요한지를 적절히 일깨워 준다. 그가 언급하는 이 인간들 사이의 상호적인 고백은 곧 '치유'를 가져오기 때문이다. 여러분도 그 점을 알아차렸는가? 그 결과는 용서가 아닌 치유이다. 사람들이 서로에게 자신의 죄를 드러낼 때, 온전한 치유와 회복이 일어난다. 학자들의 연구도 이를 뒷받침해 준다. 심리학자 제임스 페네베이커(James Pennebaker)는 고백이 신체와 정신에 미치는 영향을 연구하여, 꾸준히 서로에게 자기 죄를 고백하는 이들이 상당한 "장기적인 건강상의 유익"을 누린다는 사실을 발견했다.[15] 이처럼 서로 죄를 고백하는 일은 우리의 마음과 영혼, 심지어 신체까지 치유하며 회복시킨다. 그 이유는 무엇일까? 인간에게는 자기 삶과 마음의 고통스러운 진실들을 안전하게 내어놓을 수 있는 관계가 필요하기 때문

---

15 J. W. Pennebaker, C. F. Hughes, and R. C. O'Heeron, "The Psychophysiology of Confession: Linking Inhibitory and Psychosomatic Processes", *Journal of Personality and Social Psychology* 52, no. 4 (May 1987): 781-93.

이다.

개신교 전통의 문제는 이 인간 상호 간의 고백이 거의 사라지게 만든 데 있다. 이 일은 상당히 심각한 문제를 낳았다. 이로 인해 수많은 신자들이 하나님 앞에서의 고백을 통해 용서를 경험하면서도 서로에게 고백함으로써 얻는 치유는 놓치고 있다. 우리는 종종 용서는 받았지만 치유되지는 않은 채로 살아간다. 저명한 심리학자인 카를 융은 이것을 개신교 종교개혁이 남긴 가장 큰 문제 중 하나로 보았다. 곧 과거의 고해 전통을 폐기함으로써 무언가 중요한 것이 상실되었다는 것이다. 융은 이렇게 쓴다.

> 개신교 신학은 이상한 자기기만에 빠져서 … 인간의 불안정성에 맞서는 가장 효과적인 수단을 스스로 포기해 버렸다. 이는 곧 가톨릭교회가 인류의 유익을 위해 지혜롭게 보존해 왔던 고해성사의 방편이다. 이 고해와 사면이 사라짐으로써 개인의 도덕적인 갈등은 더욱 예리해졌고, 이전에는 교회가 함께 해결해 주던 문제들을 이제는 각자가 홀로 감당할 수밖에 없게 되었다.[16]

융에 따르면, 종교개혁 이후에 가톨릭교회의 고해가 폐기되면서 서로에게 죄를 고백하는 이 실천 역시 사라졌다. 그리고 이와 함께, 교회가 지닌 치유의 힘 또한 일정 부분 상실되었다는 것이다. 말하자면 아기를 목욕물과 함께 버린 셈이다. 어떤 이들은 개신교회에서 이

---

16 C. G. Jung, "Editorial", in *The Collected Works of C. G. Jung*, trans. R. F. C. Hull, vol. 10, Bollingen Series XX (New York: Pantheon, 1964), 549-50. 죄 고백에 대한 융의 사상을 포괄적으로 개관한 것으로는 Elizabeth Todd, "The Value of Confession and Forgiveness According to Jung", *Journal of Religion and Health* 24, no. 1 (Spring 1985): 39-48을 보라.

고백의 관행이 중지된 뒤에도 인간의 고백에 대한 필요는 계속 남아 있었고, 그 결과 오늘날 우리가 '상담실'이라 부르는 것이 등장하게 되었다고 주장하기도 한다. 심지어 한 학자는 현대의 치료사들을 곧 "우리 사회의 세속적인 사제"라고 부르기도 했다.[17]

내 말은 상담의 중요성을 축소시키려는 것이 전혀 아니다. 나 역시 수년간 상담에 적지 않은 비용을 지불해 왔다. 그보다 이 일은 왜 상담이 우리 시대에 그렇게 중요한 것이 되었는지 인식하는 데 도움을 준다. 모든 인간에게는 자기 마음속에서 발견되는 욕망들(선한 것이든 악한 것이든)을 말로 표현할 수 있는 자리가 필요하다. 바로 이 근본적인 필요를 채워 주기 때문에, 우리 사회에서 그간 알코올 의존증자 모임(Alcoholics Anonymous)이 그렇게 놀라운 변화를 일으켜 온 것이다. 그리고 이것은 18세기 존 웨슬리의 지도 아래 일어난 부흥운동이 수많은 이의 삶에 지속적인 영향을 미친 이유를 설명해 주기도 한다. 교회 안에 냉담과 무기력이 만연하던 시기에, 웨슬리는 신도회(societies)와 속회(classes), 반회(bands)로 나뉜 소그룹 체계를 발전시켰다. 이것이 곧 감리교(Methodism)의 '방법'(method)이었던 것이다. 그는 우리가 예수님의 제자로 살아가기 위해서는 함께 모여 서로의 이야기를 듣고 고백하며 각자의 영적 여정을 함께 성찰하는 일이 꼭 필요하다는 것을 알고 있었다. 다음은 웨슬리가 소그룹 모임을 위해 제시한 질문들 중 일부다.

당신은 자신의 잘못을 적절히 지적받는 일을 기꺼이 원합니까?

당신은 주변 사람들이 당신의 삶에서 보게 되는 것을 자유롭게 말하게

17　더 자세한 논의로는 John G. Stackhouse, *Can God Be Trusted? Faith and the Challenge of Evil* (New York: Oxford University Press, 1998), 81-89를 보라.

끔 허락하기를 원합니까?

당신은 자신의 죄를 숨기지 않고 드러내며, 마땅한 방식으로 회개하기를 원합니까?[18]

이 웨슬리의 질문들에서 욕망('원함')은 핵심적인 위치를 차지한다. 왜 그런가? 그는 사람들이 자신의 욕망을 말로 드러내고, 고백을 통해 치유를 경험할 자리가 필요하다는 사실을 잘 알았기 때문이다.

우리 힘으로 늘 우리 안의 욕망을 잘라 낼 수는 없다. 하지만 그 욕망들을 '늘' 그리스도 안에서 신뢰할 수 있는 공동체에 고백할 수는 있다. 그리고 그 결과는 삶을 변화시키는 힘을 지닌다. 고백은 곧 하나님과 다른 이들 앞에서 진실을 말하는 것이다. 우리의 원치 않는 욕망들을 다루는 열쇠는 그것을 밝은 빛 가운데로 드러내는 데 있다. 곧 안전하고 신뢰할 만하며 애정 어린 관계 속에 있는 이들이 그 욕망들을 헤아려 볼 수 있게 하는 것이다. 이런 욕망들을 믿음직한 이들에게 털어놓을 때, 그것들은 우리 마음속에서 점차 지배력을 잃게 된다.

◇◇◇◇◇◇◇◇◇◇

예수님을 따르는 이들이 자신의 욕망을 다스려 온 또 하나의 방식은 금욕주의였다. 이는 우리의 욕망을 성화하기 위한 수단으로, 의식적인 자기 부인을 실천하면서 세상의 쾌락을 절제하는 일(곧 특정한 즐거움을 '잘라 내는' 행위)을 가리킨다. 이처럼 욕망이 추구하는 쾌락을 내려놓을 때, 우리의 진정한 자아가 드러난다. 십자가의 성 요한이 "그대의 욕망을 부인하라. 그러면 그대의 마음이 진실로 원하는 바를 발

18　이는 다음 글의 내용을 풀어쓴 것이다. Keith Matthews, "Alone Together: An Epidemic in the Church?", *Conversations: A Forum for Authentic Conversation* 13, no. 1 (Spring and Summer 2015): 52-57.

견하게 될 것이다"라고 쓴 것도 바로 이 점을 염두에 둔 것이다.[19]

최근 몇 년 사이, 금욕주의는 여러 기독교 공동체에서 점점 더 큰 주목을 받아 왔다. 이는 교회가 풍요와 정치권력, 그리고 재물에 대해 보여 온 자신들의 우상 숭배적인 태도를 새롭게 자각하게 된 흐름과 맞물려 있다. 성공회 신학자인 새라 코클리(Sarah Coakley)는 인간적인 쾌락을 절제할 때 우리의 시선을 땅의 것에서 하늘의 것으로 돌릴 수 있다고 주장하면서, 건전한 금욕주의를 교회 안에 다시 소개하려 했다. 코클리는 *The New Asceticism*(새로운 금욕주의)에서, 혼란에 빠진 우리의 욕망을 회복시킬 수 있는 금욕주의의 한 형태로서 독신 생활, 곧 성적인 결합을 절제하는 삶을 강조한다. 육체적인 쾌락에서 등을 돌릴 때, 우리 마음이 하나님 안에서의 만족을 '향해' 이끌리게 된다는 것이다. 이런 맥락에서 그녀는 이렇게 언급한다. "사려 깊고 신실한 독신자나 사려 깊고 신실한 기혼자들은 생각이 짧고 불신실한 독신자 또는 별 생각 없이 행복해 보이거나 안타까울 정도로 생각이 없는 기혼자들보다 더 많은 공통점을 지닐 수 있다. 이는 곧 불가피하게 좌절을 겪는 자신들의 욕망을 기도하는 마음으로 하나님께 맡긴다는 점에서 그러하다."[20]

물론 금욕주의는 비극적으로 오용될 수도 있다. 성경은 결코 순결이 곧 위선적인 경직성을 요구한다고 시사하지 않는다. 그러나 독신

---

19 Saint John of the Cross, "Sayings of Light and Love", in *The Collected Works of Saint John of the Cross*, trans. Kieran Kavanaugh and Otilio Rodriguez (Washington, DC: ICS, 1991)에 수록된 열다섯 번째 금언을 보라.

20 Sarah Coakley, *The New Asceticism: Sexuality, Gender and the Quest for God* (New York: Bloomsbury, 2015), 39. 헨리 나우웬 역시 하나님에 대한 사랑을 깊게 하는 독신 생활의 능력에 대해 썼다. Henri Nouwen, *Lifesigns: Intimacy, Fecundity, and Ecstasy in Christian Perspective* (New York: Random House, 1989)의 2부를 보라. 『두려움을 떠나 사랑의 집으로』(포이에마).

과 같은 금욕적인 실천은 성에 집착하는 우리 문화 속에서 삶의 방향을 다시 바로잡는 놀라운 힘을 지닐 수 있다. 웨슬리 힐(Wesley Hill) 같은 이들은 독신자들이 어떻게 우리 모두의 유익에 기여할 수 있는지를 통찰력 있게 논의해 왔다. 그에 따르면, 독신과 결혼은 모두 하나님의 선물이다. (다만 어느 것도 우리가 하나님께 당연히 요구할 수 있는 권리는 아니다.) "쓰고 버리는" 우리 문화에서, 독신이라는 선물과 실천은 교회에 중요한 사실을 상기시킨다. 이는 곧 성적인 욕망이 결코 친밀함을 얻기 위한 일종의 '시험 무대'가 되어서는 안 된다는 것이다. 우리의 관계적인 친밀함은 성적인 충족에 달려 있지 않다. 실제로 창조에서는 친밀함이 성보다 앞서 있었고, 새 창조에서는 친밀함이 성 이후에도 남는다. 참된 친밀함은 오르가슴을 필요로 하지 않는다. 그것은 모든 인간에게 주어지는 은혜의 선물이다.[21]

이것이 바로 금식과 침묵 같은 영적인 훈련들의 논리다. 특히 금식은 '우리는 곧 우리의 욕망'이다'라거나 '인간의 만족과 정체성은 육체적인 욕망에서 비롯된다'는 생각들에 맞서는 예언자적인 행위다. 예수님을 좇는 이들이 음식이나 마실 것(혹은 다른 무엇이든)을 스스로 절제할 때, 그들의 욕망이 다시금 하나님을 추구하는 방향으로 되돌려지게 된다. 음식이나 술, 시끄러운 소음이나 인터넷, 혹은 성이나 그 밖의 무엇에 관한 것이든 간에, 우리의 충동적인 욕망들을 자발적으로 내려놓을 때 우리를 늘 사랑으로 돌보시는 하나님을 바라보게 되는 것이다. 이 원리는 관상과 침묵의 실천에서도 동일하게 드러난다. 이때 우리는 마음속에 욕망이 소용돌이치는 상태에 있지만, 그것들을 애써 따라가지는 않기로 선택한다. 그리하여 우리의 침묵은 그

---

21 Wesley Hill, "Celibacy for the Common Good", *First Things* (blog), March 6, 2015, https://www.firstthings.com/blogs/firstthoughts/2015/03/celibacy-for-the-common-good.

충동들의 폭정에 맞서는 저항의 방편이 된다.[22] 초대 교회의 많은 저술가들은 이런 금욕적인 실천들이 도덕과 윤리의 측면에서 기독교적인 삶의 형성에 헤아릴 수 없는 유익을 미친다고 언급한 바 있다.[23]

그런데 금욕주의는 정말로 예수님의 가르침에 뿌리를 둔 것일까? 아마 그렇지 않다고 여기는 이들도 있을 것이다. 하지만 산상수훈에 담긴 그분의 말씀을 살필 때, 우리는 예수님이 제자들에게 과감한 방식으로 경건을 추구하라고 권면하시는 것을 보게 된다.

또 간음하지 말라 하였다는 것을 너희가 들었으나 나는 너희에게 이르노니 음욕을 품고 여자를 보는 자마다 마음에 이미 간음하였느니라. 만일 네 오른 눈이 너로 실족하게 하거든 빼어 내버리라. 네 백체 중 하나가 없어지고 온 몸이 지옥에 던져지지 않는 것이 유익하며 또한 만일 네 오른손이 너로 실족하게 하거든 찍어 내버리라. 네 백체 중 하나가 없어지고 온 몸이 지옥에 던져지지 않는 것이 유익하니라.(마 5:27-30)

여기서 예수님은 정말 우리가 그분을 따르기 위해 신체 일부를 잘라 내라고 말씀하신 것일까? 우리는 자칫 이 말씀을 그릇 해석할 수 있다. 기독교의 역사는 이 가르침을 오해하여 적용한 사례들이 있었음을 보여 준다. 2세기의 오리게네스는 당시 교회에서 가장 뛰어난 설교자이자 사상가 중 하나였다. 그의 사역이 확장되면서, 그의 설교를 들으러 오는 젊고 아름다운 여성들의 수가 늘어났다. 그 과정에서

---

22 Sarah Coakley, *God, Sexuality, and the Self: An Essay on the Trinity* (New York: Cambridge University Press, 2013), 340 이후에 나오는 마지막 "종결부"를 보라.

23 예를 들어, 닛사의 그레고리는 금식이 본질적으로 하나님의 뜻을 행하는 우리의 능력과 연결된다고 믿었다. Raphael Cadenhead, *The Body and Desire: Gregory of Nyssa's Ascetical Theology*, vol. 4, Christianity in Late Antiquity (Oakland: University of California Press, 2018), 57을 보라.

오리게네스는 성적 유혹에 시달리게 되었다. 이때 그는 위의 말씀을 떠올렸고, 이를 통해 자신의 성적 충동을 잠재울 수 있으리라고 믿으면서 문자적으로 실천했던 것이다. 그리하여 그는 스스로 자신의 고환을 절제해 버렸다.

이것이 과연 최선의 길이었을까? 오리겐이 세상을 떠난 이후, 교회는 곧 그의 실천 방식이 마태복음 5장에 담긴 예수님의 가르침을 제대로 받든 것이 아니라는 데에 의견의 일치를 보았다. (여기서 당시 수많은 남성 신자들이 안도의 한숨을 내쉬는 모습이 눈앞에 그려진다.) 실제로 교회는 오리게네스의 여러 사상들을 그의 사후에 전면적으로 배척했다. 그리고 어떤 이들은 그가 스스로 거세를 행한 자신의 결정을 이후에 후회했을 것이라고 보기도 한다. 하지만 욕망을 다루는 그의 방식 자체는 교회사 속에서 여러 형태로 반복되어 왔다. 우리는 예수님의 말씀을 듣던 원래의 청중들이 어떻게 느끼고 반응했을지를 사려 깊게 숙고하면서 그 가르침을 헤아리기보다, 그저 우리 신체의 훼손을 권면하고 계신다고 쉽게 결론짓곤 한다. 물론 그렇게 과격한 일을 실제로 행하는 그리스도인들은 거의 없겠지만, 사람들은 종종 이와 유사한 태도를 취한다. 그들은 자신의 욕망을 치유하기보다 그 욕망이 아예 사라지는 편이 더 낫다고 여긴다. 선한 욕망을 가꾸어 가려고 노력하기보다, 차라리 욕망 '없는' 상태로 머물려 하는 것이다. 그리고 예수님이 우리 삶에 원하시는 일 역시 그 욕망의 소멸에 있다고 착각하곤 한다.

이런 태도는 교회가 음란물을 다루는 방식에서도 종종 드러난다. 우리는 음란물의 죄악 됨을 지적하려고 애쓰다가, '모든' 성적인 욕망이 본래 악한 것임을 시사하는 쪽으로 쉽게 넘어가곤 한다. 그 결과 성적인 죄는 곧 궁극적인 죄로 간주되며, 새뮤얼 페리(Samuel Perry)가 말한 이른바 "성적 예외주의"(sexual exceptionalism)가 자리 잡는 것

 ——— 하나님이 내게 주신 욕망이라는 선물

이다.[24] 이제 목표는 우리의 성적인 욕망들을 선하고 건전한 방식으로 길러 가는 것이 아니라, 그런 욕망들 자체를 없애는 데 놓이게 된다. 모든 문제는 결국 '정욕 관리' 정도로 환원되며, 그 결과로 찾아오는 것은 일종의 성적인 거식증이다. 그리하여 우리는 하나님이 성화시키기 원하시는 것을 오히려 죽여 버리고 만다.

마태복음에 담긴 예수님의 가르침은 성적 욕망 그 자체를 부정하는 말씀이 아니다. 이는 하나님이 성을 창조하셨기 때문이다. 그리고 예수님은 하나님이 창조하신 선한 몸을 해침으로써 우리의 일그러진 욕망을 바로잡을 것을 요구하지도 않으신다. 그러면 우리는 마태복음 5장의 말씀을 어떻게 읽어야 할까? 몇 가지 관찰이 필요하다. 첫째, 예수님은 성적인 욕망 자체를 죄로 규정하거나 악마화하지 않으신다. 앞서 살폈듯이, '갈망'과 '정욕' 사이에는 근본적인 차이가 있다. 우리는 전자를 다스릴 수 있지만, 후자는 오히려 우리를 지배한다.

둘째, 이 본문에서 예수님이 남자들만을 향해 말씀하고 계시다는 점에 주목해야 한다. 그 자리에 여성이 있었다는 암시는 없다. 실제로 예수님은 "음욕을 품고 여자를 보는 자마다 …"라고 분명히 말씀하신다. 이 구절에서 그분은 여성이 어떻게 옷을 입어야 하는지를 논하지 않으신다. 오히려 남성들에게 자기 자신의 욕망을 제어할 것을 요구하신다. 여기에는 책임 전가의 여지가 없다. 문제는 여성의 몸이 지닌 아름다움이 아니라, 남자들의 마음속에 있는 죄다. 예수님은 인간의 마음을 아신다. 그리고 남성들이 자신의 일그러진 욕망을 여성에게 전가해 왔다는 사실도 알고 계신다. 그러나 그분은 그리하지 않으신다. 그는 남자들 자신의 욕망을 정면으로 대면하게 하신다. 물론 여성들도 여기서 예수님이 다루시는 동일한 문제와 씨름할 수 있고,

---

24 이는 다음의 책에서 자주 언급되는 표현이다. Perry, *Addicted to Lust*.

실제로 씨름한다. 그리고 예수님을 따르는 이들은 누구나 하나님께 영광을 돌리는 방식으로 옷을 입어야 한다. 하지만 예수님은 역사의 주님이시며, 성적인 죄가 남성들이 쥔 권력과 폭력의 도구로 사용되어 여성들에게 큰 피해를 입혀 온 사실을 분명히 알고 계신다. 따라서 '정숙함'의 이름으로 남자들의 죄를 여성의 어깨에 떠넘기는 것은 이 본문에서 그분이 뜻하시는 바가 아니다.

셋째, 예수님은 실제로 손과 눈을 "찍어 내버리라", "빼어 내버리라"고 말씀하신다. 그러면 우리는 이 말씀을 어떻게 이해해야 할까? 나는 신약학 수업에서 학생들에게 손을 들고 나를 바라보라고 한 뒤, 이 본문을 큰 소리로 읽어 준다. 그리고는 왜 아직 예수님의 말씀을 그대로 따르지 않았느냐고 묻는다. 이때 학생들은 겁에 질린 채로 나를 빤히 바라볼 뿐이다. 이 본문에는 예수님이 "농담이다"라고 덧붙인 각주가 없다. 그분은 실제로 우리에게 이 일을 명령하신다.

여기서 좋은 소식은 예수님이 문자적으로 이 말씀을 하신 것은 아닌 듯하다는 데 있다. 우리는 그것을 어떻게 알 수 있을까? 두 가지 이유가 있다. 첫째, 예수님은 손과 눈만 언급하신다. 만일 여기서 다루신 문제가 '성적인' 욕망일 경우, 남자들이 그것을 제거하기만 하면 즉시 문제가 해결될 한 신체 부위를 그분이 빠뜨리신 것이 된다. 그러나 예수님은 그 부위를 전혀 언급하지 않으셨다. 둘째, 그 자리에 있던 제자들 중 누구도 예수님의 말씀을 문자 그대로 실행했다고 기록되어 있지 않다. 왜 그랬을까? 그들은 현장에 있었기 때문이다. 그들은 그곳의 분위기를 헤아렸고, 그리스도의 마음을 보았다. 그리고 그분이 문자적으로가 아니라 비유적으로 말씀하고 계신다는 것을 이해했던 것이다.

여기서 예수님이 사람의 신체 부위를 언급하신 것이 아니라면, 과연 무엇을 염두에 두셨던 것일까? 그분은 우리의 마음에 관해 말씀하고 계신다. 그분의 요점은 곧 인간의 마음이 어두운 성적 욕망에 의해 지배된다는 것이다. 주님은 설령 누군가가 자신의 오른손을 잘라 낼지라도 같은 일을 행할 수 있는 왼손이 여전히 남아 있음을 아신다. 또 오른쪽 눈을 도려낼지라도, 자기 뜻대로 볼 수 있는 왼쪽 눈이 그대로 남을 것이다. 문제는 우리의 팔다리에 있지 않다. 문제는 인간 욕망의 가장 깊은 자리, 곧 마음에 있다.

◇◇◇◇◇◇◇◇◇◇

이처럼 우리는 고백하고 잘라 내는 방식으로 욕망을 다룰 수 있다. 하지만 한 가지 접근법이 더 있다. 그것은 우리 자신을 올바른 욕망으로 가득 채우는 것이다. 스코틀랜드의 설교자였던 토머스 찰머스(Thomas Chalmers)는 자신의 연속 설교에서 이 악한 욕망의 문제를 창의적으로 다룬 바 있다. 그는 *The Expulsive Power of a New Affection*(새로운 애착의 추방하는 힘)에서, 문제의 핵심은 욕망을 단순히 잘라 내는 데 있지 않다고 말한다. 오히려 그것은 우리 자신이 선한 욕망으로 채워지는 데 있다. 찰머스는 이렇게 썼다. "마음에서 옛 애착을 몰아내는 유일한 길은 새로운 애착의 추방하는 힘을 통해서다."[25] 공기로 가득 찬 유리잔을 생각해 보라. 그 잔에서 공기를 어떻게 빼낼 수 있겠는가? 그 잔을 다른 무언가로 채워야 한다. 새로운 것이 옛것을 밀어내는 것이다. 찰머스는 또 이렇게 말한다. "이처럼 무언가를 향한 크고 지배적인 애착의 다스림 아래 놓일 때, 마음은 이전 욕망의 폭정에서 해방된다."

철학자 디트리히 폰 힐데브란트(Dietrich von Hildebrand)는 자신의 책 *Transformation in Christ*(그리스도 안에서 일어나는 변혁)에서 이 영

---

25 이 유명한 설교의 전문은 여러 웹사이트에서 찾아볼 수 있다.

적 법칙을 다음과 같이 설명한다. 그는 이렇게 말한다. "우리가 이전과 다른 존재가 되기 위해서는, 옛 자아를 죽이고 그리스도 안에서 새 사람이 되려는 강력한 열망이 우리를 가득 채워야 한다. '그분이 우리 안에 더욱 드러나게끔' 하기 위해 스스로 작아지고자 하는 … 이 열망이야말로, 그리스도 안에서 변화되기 위한 기초적인 선결 조건이다."[26] 우리가 채워지기 위해서는 먼저 비워져야 한다. 찰머스와 힐데브란트의 공통된 결론은 영적인 진공 상태란 없다는 것이다. 마태복음 12장에서 어떤 사람에게서 귀신을 쫓아내신 후에 예수님은 이렇게 말씀하신다.

> 더러운 귀신이 사람에게서 나갔을 때에 물 없는 곳으로 다니며 쉬기를 구하되 쉴 곳을 얻지 못하고 이에 이르되 내가 나온 내 집으로 돌아가리라 하고 와 보니 그 집이 비고 청소되고 수리되었거늘 이에 가서 저보다 더 악한 귀신 일곱을 데리고 들어와서 거하니 그 사람의 나중 형편이 전보다 더욱 심하게 되느니라(마 12:43-45)

우리 영혼의 집은 빈 상태로 머물 수 없다. 반드시 무언가로 채워져야 한다. 우리의 죄악을 치유하는 것은 영적인 공백이 아니다. 그 길은 새롭게 주어지는 하나님의 임재에 있다.[27] 우리는 그저 귀신을

---

26 Dietrich von Hildebrand, *Transformation in Christ: On the Christian Attitude* (1948; San Francisco: Ignatius, 2001), 5.

27 감리교 설교자인 C. K. 배럿(C. K. Barrett)은 갈라디아서 2장 20절을 다룬 설교 "믿음으로 산다는 것"(Living by Faith)에서 이렇게 선언한다. "자연이 공백을 싫어하듯, 자아 또한 공백을 견디지 못한다. 한 악령을 쫓아냈는데 그 자리를 대신할 강력한 무엇이 없다면, 그 악령은 이전보다 더 악한 일곱을 데리고 돌아올 것이다. 자기중심적이지 않을 수 있는 유일한 길은 하나님 중심적이 되는 것이다. 참된 자유로 가는 유일한 길은 하나님의 통치를 받아들이는 데 있다." Ben Witherington III, ed., *Preaching Methodist Theology and Biblical Truth: Classic Sermons of C. K. Barrett* (Nashville: General

'내쫓는' 데 그쳐서는 안 된다. 하나님의 임재와 경이로움, 그리고 그분의 갈망으로 채워져야 한다. 귀신 들림에 대한 치유책은 단순한 축사가 아니다. 그 해결책은 새롭게 다른 분의 소유가 되는 일, 곧 성령으로 '충만케' 되는 데 있다.

우리가 집을 사서 도시 속의 정원으로 꾸몄을 때, 마당에 있던 레일랜드 삼나무 숲을 전부 베어 냈다. 그 나무들이 그저 공간만 차지하면서 이웃과 우리 사이의 장벽을 만들 뿐이라고 여겼기 때문이다. 하지만 나무들을 제거하고 땅을 고르고 나자, 그 넓어진 공간에는 오래지 않아 유해한 잡초들이 번성하기 시작했다. 한 가지 문제를 해결하니 또 다른 문제가 나타난 것이다. 우리는 잡초를 막는 유일한 방법이 좋은 식물들을 심어 땅을 덮는 것뿐임을 깨닫게 되었다. 이처럼 자연은 공백을 싫어하며, 우리 마음속 욕망의 영역도 마찬가지다.

예수님은 바로 이 일을 베드로에게 행하셨다. 주님의 부활 이후 어느 아침, 베드로와 제자들은 그분을 따르기 전의 삶으로 돌아가서 다시 고기잡이를 하고 있었다. 그때 예수님이 해변에 서 계신 것을 알아보고, 그들은 배를 대고 육지로 돌아왔다. 거기서 그들은 그분이 이미 아침 식사를 준비해 두신 것을 발견하게 된다. 그리고 그다음에 일어난 일이 베드로를 변화시켰다. 베드로는 예수님을 세 번 부인했었다. 요한복음 21장에서 그분은 베드로에게 세 번 "네가 나를 사랑하느냐?"고 물으신다. 베드로가 자신의 사랑을 고백하자, 예수님은 그분의 벗인 그에게 이렇게 말씀하신다.

내 양을 먹이라 내가 진실로 진실로 네게 이르노니 네가 젊어서는 스스로 띠 띠고 원하는 곳으로 다녔거니와 늙어서는 네 팔을 벌리리니 남

Board of Higher Education and Ministry, 2017)에서 인용.

이 네게 띠 띠우고 원하지 아니하는 곳으로 데려가리라 이 말씀을 하심은 베드로가 어떠한 죽음으로 하나님께 영광을 돌릴 것을 가리키심이러라 이 말씀을 하시고 베드로에게 이르시되 나를 따르라 하시니(요 21:17-19)

이후 베드로는 이 말씀을 좇아 자신의 남은 삶을 살아가게 된다. 그에게 주어졌던 이 부르심의 순간은 우리가 삶에 대해 당연하게 여겨 온 것들, 특히 이른바 '아메리칸 드림'에 대한 기대들을 정면으로 뒤집는다. 우리는 나이가 들수록 더 많은 자유를 누리게 될 것이라는 삶의 비전을 오랫동안 추구해 왔다. 이는 곧 더 많은 돈과 선택지, 더 큰 풍요와 안락한 노후 생활에 대한 약속과 연관된 것이었다. 하지만 예수님이 베드로에게 (그리고 오늘날의 우리에게) 주시는 것은 이와 정반대다. 베드로의 남은 삶은 자신이 가고 싶은 곳을 향한 여정이 아니라, 그분이 원하시는 곳으로 가는 길이 될 것이다. 그는 심지어 자신의 뜻대로 옷을 차려 입지도 못하게 될 것이다. 그의 미래에 기다리는 것은 더 큰 자유가 아니라, 더욱 깊어진 신실함의 태도다.

헨리 나우웬은 이것을 '하향 이동성'(downward mobility)으로 지칭했다. 아메리칸 드림은, 모든 일이 마치 급등하는 주가처럼 끊임없이 위로 그리고 오른쪽으로 올라갈 것이라고 믿게 만드는 신기루다. 그러나 베드로의 미래는 그렇게 '우상향'하지 않을 것이다. 그는 교회를 섬기면서 복음을 위해 고난받는 데 남은 생애를 바치게 된다. 여기서 예수님은 아메리칸 드림의 논리를 뒤집고 계신다. 오히려 하나님 나라에서는, 우리가 전진할수록 그 길이 예수님에게로 더 '굽어지게' 되는 것이다. 나우웬은 이어서 이렇게 말한다.

우리는 발전을 인간의 잠재력이 끊임없이 증가하는 과정으로 이해하도록 배워 왔다. 우리 사회에서 성장한다는 것은 더 건강해지고 강해지며, 더욱 지적인 인간이 되고, 더 성숙하며 생산적인 존재가 되는 것을 뜻한다. 그 결과로 우리는 이 '진보의 신화'를 확인시켜 주지 않는 사람들, 곧 노인이나 수감자, 정신적인 장애를 지닌 이들을 사회의 시야에서 감추어 버린다. 우리 사회는 이 상향 이동을 당연시하면서, 그 흐름을 따라가지 못하는 가난한 이들은 안타까운 부적응자 혹은 정상적인 진보의 궤도에서 벗어난 이들로 취급한다.[28]

당시 이 순간을 기념하면서, 예수님은 베드로에게 "내 양을 먹이라"고 말씀하셨다. 어부에게 이런 명령은 다소 이상하지 않은가? 베드로는 양을 치는 사람이 아니었다. 그는 그물과 배를 다루는 사람이었다. 그러나 예수님은 이를 통해 베드로의 마음(그리고 우리의 마음)이 지닌 본성을 잘 아신다는 것을 드러내신다. 우리에게는 단순한 금지 이상의 것이 필요하다. 무언가가 우리에게서 제거될 때, 우리는 반드시 다른 것으로 채워져야 한다. 여기서 예수님은 베드로의 삶이 지닌 성격 자체를 바꾸신다. 그분은 그저 베드로의 옛 욕망을 없애시는 것만이 아니다. 그에게 새로운 갈망과 소명을 주고 계신다. 하나의 갈망을 죽이시는 동시에, 다른 갈망의 씨앗을 심으시는 것이다.

---

28 Henri Nouwen, *The Selfless Way of Christ: Downward Mobility and the Spiritual Life* (Maryknoll, NY: Orbis, 2012), 27. 『세상의 길 그리스도의 길』(IVP).

8장

◆

욕망을 양육하기

1992년, 호아킴 브라질-네토(Joaquim Brasil-Neto)가 이끄는 신경과학 연구팀은 한 가지 실험을 수행했다. 그들의 목표는 인간의 욕망이 변화될 수 있는지를 알아보는 것이었다. 이를 위해 연구자들은 피실험자들의 머리에 자기 자극 장치를 부착하고, 작은 '딸깍' 소리를 들려주었다. 그러고는 그들의 뇌 한쪽 반구에 짧은 전기 자극을 가하면서 각자의 머리를 왼쪽 혹은 오른쪽으로 돌리라고 지시했다. 결과는 놀라웠다. 대부분의 경우, 피실험자들은 뇌가 자극을 받는 쪽의 반대 방향으로 머리를 돌리곤 했다. 그들은 자신이 스스로의 의지에 따라 행동했다고 믿었지만, 실제로는 약 팔십 퍼센트의 경우에 예측된 방향으로 고개를 돌렸다. 곧 활발한 논쟁이 이어졌다. 과연 과학자들은 인간의 욕망을 조작하는 방법을 발견해 낸 것일까?[1]

　우리의 욕망이 어디에서 어떻게 생겨나는지에 관한 논쟁은 새로

1　J. P. Brasil-Neto et al., "Focal Transcranial Magnetic Stimulation and Response Bias in a Forced- Choice Task", *Journal of Neurology, Neurosurgery, and Psychiatry* 55, no. 10 (1992): 964-66.

운 것이 아니다. 에덴에서 하나님은 그곳에 거하던 인간들을 위해 거의 무한한 자유가 허락되는 찬란한 기쁨의 세계를 창조하셨다. 그리고 단 하나의 나무, 곧 "선악을 알게 하는 나무"만이 금지되었다. 그런데 이상하게도, 그 나무가 "지혜롭게 할 만큼 탐스럽기도" 하다고 묘사되는 것은 뱀이 여인과 대화를 나눈 '이후'다(창 3:6). 그 이전까지 그 열매는 '탐스럽다'고 여겨지지 않았다. 브라질-네토의 실험에서 전기 자극이 욕망을 유도했듯, 이 속이는 자 역시 인간의 욕망을 일깨웠던 것이 아닐까? 뱀의 말은 분명 인간의 욕망을 뒤틀어 놓았다. 한때 그들이 하나님 말씀을 온전히 신뢰하면서 만족스럽게 지내던 그 동산에서, 이제는 뱀의 말이 신뢰를 얻고 불만이 깨어난다. 그들의 욕망은 오직 하나뿐이던 금지의 대상을 향해 돌아선다.

성경의 관점에서, 인간의 욕망은 가변적이고 유연하며 심지어 유동적이다. 우리는 자신의 마음을 바꿀 수 있으며, 우리의 태도 역시 변화될 '필요'가 있다. 그리고 우리의 욕망 역시 다시 빚어지고 새롭게 깨어날 수 있다. 인간의 욕망은 외부의 영향에 전혀 흔들리지 않는, 영원히 고정된 실체가 아니다. 오히려 그것은 뱀이 인간의 본성 가운데서 맨 먼저 사로잡아 자신의 무기로 삼은 요소다.

인간의 욕망을 조작하는 일은 곧 서구 자본주의의 토대와도 같다. 광고란 무엇일까? 이는 우리 안에 새로운 욕망을 심어주고 일깨우는 작업이다. 현대의 광고들은 정교한 이미지와 논증을 통해 소비자 안에 불필요한 욕망을 길러 낼 수 있다는 전제에 근거한다. 광고는 무엇보다 "욕망에 대한 욕망"을 창출하려는 것이다.[2] 1927년, 리먼 브라더스의 폴 마주르(Paul Mazur)는 훗날 현대 서구 광고 산업의 강령이 될

---

2 Rodney Clapp, "The Theology of Consumption and the Consumption of Theology", in *Border Crossings: Christian Trespasses on Popular Culture and Public Affairs*, ed. Rodney Clapp (Grand Rapids: Brazos, 2000), 126-56.

유명한 글을 남겼다. "우리는 미국을 '필요의 문화'에서 '욕망의 문화'로 전환시켜야 한다. 사람들이 옛것을 완전히 소비하기도 전에 새 것을 원하도록 훈련시킬 필요가 있다. 우리는 새로운 사고방식을 구축해서, 인간의 욕망이 그의 필요를 압도하도록 만들어야 한다."[3]

기본적인 차원에서, 광고는 인간의 욕망을 상품화하고 화폐화하는 일이다. 이는 곧 "욕망을 돈으로 전환하려는" 자본주의의 엔진과도 같다.[4] 이 점은 사회비평가 허버트 마르쿠제(Herbert Marcuse)의 사유에서 핵심 주제가 되었다. 그는 소비문화가 새롭고 낯선 욕망들에 의해 점점 더 억압되는 인간을 만들어 낸다고 보았다. 그에 따르면, 인간의 삶에는 "진정한 필요"(true needs)가 존재한다. 그러나 소비문화는 "유사 필요"(pseudo-needs)에서 나온 불필요한 상품들이 우리를 충족시켜 줄 수 있다는 믿음을 공고하게 한다. 마르쿠제는 이를 "거짓 필요의 창조"라고 불렀다.[5] 물론 인간에게는 음식과 거처, 다른 이들과의 관계가 필요하다. 그러나 광고는 전혀 다른 것들을 함께 팔면서 불필요한 것들에 대한 욕망을 끝없이 자극한다. 곧 다양한 오락과 무한한 성적 추구를 비롯한 온갖 종류의 대상들을 찾게끔 인도하는 것이다.

그리고 광고는 실제로 효과를 거두었다. 그것은 우리의 욕망이 매일 접하는 사천 개에서 만 개 가량의 광고들에 맞추어 요동치게 해 왔

---

3 Jeremy Lent, *The Patterning Instinct: A Cultural History of Humanity's Search for Meaning* (Amherst, NY: Prometheus, 2017)에 인용됨. 내 친구인 존 마크 코머가 그의 멋진 책에서 이 구절을 언급해 준 것에 감사한다. John Mark Comer, *The Ruthless Elimination of Hurry* (Colorado Springs: Waterbrook, 2017).

4 Moshe Sluhovsky, "Review of David Bennett, The Currency of Desire", *Psychoanalysis and History* 13, no. 3 (2017): 429-31.

5 Herbert Marcuse, *One-Dimensional Man: Studies in the Ideology of Advanced Industrial Society* (New York: Routledge Classics, 2002).

다. 어떤 욕망이 하나님에게서 온 것이고 어떤 욕망이 그저 우리의 뇌를 교란하는 알고리즘의 산물인지를 분별하는 일은 거의 불가능하다(사실 어지러움을 느낄 정도다). 우리가 원하든 원하지 않든, 우리의 욕망은 끊임없이 그런 광고들의 훈육과 가르침 아래 있다.[6]

문제는 우리의 욕망이 '교육될 것인가'가 아니라, 그 욕망이 '어떻게' 교육되고 있는가에 있다.[7] 지금 우리의 욕망은 그리스도의 형상으로 빚어지고 있거나, 아니면 뱀의 형상으로 빚어지고 있거나 둘 중 하나다. 진실로 예수님은 "선생", 곧 랍비요 우리의 길을 가르치는 분이셨다. 그러나 신약 성경은 귀신들도 무언가를 가르친다고 말한다(딤전 4:1). 이처럼 모든 이는 어떤 랍비를 따르고 있다.

이것이야말로 바울이 말한 "마음을 새롭게 함으로 변화를 받[는]" 일의 핵심 내용임이 분명하다(롬 12:2). 인간의 욕망은 흔히 우리가 무엇을 마음속에 들여 놓느냐에 따라 그 방향이 결정된다. 물론 성화의 한 부분은 우리의 말과 행동, 공적인 삶과 선행 등의 외적인 영역이 변화되는 데 있다. 하지만 하나님은 우리의 내면을 그대로 둔 채 그 겉모양만 깨끗이 하기를 바라지 않으셨다. 거룩함에 대해 성찰하면서, 존 웨슬리는 변화를 이렇게 묘사했다. "그것은 순전한 의도를 품고서 삶 전체를 하나님께 바치는 것이다. 이때 단 하나의 갈망과 계획이 우리의 모든 기질을 다스리게 된다."[8] 여기서 그가 욕망을 강조

---

6 뉴로 마케팅(neuro marketing, 무의식적 반응 등의 두뇌 활동을 분석해서 마케팅에 접목하는 일—역자 주)에서 인간의 욕망과 열망, 성 등에 연관된 뇌의 쾌락 중추를 어떻게 조종하는지에 대해서는 Christopher West, *Fill These Hearts: God, Sex, and the Universal Longing* (New York: Image, 2012), 35를 보라.
7 기독교는 무엇보다도 인간의 욕망을 교육하는 종교다. T. J. Gorringe, *The Education of Desire: Toward a Theology of the Senses*, John Albert Hall Lecture Series (London: Bloomsbury T&T Clark, 2001)를 보라.
8 John Wesley, *Containing a Plain Account of Christian Perfection*, vol. 8, The

하는 것에 주목하라. 변화는 무엇보다도 먼저 우리의 내면에서 일어나는 작업이다.

하나님이 우리 안에 빚어 주시고 사탄이 '일그러뜨린'(deformed) 그 욕망은 이제 성령 안에서 '새롭게 빚어져야'(transformed) 한다.[9] 이것은 곧 우리의 "욕망을 훈련시키는" 과정이며, 아우구스티누스가 말한 "거룩한 갈망의 회복"이다.[10] 그는 이렇게 언급했다. "우리의 생명은 그 갈망을 통해 끊임없이 훈련받는 데 있다. … 그리하여 마침내 우리의 욕망이 이 세상을 사랑하던 데에서 벗어나야 한다."[11] 예수님의 인격을 중심으로 훈련되고 교육된 욕망이 없다면, 이전의 욕망 자체가 우리 존재를 이끄는 힘이 된다. 이때 우리는 예수님 대신에, 바울과 유다가 언급한 "우리 육체의 욕심"(엡 2:3) 혹은 "경건하지 않은 정욕"(유 18)을 따르게 되는 것이다. 이에 관해, 윌리엄 캐버노((William Cavanaugh)는 이렇게 언급했다. "자신의 의지라는 폭정 아래 스스로를 내버려 두어서는 안 된다. 참된 자유의 핵심은 우리의 우연한 욕망을 그대로 좇지 않고, 올바른 욕망을 양육하는 데 있다. … 우리는 자신의 의지가 어떤 목적을 향해 움직이고 있는지를 반드시 숙고해야 한다."[12]

Works of the Rev. John Wesley (Philadelphia: D. & S. Neall and W. S. Stockton, 1827), 66.

9   여기에서 사용된 어형 변화는 다음의 책에서 가져왔다. Dallas Willard, *Renovation of the Heart: Putting on the Character of Christ* (Colorado Springs: NavPress, 2021), 6.

10 John Mark Comer, *Live No Lies: Recognize and Resist the Three Enemies That Sabotage Your Peace* (Colorado Springs: Waterbrook, 2021), 113.

11 Augustine, *Later Works* (Philadelphia: Westminster, 1955), 290에 인용됨. 제임스 K. A. 스미스가 *Desiring the Kingdom*에서 이 구절을 언급해 준 것에 감사한다.

12 캐버노는 여기에서 욕망에 대한 아우구스티누스의 견해를 요약하고 있다. William T. Cavanaugh, *Being Consumed: Economics and Christian Desire* (Grand Rapids: Eerdmans, 2008), 11-12.

우리의 욕망이 지향하는 "목적"(아우구스티누스의 표현을 빌리면)은 무엇일까? 우리는 왜 욕망하는가? 자기 욕망의 목표를 분명히 드러내는 일은 늘 쉽지 않다. 1981년 3월, 로널드 레이건 대통령은 워싱턴 D.C.의 힐튼 호텔을 방문했다. 당시 이 호텔은 역대 대통령들이 모금 행사를 열고 정책 연설을 하던 단골 장소였다. 호텔을 나서던 순간, 존 힝클리 주니어라는 젊은이가 불과 2초도 되지 않는 사이에 다섯 발의 총을 쏴서 그 현직 대통령을 암살하려 했다. 레이건과 세 사람이 총에 맞았지만, 그날 상처로 사망한 사람은 없었다. 곧 힝클리의 동기가 드러났다. 그는 주로 대통령을 죽이려고 총을 쏜 것이 아니었다. 오히려 그는 열여덟 살의 여배우 조디 포스터에에 대한 이상 성욕적인 집착에 빠져 있었고, 자신의 대담한 행동이 그녀의 관심을 끌 것이라고 믿었던 것이다. 겉으로는 대통령을 죽이려는 것처럼 보였지만, 더 깊은 차원에서 그것은 아름다운 여배우의 주목을 얻기 위한 일종의 과시적인 행동이었다.

우리의 궁극적인 욕망은 무엇인가? 성숙을 향해 나아가는 과정에서, 우리는 자신의 행동 배후에 있는 욕망들을 깊이 대면하고 성찰해야 한다. 욕망을 연구하는 철학자들은 인간의 욕망이 서로 맞물리고 긴밀히 연결되어 있다는 점을 계속 지적해 왔다. 그 욕망들이 각기 고립된 채로 존재할 경우는 거의 없다는 것이다. 어떤 한 가지에 대한 우리의 욕망은 보이지 않는 방식으로 또 다른 무엇에 대한 욕망과 이어져 있을 가능성이 크다. 윌리엄 어빈(William Irvine)은 이것을 "욕망의 사슬"[13]이라고 부른다. 이 사슬은 겉으로 드러나는 우리의 욕망들

---

13 William B. Irvine, *On Desire: Why We Want What We Want* (New York: Oxford

을, 그 밑에 놓인 근원적이고 기초적인 욕망들과 연결해 주는 것이다. On Desire(욕망에 관하여)에서, 어빈은 "왜 이 수업을 듣고 있나요?"라는 질문에 대한 학생들의 익살스러운 대답들을 통해 이 개념을 설명한다.

> 그 학생들은 흔히 이렇게 대답한다. "이 수업을 이수해서 학점을 받으려고요." 그러면 왜 학점을 받으려 하는 것일까? "졸업하려고요." 그러면 왜 졸업하려는 것일까? "로스쿨에 가려고요." 왜 로스쿨에 가려는 것일까? "당연히 변호사가 되려고 가지요." 그런데 변호사가 되려는 이유는 무엇이지? "정지 상태에서 시속 60마일까지 5초 만에 가속하는, 415마력 엔진을 단 강렬한 붉은 색상의 닷지 바이퍼 RT/10을 사고 싶거든요."

욕망의 사슬은 우리의 존재 전체를 빚어 간다. 우리는 몸이 건강하고 튼튼해지기를 바라는 것일까, 아니면 그 너머의 어떤 것을 추구하는 것일까? 우리는 더 많은 돈을 원한다고 말하지만, 사실은 돈이 가능하게 해 주는 어떤 삶의 방식들을 원하는 것은 아닐까? 우리는 맛있는 식사를 갈망하는가, 아니면 그 식탁 위에서 피어날지도 모를 로맨스를 원하는가? 우리가 정말로 찾고 있는 것은 자동차 열쇠 그 자체일까, 아니면 그 열쇠로 움직일 수 있는 어떤 것일까?

우리의 표면적인 욕망이 늘 자신의 궁극적인 욕망과 일치하는 것은 아니다. 예를 들어 보자. 손에 지폐 한 뭉치를 쥐고 있다고 생각해 보라. 지금 당신이 들고 있는 것은 무엇인가? 돈은 정부가 발행한 종이로서, 우리 사회에서 특정한 역사적 순간에 일정한 가치를 지닌다고

University Press, 2006), pt. II.

합의한 물건이다(이 합의는 일종의 종교적인 믿음에 가깝다). 돈 자체는 종이에 불과하다. 그러나 돈을 추구하는 일은 종이를 추구하는 것과 다르다. 오히려 돈에 대한 욕망은 늘 '다른' 어떤 욕망을 향한 추구다.

어빈은 자신이 "최종적인(terminal) 욕망"이라 부르는 것과 "도구적인(instrumental) 욕망"을 서로 구분한다.[14] 최종적인 욕망이란 다른 욕망들에 동기를 부여하고 그 방향을 잡아 주는 근원적인 욕망으로, 곧 우리가 '진정으로' 원하는 것들이다. 이에 반해, 도구적인 욕망은 더 깊은 그 최종적인 욕망을 섬기는 역할을 한다. 힝클리의 사례로 돌아가 보자. 그의 도구적인 욕망은 대통령을 저격하는 일이었지만, 그 최종적인 욕망은 다른 유명인의 관심을 얻는 것이었다. 이 두 욕망 사이의 긴밀한 관계는 서구 철학 전통에서 오래도록 탐구되어 왔는데, 플라톤도 그중 한 사람이다. 그는 인간의 모든 욕망이 음식이나 물, 거처 같은 것들에 대한 삶의 기본 욕구와 연결되어 있다고 믿었다.[15]

돈을 추구하는 일은 도구적인 욕망의 전형적인 사례다. 정부에서 발행된 그 종이의 감촉이나 냄새를 즐기려고 돈을 찾는 사람은 거의 없다. 돈에 대한 욕망이 도구적인 이유는 그것이 다른 욕망들을 실현할 문을 열어 주기 때문이다. 이를 통해 우리는 좋은 집과 차를 사고 사회적 지위를 확보하며, 이른 시기에 은퇴해서 편안한 인간관계를 누리고 멋진 옷을 구입하는 등의 욕구들을 충족할 수 있다. 이 도구적인 욕망 자체가 본래부터 악한 것은 아니다.[16] 돈은 또한 거처와 음식,

---

14　Irvine, *On Desire*, 55-57.

15　욕망에 대한 플라톤의 견해에 대해서는 깊은 통찰이 담긴 다음의 논의를 보라. Diogenes Allen and Eric Springsted, *Philosophy for Understanding Theology*, 2nd ed. (Louisville: Westminster John Knox, 2007), chap. 2.

16　물론 돈을 버는 것 자체는 악한 일이 아니다. 철학자 디오지니스 앨런은 다음의 책에서 일하고 돈을 버는 것에 대한 인간의 필요를 지적하고 있다. Diogenes Allen, *Quest: The Search for Meaning through Christ* (New York: Walker, 1990), 114-15.

옷과 의료 서비스처럼 누구에게나 필요한 것들을 제공해 줄 수도 있다. 그러나 이처럼 선한 목적에 쓰이든 악한 목적에 쓰이든, 돈이 최종 목표가 되는 경우는 거의 없다. 그 뒤에는 늘 더 깊은 욕망들이 자리하고 있다.

성경 역시 이 점을 분명히 짚어 준다. 구약에서 '돈'을 뜻하는 히브리어 '카세프'(kasef)에는 '욕망'이나 '무언가를 애타게 갈망함'이라는 뜻도 담겨 있다.[17] 성경의 전통은 인간의 욕망을 사로잡는 돈의 비할 데 없는 힘을 예리하게 분별하고 있다. 그렇기에 바울은 디모데에게 "돈을 사랑함이 온갖 악의 뿌리"라고 경고했던 것이다(딤전 6:10). 물론 돈 그 자체가 악한 것은 아니다. 문제는 돈에 대한 끝없는 집착이 우리의 영혼을 파괴할 수 있다는 데 있다. 바울에 따르면, 그것은 사람을 "시험과 … 해로운 욕심"에 빠뜨려 결국 "파멸과 멸망"으로 몰아넣는 하나의 "올무"와도 같다(딤전 6:9). 나아가 예수님은 "재물의 유혹과 기타 욕심"을 "가시떨기"에 비유하면서, 이것들이 하나님이 뿌리신 좋은 삶의 씨앗을 질식시킨다고 말씀하셨다(막 4:18-19). 그릇된 욕망을 추구하는 것보다 인간의 영광을 더 훼손하는 것은 없다는 것이다.

이런 이유에서 종교는 위험한 것이 될 수 있다. 인간의 종교는 그리스도와 그분의 나라를 배반하는 사악한 욕망들을 쉽게 가려 주는 외피가 되기 때문이다. 예수님은 당시 종교 지도자들의 동기를 자주 비판하면서, 무리를 기쁘게 하고 돈과 권력을 얻으려는 그들의 욕망이 어떻게 병든 종교를 낳는지를 경고하셨다. 그분은 겉으로는 경건한 체하지만 그 속에는 "탐욕과 방탕으로 가득[한]" 바리새인들을 엄

---

17 Os Guinness, *The Call: Finding and Fulfilling the Central Purpose of Your Life* (Nashville: Nelson, 2003), 130. 마찬가지로, 라틴어 '쿠페로'(*cupere*)는 그리스 신화의 사랑 신을 나타내는 '큐피드'(cupid)라는 말의 어원이다. West, *Fill These Hearts*, 20.

 ——— 하나님이 내게 주신 욕망이라는 선물

히 꾸짖으셨다(마 23:25). 이처럼 유독한 종교 속에 감추어진 욕망은 사람을 황폐하게 할 수 있다. 그것은 성직자의 의복과 엄격한 신학 뒤에 자신의 몸을 숨기고 있다. 이십 세기의 포스트모던 철학자였던 미셸 푸코는 종교적인 진리 주장이 종종 그저 "권력에 대한 욕망"일 뿐이라고 보았다.[18] 서로 어울리지 않는 조합처럼 보일지 모르지만, 예수님과 푸코는 종교성이 내포할 수 있는 위험에 대해 놀라울 만큼 비슷한 비판을 제기했던 것이다.[19]

우리의 기독교적인 성숙을 위한 필수 과제는 무엇이 실제로 우리를 움직이는 동기인지 알아 가는 데 있다. 파커 파머(Parker Palmer)는 미국의 그리스도인 교육가로, 그의 연구는 많은 사람이 가르침의 기술과 소명을 이해하는 데 도움을 주어 왔다. 『삶이 내게 말을 걸어올 때』(Let Your Life Speak)라는 책에서, 파머는 어느 큰 대학의 총장이 되어 달라는 제안을 받았던 때의 일을 들려준다. 그는 그 제안을 영광으로 여겼지만, 그 자리를 위해 자신이 몸담고 있던 교실을 떠나야 할지를 두고 깊이 고심했다. 그리고 그 문제를 자신이 속한 그리스도인들의 공동체와 함께 숙고했던 것이다. 그 과정에서 한 친구가 이렇게 물었다. "파커, 총장이 된다면 무엇이 가장 마음에 들 것 같나?" 파머는 숨

---

18 이 구절은 푸코와 질 들뢰즈가 행한 다음의 인터뷰에서 인용했다. "Intellectuals and power: A conversation between Michel Foucault and Gilles Deleuze", libcom, September 9. 2006, https://libcom.org/article/intellectuals-and-power-conversation-between-michel-foucault-and-gilles-deleuze. 그리고 이 내용은 다음의 책에서 영어로 언급되고 있다. *Language, Counter- Memory, Practice: Selected Essays and Interviews by Michel Foucault*, ed. Donald F. Bouchard (Ithaca, NY: Cornell University Press, 1980).

19 내 삶은 여러 설교에서 깊은 영향을 받았다. 나는 팀 켈러 박사가 뉴욕 리디머 장로교회에서 전한 "절대주의"(Absolutism)라는 설교를 오래도록 잊지 못할 것이다. 그 설교에서 그는 예수와 푸코가 종교에 대해 놀라울 만큼 유사한 비판을 공유한다고 주장했다. 이 생각의 씨앗은 수년 전 켈러 박사가 내 안에 심어 준 것이다.

김없이 대답했다. "아마도 신문에 내 사진이 실리고, 그 아래에 '총장'이라는 글자가 붙는 게 가장 좋을 것 같네."

파머는 결국 자신의 답을 찾았다. 그는 그 제안을 사양하고 계속 가르치는 길을 택했다. 이후 한 친구는 그에게 "신문에 사진을 싣는 더 쉬운 방법들도 있다"고 일깨워 주기도 했다.[20] 이처럼 우리가 자신의 참된 욕망을 분별하면, 삶에서 어떤 선택이 가장 바람직한지 이해하는 데 큰 도움을 받게 된다.

◇◇◇◇◇◇◇◇◇◇

우리가 도구적인 욕망과 최종적인 욕망에 대한 이 성찰을 적절히 받아들일 때, 그것이 주는 통찰은 우리 삶을 새롭게 빚어 갈 수 있다. 성경은 인간이 품은 이 최종적인 욕망의 개념을 담아내는 핵심 단어를 제시한다. 그것은 바로 '예배'다. 우리는 우리 삶에 최종적인 의미와 가치를 줄 것이라고 기대되는 대상을 예배한다. 달리 말해, 우리가 무엇을 찾고 갈망하고 바라면서 살아가는지는 우리가 무엇을 예배하는지와 깊이 얽혀 있다. 결국 이 예배야말로 우리 삶에 구조를 부여하고, 궁극적 의미와 목적을 형성하는 것이다.

마태복음에 기록된 예수님의 유아 시절 내러티브들에서는 동방박사들과 헤롯 왕이 나란히 나오는데, 그들은 둘 다 예수를 "찾는" 사람들이다. 동방에서 온 점성가들인 동방박사들은 황금과 유향과 몰약이라는 선물을 가지고 예수님을 찾아 하늘의 별을 따라왔다.[21] 그들

20　Parker Palmer, *Let Your Life Speak: Listening for the Voice of Vocation* (New York: Jossey- Bass, 2000), 44-46.

21　'욕망'(desire)이라는 말은 '갈망하다', '바라다', '기대하다'라는 의미의 라틴어 '데시데라레'(*desiderare*)에서 유래했다. 그리고 흥미롭게도, '데 시데레'(*de sidere*)는 '별로부터', 혹은 '별들이 가져다주는 것을 기다리는 일'을 의미했다. West, *Fill These Hearts*, 16.

이 그분을 찾는 목적은 경배하기 위해서였다. 반면 헤롯도 예수를 찾지만, 그 목적은 경배가 아니다. 그는 그 아이를 죽이려 한다. 이 아기는 헤롯의 권력과 명성, 그리고 통치 자체를 위협하는 존재였기 때문이다. 어떤 의미에서 동방박사들과 헤롯은 삶의 두 패러다임을 대변한다. 우리는 우리 존재의 중심이 되시는 예수님을 찾고 있는가? 아니면 우리 자신이 이야기의 중심이 되어, 우리를 위협하는 존재로 여겨지는 그분을 제거하려 하고 있는가?[22] 이처럼 예수님을 찾는 것만으로는 충분하지 않다. 무엇보다 중요한 일은 바른 의도에서 그분을 찾는 것이다.

이와 같은 대비는 중요한 사실을 드러낸다. 복음서들에서는 그저 예수님을 '찾도록' 우리를 부르는 것이 아니다. 이는 헤롯 역시 어떤 의미에서는 그리했기 때문이다. 오히려 우리는 하나의 구체적인 목적을 위해, 구체적인 방식으로 그분을 찾도록 부름받는다. 이 점은 곧 복음서에 담긴 예수님의 부르심에서 나타나는데, 그 부르심은 부름받는 이들의 참된 욕망과 동기를 드러내 준다. 예수님은 이렇게 말씀하신다. "누구든지 내 제자가 되기를 '원하거든' 자기를 부인하고 자기 십자가를 지고 나를 따르라"(마 16:24 NIV, 강조는 저자의 것). 예수님은 그저 자신의 열렬한 팬들을 찾으시는 것이 아니다. 오히려 그 부르심은 자기를 부인하고 십자가를 지며, 하나님 나라를 위해 세상에서 소외되는 일까지 기꺼이 감수하는 삶의 태도를 요구한다.

이처럼 예수님을 따르려는 우리의 갈망조차도 그분의 존재와 성

---

22 마르바 던은 예배를 "고귀한 시간 낭비"로 묘사한다. 그녀에 따르면, 그 예배는 결코 교회 성장이나 우리의 정서적인 위안 같은 부수적인 목적들을 "위한" 것이 되어서는 안 된다. Marva Dawn, *A Royal Waste of Time: The Splendor of Worshiping God and Being Church for the World* (Grand Rapids: Eerdmans, 1999). 『고귀한 시간 낭비』(이 레서원).

품에 근거해야 한다. 이런 추구의 표지는 우리 자신을 위해서가 아니라 오직 하나님 자신을 위하는 마음으로 그분을 찾고 구하는 데 있다. 프랑스의 그리스도인인 프랑수아 페넬롱(Francois Fénelon)은 이런 사랑을 다음과 같이 묘사한다.

> 참된 사랑이 낳는 첫 번째 열매는, 우리가 사랑하는 분을 기쁘시게 하기 위해 무엇을 해야 하는지를 온전히 알려 하는 간절한 열망이다. 그 밖의 다른 욕망들은 하나님을 사랑한다고 가장하면서 사실은 자기 자신을 사랑하고 있음을 드러내는 표지일 뿐이다. 이런 욕망들은 우리가 하나님 안에서 헛되고 기만적인 위안을 구하고 있으며, 그분의 영광을 위해 우리의 기쁨을 희생하기보다는 오히려 그 기쁨을 위해 그분을 이용하려 한다는 사실을 보여 준다. 하나님은 자기 자녀가 그런 식으로 그분을 사랑하는 것을 금하신다! 우리가 어떤 대가를 치르든 간에, 하나님을 진실로 사랑하기 원한다면 그분이 우리에게 요구하시는 바가 무엇인지를 알고 주저 없이 실천하는 데 힘써야 한다.[23]

이것은 곧 '십자가적인' 갈망(cross-shaped desire)이다. 참된 제자도에 대한 예수님의 기준은 단순히 그분을 '따르는' 데 있지 않다. 어떤 방식으로 따르느냐가 문제다. 어떤 이들은 공짜 식사와 기적을 얻기 위해 예수님을 따랐지만, 결국 다 떠나갔다. 그분의 가르침이 너무 어려웠기 때문이다. 또 다른 이들은 이미 만족스럽게 여겨지는 자신의 삶에 추가로 무언가를 덧붙이듯이 그분을 따랐다. 이는 일종의 '영적인' 퇴직 연금으로 하나님 나라를 물려받기 위해서였다. 하지만 그들

---

23 Francois Fénelon, *The Complete Fénelon*, ed. Robert J. Edmonson and Hal L. Helms (Brewster, MA: Paraclete, 2008), 88.

역시 슬픔 속에서 돌아서야만 했다.

이처럼 예수님을 갈망하는 것만으로는 충분하지 않다. 그분을 향한 우리의 갈망은 십자가를 닮은 것이어야만 한다. 그리스도인 심리학자인 리처드 벡(Richard Beck)은 이를 "십자가적인 갈망"(cruciform desire)이라고 부른다.

> 우리의 욕망이 성화된다는 것은, 그것이 십자가의 형상을 띠게 되는 과정이다. 이 변화는 언약의 맥락 안에서 일어난다. 언약은 일종의 "욕망의 학교"로서 영적인 훈련이며, 그 과정이 지닌 관계성을 고려할 때 수도원의 훈련에 비견될 수도 있다. 그 안에서 우리의 에로스(*eros*)는 신실함과 자기 비움의 섬김(케노시스, *kenosis*)에 의해 빚어지게 된다. 언약을 날마다 실천하는 삶은 욕망의 신성화로 이어지는데, 그 과정에서 에로스는 정결하고 거룩하게 되어 삼위 하나님의 사랑에 참여하는 욕망으로 변화된다.[24]

이 십자가적인 갈망을 향한 길에 들어서기 위해서는, 예수님이 우리 삶의 중심에 앉아 계신다는 현실을 우리의 존재 속에 통합시켜야 한다.

삶에는 두 가지 길이 있다. 하나는 내가 내 우주의 중심이 되어 모든 것이 내 욕망의 중력에 끌려 움직이는 길이고, 다른 하나는 하나님이 우주의 중심이 되어 우리가 그분의 욕망의 중력에 따라 움직이는 길이다. 이 둘은 근본적으로 다른 길이지만, 동시에 모든 기독교적인 삶의 바탕에 놓인 영적 구조이기도 하다. 달라스 윌라드는 "영적인 삶

---

24 Richard Beck, "A Theology of Desire, Love and Marriage", *Experimental Theology* (blog), December 9, 2014, http://experimentaltheology.blogspot.com/2014/12/a-theology-of-desire-love-and-marriage.html.

이란 하나님을 중심으로 조직된 삶"이라고 말했다.[25] 이는 자아를 중심에 두는 세상의 방식과 뚜렷이 대비되며, 마르틴 루터는 이런 인간상을 '자기 자신 안으로 굽은 인간'(*homo incurvatus in se*)으로 지칭하곤 했다.

자기중심성은 오늘의 시대를 지배한다. 데이비드 브룩스에 따르면, 우리는 사람들이 스스로를 자기 우주의 중심으로 여기도록 부추기는 문화 속에 살고 있다.[26] 바로 이런 이유에서 디지털 혁명은 인간 존재에 파괴적인 영향력을 끼쳐 왔다. 그것은 우리를 삶의 중심에 두는 각종 도구와 장치들을 제공하기 때문이다. 인터넷에 의해 매개된 삶은 이러한 자기중심성을 더욱 능숙하게 실현하도록 만든다. 칼 트루먼은 *The Rise and Triumph of the Modern Self*(현대 자아의 나타남과 승리)에서, 소셜 미디어와 디지털 혁명은 "우리가 반드시 현실에 부응하는 삶을 살아야 하는 것이 아니라, 자신의 뜻과 욕망대로 그 현실을 조종할 수 있다고 여기기가 점점 더 쉬워지는 세상"을 창조하게 만든다고 지적한다.[27]

자기중심성은 우리 존재의 모든 부분을 망가뜨리며, 하나님에 대한 우리의 생각도 예외는 아니다. 예수님이 중심이시든지, '아니면' 내가 중심이든지 둘 중 하나다. 자기중심성은 우리의 신학적 상상력을 일그러뜨린다. 우리가 아무리 엄격한 신학 연구를 수행할지라도, 그것이 곧 올바른 연구를 하고 있다는 뜻은 아니다. 때로 우리는 하나님을 연구한다는 방식으로 하나님을 통제하려 들며, 장 칼뱅이 말한

---

25 Willard, *Renovation of the Heart*, 31, 41.

26 David Brooks, *The Road to Character* (New York: Random House, 2015), 6.

27 Carl Trueman, *The Rise and Triumph of the Modern Self: Cultural Amnesia, Expressive Individualism, and the Road to Sexual Revolution* (Wheaton, IL: Crossway, 2020), 41.

"분별없는 호기심"이 바로 그것이다.[28] 이처럼 신학조차도 자기중심적이 될 수 있다.

나아가 우리는 윤리와 진리, 그리고 신앙까지도 자신의 빈약한 이성과 변덕스러운 욕망을 중심으로 재배열한다. 우리는 하나님의 말씀을 우리의 욕망에 맞게 구부려 버린다. 그러다 보면 어느새 우리는 하나님을, 마치 곤도 마리에(일본의 정리 수납 전문가—역자 주)가 물건을 정리하듯 대하게 된다. 기쁨을 주면 남기고, 그렇지 않으면 버리는 것이다. 그리스도와 그분의 말씀, 그리고 그분의 영광스러운 십자가는 곧 밀려나고, 대신에 연약하고 변덕스러운 인간의 취향이 그 자리를 차지한다. 이제 모든 진리는 "내' 진리'가 된다.

하나님, 우리를 용서하소서.

◇◇◇◇◇◇◇◇◇◇

전 세계를 다니면서 가르치고 설교하며 섬기는 내 사역이 특히 풍성한 열매를 맺었던 어느 시기에, 내 안에 지워지지 않는 한 가지 감각이 일어났다. 이는 하나님이 내 설교의 사역을 내려놓도록 권고하신다는 느낌이었다. 그것은 내가 스스로 만들어 낼 법한 계획이 아니었다. 그런데도 분명히 그런 부르심이 있었다. 나는 가능한 한 오래 그 속삭임을 외면하려 했지만, 그 부드러운 음성을 끝내 무시할 수는

---

28 John Calvin, *Ezekiel I (Chapters 1–12)* (Grand Rapids: Eerdmans, 1994), 57. 신학자들은 죄가 인간의 정신에 미치는 영향을 '죄의 인지적인 결과'(noetic effects of sin)로 지칭한다. 이에 관해, 제임스 사이어는 이렇게 언급한다. "진리를 사랑하는 일이 사람들의 유행에서 완전히 벗어날 때, 그 단어를 언급하는 것만으로도 쉽게 미움을 살 수 있다. 로마 시인 테렌티우스는 '진리는 증오를 낳는다'(*Veritas odium parit*)라고 말했다. 진리로부터 도망치려는 인간의 욕망은 깊다. … 그리고 이 사실은 누구에게도 낯설지 않다." James Sire, *Habits of the Mind: Intellectual Life as Christian Calling* (Downers Grove, IL: InterVarsity Press, 2022).

없었다. 얼마나 오래일지는 알 수 없었지만, 내 설교를 내려놓아야 한다는 사실만은 분명히 알았다. 그 음성이 말했다. "떠나라. 와서 나와 함께 '있어라'."

나는 가까운 지인들과 함께 이 문제를 놓고 분별의 시간을 가졌다. 아내와는 밤늦도록 대화를 나누었고, 내 영적인 멘토는 곁에서 함께 기도해 주었다. 친구들과도 수없이 많은 이야기를 주고받았다. 나는 오래전부터 분별에 대한 헨리 나우웬의 정의를 일종의 복음적인 진리처럼 붙들고 살아왔다. "[분별이란] 우리 안의 가장 깊은 욕망이 하나님의 욕망과 일치하는 자리에서 그분께 귀 기울이고 응답하는 것이다."[29] 그러나 이제 그 지혜는 내게 거의 와 닿지 않았다. 내 안에는 하나님이 원하시는 것을 바라는 마음이 전혀 없었다. 나는 '내가' 원하는 것을 원했다—가르치고, 설교하고, 사역하는 삶을 말이다. 떠나고 싶은 마음은 내게 조금도 없었다.

마침내 나는 그 부르심에 순복했다. 그리고 그 갑작스러운 변화로 인해, 앞으로 예정되어 있던 수많은 일정들을 취소해야 했다. 하나하나 취소할 때마다 우리 가정의 재정 상태를 다시 생각해야 했다. 사람들은 전화를 걸어 내가 신경쇠약에 걸린 것은 아닌지, 중년의 위기를 겪고 있는 것은 아닌지 걱정했다. 아무도 나를 어떻게 이해해야 할지 몰랐고, 나 자신도 나를 어떻게 해야 할지 알지 못했다. 그리고 하나님을 어떻게 이해해야 할지도 알 수 없었다. 이 혼란스러운 경험은 나를 거의 하루아침에 세상에서 사라진 사람처럼 만들어 버렸다. 나는 벌거벗은 듯했다. 쓸모없고, 방향을 잃은 존재처럼 느껴졌다.

당시 하나님은 나를 은혜의 시냇가로 인도하고 계셨다(시 23:2).

---

29 Henri Nouwen, *Discernment: Reading the Signs of Daily Life* (New York: HarperOne, 2013), 150. 『분별력』(포이에마).

그 고요함 속에서 우리는 종종 자신이 진실로 사랑하는 것이 무엇인지를 발견하게 된다. 나는 일 년간 조용한 무명의 시간을 보내야 했다. 그리고 그 침묵 가운데서, 내 마음속에 숨어 있던 한 우상이 모습을 드러냈다. 나는 설교를 사랑했다. 그러나 어느새 나는 설교 그 자체보다도, 설교가 내게 주는 느낌을 '더' 사랑하고 있었다. 내 설교를 통해 사람들이 하나님께 다가갈 때 느끼는 자부심이나 그분께 쓰임받는다는 기쁨, 교회가 나를 필요로 한다는 감각 같은 것들이다. 내가 설교할 때, 사람들은 나를 원했고 풍성한 사랑과 관심을 베풀어 주었다. 그러나 강단이 사라지자 내 정체성은 흐릿해졌다. 하나님은 여전히 나를 사랑하실까? 교회는 여전히 나를 필요로 할까? 사람들은 여전히 나를 원할까? 내 감정의 공급망은 무너져 버렸다. 스스로 보기에 나는 누군가가 나를 찾고 주목하며 내 말을 경청해 줄 때에만 '의미 있는 존재'였다. 하지만 그때 성령님은 내가 그 '덜 중요한' 욕망들을 내려놓도록 인자한 사랑의 손길로 돌보시고 계셨던 것이다.[30]

하나님이 나를 다시 설교로 부르시는 일은 먼저 내가 그분의 사랑받는 자녀라는 사실이 내 마음에 분명히 자리 잡은 뒤에야 가능했다. 그렇지 않았다면 나는 돌아갈 수 없었을 것이다. 예수님은 내가 공적인 사역을 깊은 우정과 기도, 영적인 훈련 혹은 사랑하는 그분의 품에 안기는 기쁨보다 우선시하는 일을 더 이상 원치 않으셨다. 더 이상 나는 강단을 이용해 낯선 이들에게만 취약함을 드러내면서

---

30 새라 코클리는 이 욕망의 정화를 다음과 같이 정의한다. "성부 하나님은 … 성령을 통해 … 인간의 연약하고 종종 잘못된 욕망들을 흔들어 깨우시고, 점진적으로 단련하며 정화해 가신다. 그리고 때로는 고통을 수반하는 단계적인 성장을 통해, 그 욕망들이 아들의 형상을 닮도록 빚어 가신다." Sarah Coakley, *God, Sexuality, and the Self: An Essay on the Trinity* (New York: Cambridge University Press, 2013), 5.

가장 가까운 이들과 친밀한 관계를 유지하는 수고를 피해 갈 수가 없게 되었다. 또한 그 강단에서 일방적으로 자신의 모습만을 드러내는 대신에, 하나님 앞에서 온전히 알려지는 존재가 되는 일도 회피할 수 없게 되었다.

우리는 사랑받고 갈망되는 존재로 창조된 피조물이다. 이에 관해, 커트 톰슨(Curt Thompson)은 이렇게 언급한다. "하나님은 그분이 우리를 갈망하신다는 사실을 우리가 알게 되기를 바라신다. 곧 우리가 신생아나 어른은 고사하고 심지어 수정란이 되기 전부터 영원토록 우리를 생각하고 계셨다는 것을 알기를 원하신다."[31] 이처럼 우리 자신을 하나님이 원하시고 관심을 품으시는 자녀로 보지 못할 때, 우리는 존재의 충만함을 느끼기 위해 다른 이들이 우리를 원하고 알아봐 주어야 한다고 여긴다.[32] 오직 우리가 무엇보다도 그분께 갈망을 받는 존재임을 알 때에만, 우리는 자유롭게 자신의 은사들을 가지고서 다른 이들을 섬길 수 있다.

이처럼 우리가 사랑받는 존재라는 데서 출발하지 않을 때, 우리는 다른 이들이 우리의 정서적 빚을 대신 갚아 주기를 바라면서 보이지 않는 멍에를 씌우게 된다. 바울은 로마서 13장 8절에서 "아무에게든지 아무 빚도 지지 말라"고 지혜롭게 권면한 바 있다. 그런데 이 말은 두 방향으로 적용된다. 우리는 다른 이들이 우리에게 진 빚을 용서하

---

31 Curt Thompson, *The Soul of Desire: Discovering the Neuroscience of Longing, Beauty and Community* (Downers Grove, IL: InterVarsity Press, 2021), 63.

32 프레더릭 데일 브루너는 그의 방대한 마태복음 주석에서 이렇게 언급한다. "우리는 하나님께 주목하고 또 그분의 주목을 받는 존재로 지음받았다. 곧 그분의 기쁨을 상상하는 동시에 우리의 삶 속에서 드러내도록 만들어진 것이다. 마태복음에 나오는 예수의 표현을 써서 말하자면, 이 성부의 주목을 받으려는 욕망은 곧 후대 기독교 전통에서 '믿음'이라 부르게 된 것이다." Frederick D. Bruner, *Matthew*, vol. 1 (Grand Rapids: Eerdmans, 2007), 283.

는 동시에, 자신의 무너진 마음을 채우기 위해 다른 이들에게 정서적인 빚의 멍에를 지우려는 유혹에도 맞서야 한다. 오직 아버지의 사랑 안에서만 그 모든 빚이 탕감될 수 있다.

나는 다시 설교의 자리로 돌아왔다. 다만 그 방식은 달라졌다. 일은 같지만, 그 일을 대하는 자세는 바뀐 것이다. 나는 여전히 사람을 낚는 어부다. 다만 이제는 배의 다른 쪽으로 그물을 던져 고기를 잡는 법을 배웠을 뿐이다.

◇◇◇◇◇◇◇◇◇◇◇

어떻게 하면 십자가를 중심에 둔 모습으로 우리의 욕망을 빚어 갈 수 있을까? 이렇게 하지 않을 때, 우리의 욕망을 하나님 자신과 동일시하는 위험에 처하게 된다. 2015년, 오프라 윈프리의 텔레비전 스튜디오는 믿음(Belief)이라는 새 프로그램을 제작했다. 이 프로그램은 미국에서 가장 영향력 있는 인물 중 하나인 그녀가 영성에 관해 탐구하는 내용을 담고 있었다. 홍보 투어 중에, 그녀는 자신이 가장 좋아하는 성경 구절에 대한 인터뷰어의 질문을 받았다. 그녀는 시편 37편 4절을 좋아한다고 말했는데, 이는 곧 "여호와를 기뻐하라 그가 네 마음의 소원을 네게 이루어 주시리로다"라는 구절이었다. 그런 다음에 그녀는 이 '여호와'가 누구인지를 이렇게 설명했다.

내게 이 구절은 이렇게 다가옵니다. '여호와'라는 말에는 실로 넓은 의미가 담겨 있지요. 여호와란 누구일까요? 그분은 곧 긍휼과 사랑, 용서와 친절의 정신 그 자체입니다. 그러니 그분의 성품이 담겨 있는 이 인간적인 덕목들을 기뻐하라는 것이지요. '선함을 기뻐하고, 사랑과 친절과 긍휼을 기뻐하라. 그러면 네 마음의 소원을 얻게 될 것이다.' 내게 이 말씀은, '선을 이루는 존재가 되기에 힘쓸 때 선한 일들이 뒤따라온다'

는 뜻으로 들립니다.[33]

그녀의 이 해석이 우리에게 영감을 줄 수는 있지만, 본문에 담긴 하나님의 음성을 제대로 포착해 내지는 못한다. 지금 세상은 마치 우리가 원하는 것을 무엇이든 주겠다고 약속하는 듯하며, 유진 피터슨은 이 세상이 우리 앞에 "'필요'와 '욕구', '느낌'으로 이루어진 새 삼위일체"를 제시한다고 표현한 바 있다.[34] 하지만 실제로 우리에게 필요한 것은 각자의 욕망이 적절한 한계 내에서 행사되는 삶의 환경이다. 우리에게는 자기중심적인 욕망 대신에 하나님 중심적인 욕망이 요구되는 것이다.

많은 이가 종교적인 상징과 전례를 통해 "우리의 욕망이 심오하게 바로잡힐" 수 있다는 점을 언급해 왔다.[35] 이때 우리가 취할 수 있는 첫걸음은 우리의 욕망과 바람이 전권을 행사하지 않는 공동체 안으로 기꺼이 들어가는 것이다. 아마 시장에서는 우리가 원하는 것을 원하는 방식대로 얻을 수도 있다. 그러나 교회는 그런 세상의 방식에 맞서는 반문화적인 환경이 되어야 한다. 곧 그저 청중이 기대하는 메시지들만을 전하는 데 그쳐서는 안 되는 것이다. 예수님을 따르는 교회 안에 있는 것은 지혜로운 일이다. 그곳에서 우리는 원치 않는 말들에 귀를 기울이며, 쉽게 빠져나갈 수 없는 요구 앞에 자신의 삶을 내어 맡겨야 한다. 마음에 들지 않으며 모른 척 흘려버릴 수도 없는 메시지에

---

33 Megan Garber, "How Stephen Colbert Is Bringing Religion to Late Night", *The Atlantic* (blog), October 16, 2015, https://www.theatlantic.com/entertainment/archive/2015/10/stephen-colbert-is-bringing-religion-to-late-night/410959/.

34 Eugene Peterson, *Eat This Book: A Conversation in the Art of Spiritual Reading* (Grand Rapids: Eerdmans, 2006), chap. 3.

35 Wendy Farley, *The Wounding and Healing of Desire: Weaving Heaven and Earth* (Louisville: Westminster John Knox, 2005), 14.

스스로를 복종시켜야 하는 것이다. 그곳에서 우리는 개인적인 취향을 내려놓고 자신과 전혀 다른 사람들을 사랑하는 법을 배운다. 또 우리는 죄에 대해 징계를 받을 위험도 감수하며, 오래전부터 대대로 전해 내려온 신앙의 가르침을 마주하게 된다. 이에 반해, 오늘날의 개인주의는 마치 이단의 모태와도 같다.

우리의 욕망이 바르게 빚어지기 위해서는 예배하는 공동체가 필요하다. 그러나 이 욕망이 길러지는 자리를 오직 종교적 공간으로만 한정해서는 안 된다. 그렇게 하면 우리의 진정한 변화가 좌절될 위험이 있기 때문이다. 만약 이 전례 가운데 우리가 매일 수행하는 활동들까지 포함된다고 여기면 어떻게 될까? 제임스 K. A. 스미스는 인간의 내적 욕망을 형성하는, 사람들이 반복적으로 행하는 실천들을 '문화적인 전례'(cultural liturgies)라고 부른다(이는 에릭 제이컵슨이 말하는 '일반 은총의 전례'(common grace liturgies)와도 맞닿아 있다[36]). 물론 우리는 기도하고 교회에 가며, 성찬에 참여하고 죄를 고백해야 한다. 그런데 설거지를 하고 숲길을 걸으며 차고를 정리하는 등의 일상적인 전례들 역시 동일한 변혁의 힘을 지닌다면 어떻게 될까?[37] 이때 우리는 결국 매일의 습관이 만들어 낸 존재가 된다.

둘째, 우리는 단순한 삶의 실천을 통해 자신의 욕망을 길들일 수 있다. 사회학자인 조너선 하이트(Jonathan Haidt)는 인간이 스스로 생각하는 것보다 훨씬 덜 이성적인 존재라고 주장했다. 그의 책 *The Happiness Hypothesis*(행복 가설)에서, 하이트는 기수와 코끼리의 비유

---

36 Eric O. Jacobson, "The Ballet of Street Life: On Common Grace Liturgies", *Comment* (blog), December 13, 2013, https://comment.org/the-ballet-of-street-life-on-common-grace-liturgies/.

37 이 주제에 대한 가장 열정적인 연구는 다음의 책에서 볼 수 있다. Tish Warren, *Liturgy of the Ordinary: Sacred Practices in Everyday Life* (Downers Grove, IL: InterVarsity Press, 2016.

를 들어 우리의 감정과 이성을 설명한다. 여기서 코끼리는 인간의 감정과 욕망, 느낌을 상징하며, 기수는 인간의 이성적인 부분을 나타내는 것이다. 우리는 흔히 이성이 감정을 통제한다고 여긴다. 그러나 하이트에 따르면, 실제로는 감정이라는 코끼리가 우리 삶을 이끌어 가는 경우가 많다. 그는 우리가 순수하게 이성적인 판단을 내리기보다, 이미 품은 감정과 욕망을 사후에 합리화하는 경향이 있다고 말한다. 그리고 우리의 욕망들은 대개 내면화된 습관이라는 것이다.

나는 여기서 하이트가 말한 요점이 우리가 올바른 욕망을 길러 가는 일을 고려할 때 매우 중요한 통찰을 준다고 믿는다. 대개 우리의 삶은 코끼리처럼 거침없이 앞으로 나아가는 욕망들에 의해 이끌린다. 우리는 깊이 숙고하지도 않은 채로 새 장난감이나 제품들을 끊임없이 사들이며, 새롭고 낯선 경험들을 추구한다. 그리고 이 과정에서 그런 욕망들은 점점 더 큰 힘을 갖게 된다. 하지만 고대에 속한 단순한 삶의 길을 실천할 때, 이 경쟁자가 없던 욕망들이 서서히 약화되는 것이다. 이는 곧 더 사려 깊고 정당한 모습으로 자신의 소비를 줄여나가는 삶의 태도이다. 우리는 흔히 욕망만 바꾸면 자신의 삶도 자연히 바뀔 것이라고 생각한다. 그러나 실제로는 종종 그 반대다. 우리의 욕망이 새로 빚어지기 위해서는, 먼저 우리가 살아가는 방식을 바꾸어야 한다.

셋째, 우리의 욕망을 길러 주는 또 하나의 중요한 훈련은 복음서를 읽는 데 있다. 복음서를 읽는 일과 우리의 욕망 사이에 무슨 관계가 있을까? 우리가 바르게 살아가며 거룩함의 길을 걷기 위해서는 적절한 욕망의 틀과 구조, 경계들이 필요하다. 따라서 하나님의 명령과 우리의 욕망을 서로 긴밀히 결부시키는 것이 곧 예수님을 좇는 성경적인 신앙의 핵심에 놓이는 것이다. 인간의 욕망에는 그 모습을 표시할 적절한 경계선이 필요하며, 하나님의 명령이 바로 그 역할을 한다.

그리고 이 경계가 세워질 때, 인간의 욕망은 비로소 자기중심성의 속박에서 풀려나게 된다. "너희가 내 안에 거하고 내 말이 너희 안에 거하면 무엇이든지 원하는 대로 구하라 그리하면 이루리라"(요 15:7)는 예수님 말씀의 의미가 바로 여기에 있지 않겠는가? 또 사도 요한이 기록한 다음의 권면 역시 같은 것을 의미할 것이다. "그의 뜻대로 무엇을 구하면 들으심이라 … 우리가 그에게 구한 그것을 얻은 줄을 또한 아느니라"(요일 5:14-15). 이처럼 우리의 욕망이 하나님 말씀을 중심으로 재편될 때, 그 욕망은 무언가 신비한 방식으로 그분의 마음을 움직일 수 있는 잠재력을 부여받게 된다.

예수님의 말씀과 요한의 권면은 어떤 이들의 생각처럼 소원을 이루기 위한 고대의 비법이 아니다. 오히려 그 가르침들 속에 담긴 뜻은 분명하다. 우리는 오직 '예수님의 말씀이 우리 안에 거하고', 또 '그 뜻대로 구할' 때에만 응답을 받는다는 것이다. 이 가르침은 매우 심오하다. 우리의 욕망이 먼저 하나님의 욕망에 의해 빚어진다면, 우리는 그분이 원하시는 것만을 구하게 될 것이다. 그러니 응답이 주어지는 것도 이상할 일이 아니다. 우리는 하나님의 뜻을 다시 그분께 돌려드리면서 기도하고 있기 때문이다. 이것이 곧 "예수님의 이름으로" 기도한다는 것의 의미다. 우리는 예수님의 성품과 그분의 십자가에 근거해서 기도하는 것이다.

우리 삶의 방식과 욕망 사이의 관계는 아무리 강조해도 지나치지 않다. 우리의 욕망은 우리의 성품에 의해 깊이 빚어진다.[38] 예수님의 뜻이 우리 존재의 핵심에서 욕망의 경계가 될 때, 우리는 하나님이 바라고 원하실 만한 것들만을 구하게 된다. 이처럼 예수님과 그분의 말

---

38 윤리와 욕망 간의 관계에 대해 탐구하는 흥미로운 최근의 책으로는 Gregory Ganssle, *Our Deepest Desires: How the Christian Story Fulfills Human Aspirations* (Downers Grove, IL: IVP Academic, 2017)를 보라.

씀에 신실하게 순복하면서 살아갈 때, '비로소' 하나님이 우리의 기도를 듣고 이루어 주시는 것이다. 어떤 이는 우리의 기도가 응답되지 않을 때, 그것이 하나님보다는 우리 자신의 기도에 대해 더 많은 것을 말해 준다고 한 적이 있다. 참으로 그러하다. 우리 기도의 동기가 그저 자신의 소원을 이루려는 데 있을 때, 우리는 크게 실망하고 돌아서게 된다. 그러나 하나님이 원하시는 것을 그분께 구할 때, 그분은 늘 응답해 주신다.

9장

욕망을 정돈하기

지난 장에서 우리는 십자가적인 갈망, 곧 예수님의 삶과 죽음, 부활을 중심으로 우리의 욕망을 가다듬는 일을 살펴보았다. 그 목적은 경건한 삶을 추구하는 데 있지만, 이 일은 하나님의 우선순위를 드러내는 방식으로 우리의 사랑을 정돈하는 데에도 유익을 준다. 우리는 단순히 무언가를 사랑하는 존재로 창조된 것이 아니다. 우리는 바르게 사랑하도록 만들어졌다. 하지만 지금 우리의 사랑은 전부 어긋나 있다. 우리는 흔히 어떤 것들을 지나치게 사랑하면서도 어떤 것들은 충분히 사랑하지 않으며, 사랑해서는 안 될 것들을 사랑하거나 혹은 그 반대의 모습을 보인다. 아우구스티누스는 *On Christian Teaching*(기독교적 가르침에 대하여)에서, 사랑의 질서에 관해 이렇게 언급한다.

의롭고 거룩하게 사는 이들은 곧 자신의 사랑을 바르게 정돈한 이들이다. 이들은 사랑해서는 안 될 것을 사랑하지 않고, 사랑해야 할 것을 사랑하지 않는 일도 없다. 또 덜 사랑해야 할 것을 지나치게 사랑하지도 않고, 더 사랑해야 할 것을 너무 적게 사랑하지도 않는다. 그리고 서로 다른 정도로 사랑해야 할 두 대상을 똑같이 사랑하지 않으며, 같은 정도로 사랑해야 할 것들을 더 많이 혹은 더 적게 사랑하지도 않는다.[1]

그리고 아우구스티누스는 죄를 "선의 척도에서 가장 낮은 단계에 있는 것들을 향한 지나친 욕망"으로 정의한다. 이로 인해 우리가 "더 높은 최고의 선, 곧 주 하나님과 그분의 진리와 율법을 버리게 된다"는 것이다.

우리는 모두 사랑이 어긋난 사람들이다. 나는 종종 우리 집 차고에 큰 불만을 느낀다. 그곳은 도무지 바로잡히지가 않는다. 아무리 시간을 들여 정리해도 늘 원래의 어수선한 상태로 되돌아간다. 그래서 나는 스스로를 실패자처럼 느끼곤 한다. 저녁에 동네에서 운동할 때면, 나는 종종 차고 문을 열어둔 이웃 집들 근처를 지나가게 된다. 나는 그들의 깔끔한 차고 안과 내 차고 상태를 비교하면서, 깊은 질투심을 품은 채로 돌아오곤 한다. 하지만 그런 다음에는 내 삶의 자리를 되새기게 된다. 지금 내게 주어진 삶의 위치는 무엇보다도 사랑하는 남편이자 아빠로서 가족들 곁에 머무는 것이다. 나는 그들에게 원하는 만큼 사랑을 베풀고 함께 살아가는 동시에 '멋지게 정돈된 차고'를 '역시' 소유할 수는 없다. 나는 한계가 있는 존재이기 때문이다. 다만 언젠가는 아들이 장성해서 집을 떠나게 될 것이다. 그때가 되면, 그리고 아마도 그때에야 비로소 내 차고가 '구원'을 얻게 될 것이다.

누구도 모든 것을 똑같이 사랑할 수는 없다. 그리고 그렇게 해서도 안 된다. 우리 자신의 한계와 우선순위, 그리고 시간의 덧없음을 인정하면서, 어떤 욕망들은 반드시 내려놓아야 한다. 부모의 사랑을 원하는 자녀를 외면하면서 차고 관리에만 몰두하는 일이 얼마나 어

---

1 Augustine, *On Christian Teaching*, 1.27.28.

 —— 하나님이 내게 주신 욕망이라는 선물

리석은지를 한번 생각해 보라. 실제로 거룩한 삶의 길은 우리가 어떤 욕망들을 다른 욕망들보다 더 우선시할 것을 요구한다. 중세의 현인들이 말했듯이, 모든 선택은 곧 다른 것을 포기하는 일이기도 하다. 앙토냉 세르티앙주(Antonin Sertillanges)는 "하나의 길을 선택하는 것은 천 개의 다른 길에 등을 돌리는 일이다"라고 썼다.[2] 이처럼 모든 선택은 천 개의 문을 닫는 동시에 수많은 다른 문을 우리 앞에 열어 준다. 과연 여러분은 가장 중요한 사랑을 다른 사랑들 위에 두게끔 자신의 사랑을 정돈할 수 있겠는가?

오래전에 나는 튀니지의 도시 튀니스(Tunis)를 방문한 적이 있다. 이곳은 고대에 알렉산드리아로 알려졌던 도시다. 우리가 찾은 한 유적지에서, 3세기의 초기 그리스도인 가정으로 추정되는 집 한 채를 우연히 발견했다. 어떻게 그것이 그리스도인의 집임을 알 수 있었을까? 이는 집 앞쪽의 거실에 기독교적 유물들과 상징들이 가득했기 때문이다. 하지만 집 뒤쪽에서는 로마의 우상들로 가득 찬 비밀 방이 발견되었다. 그곳을 관리하던 이들의 생각은 이러했다. 곧 그 집에는 기독교로 개종했지만 이전의 우상들 역시 버리지 않으려 했던 가족이 살았다는 것이다. 그들은 둘 다 갖기를 원했던 것이다. 나는 그날 일기에서 그 모습을 일종의 '종교적인 멀릿'(mullet, 앞쪽은 짧고 뒷쪽은 긴 머리 스타일—역자 주)으로 묘사했다. 그것은 곧 앞에서는 예수님을 따르면서 뒤로는 우상을 좇는 삶의 모습이었다.

그 작은 집은 정돈되지 않은 사랑을 나타낸다. 아마 우리는 하나님을 바라고 사랑할지 모른다. 많은 이에게 그것은 크게 어려운 일이 아니다. 하지만 중요한 문제는 우리가 그 뒤에 다른 사랑의 대상을 숨

---

2 A. G. Sertillanges, *The Intellectual Life: Its Spirit, Conditions, and Method*, trans. Mary Ryan (Washington, DC: Catholic University Press of America, 1998), 121-22.

겨두고 포기하기를 거부한다는 것이다. 예수님의 많은 가르침은 바로 이 두 사랑 사이에서 마음이 나뉜 사람들을 향한 것이었다. 하나님과 돈을 동시에 사랑하는 것에 대한 그분의 말씀을 들어 보라. "한 사람이 두 주인을 섬기지 못할 것이니 혹 이를 미워하고 저를 사랑하거나 혹 이를 중히 여기고 저를 경히 여김이라 너희가 하나님과 재물을 겸하여 섬기지 못하느니라"(마 6:24).

예수님은 우리가 하나님과 돈을 대등하게 섬길 수 없다고 가르치신다. 선택이 요구되는 것이다. 이 사랑을 정돈하는 일을 미룰 때, 우리는 결국 자기 자신에게 해를 입히게 된다.[3] 그 결과는 실로 파괴적인 것이 될 수 있다. 일종의 영적인 법칙에 따라, 인간은 자신이 가장 사랑하는 것을 중심으로 삶을 구축해 가는 경향이 있다. 그래서 마침내는 시편 기자의 말처럼 "그와 같이 되는" 것이다(시 115:8 NIV). 우리가 사랑하는 것들이 곧 우리 자신이며, 우리는 우리가 사랑하는 것들을 닮아가게 된다.[4]

기본적으로, 이 진리는 선악을 알게 하는 나무의 열매를 먹은 남자와 여자의 즉각적인 반응에서 처음 드러났다. 그들은 무화과나무 잎으로 옷을 만들었다. 본문은 그 금단의 열매가 무엇이었는지를 분명히 밝히지 않지만, 아마 그것이 무화과나무였을 것이라고 생각해 볼 수 있다.[5] 우리 집에도 무화과나무가 한 그루 있는데, 그 잎은 사포

---

3 예레미야의 도전적인 '성전 설교'에서, 하나님은 "다른 신들을 따르는" 이들이 결국 "자기 자신에게 해를 끼친다"고 말씀하신다(렘 7:6 NIV). 무엇보다도 우상 숭배가 가장 깊은 해를 끼치는 대상은 그 숭배자들 자신이다. 우상 숭배는 일종의 영적인 자해와도 같다.

4 이것은 제임스 스미스가 다음의 책에서 주로 다루는 내용이다. James K. A. Smith, *You Are What You Love: The Spiritual Power of Habit* (Grand Rapids: Brazos, 2016).

5 Victor Hamilton, *The Book of Genesis: Ch. 1–17*, NICOT (Grand Rapids: Eerdmans, 1990), 190-91. 이 무화과나무의 전승은 탈무드(Sanhedrin 70b)로까지 거슬러 올라간다. 해밀턴은 성경 본문에서 그 나무의 종이 언급되지 않음을 인정하지만, 무화과 잎의

처럼 거칠거칠하다. 그렇게 연약한 신체 부위를 그렇게 불편한 잎으로 가렸던 이유가 무엇일까? 아마도 그들은 얼른 손에 닿는 잎을 붙잡았을 것이다. 수치심을 겪는 이들은 가능한 한 빨리 자신을 가리려 하기 때문이다.

이 점을 잘 살펴보라. 이제 그 남자와 여자는 자신들이 갈망하고 먹었던 그 열매와 어떤 관계에 놓이는가? 그들은 그것처럼 보이기 시작했다. 곧 그 잎사귀를 몸에 두르고는 나무숲 속으로 달아났던 것이다. 그 과정은 거의 희극적으로 보일 정도이다. 그들은 자신들이 욕망하던 열매를 먹었고, 이내 그 욕망의 대상처럼 보이게 되었으며, 마침내 자신들의 욕망과 닮은 것들 사이에 숨어 버렸다.

머지않아 우리가 숨겨둔 그 욕망은 우리의 정체성이 된다. 다시 말해 우리는 스스로를 그 욕구와 갈망, 바람들에 근거해서 규정하게 된다. 이것이 현대의 세속적 서구 문화에서 정체성을 이해하는 방식의 한 부분이 되었다. 이제 정체성은 더 이상 창조주 하나님이나 우리를 세상으로 불러낸 공동체에 의해 외적으로 형성되지 않는다. 우리가 원하는 것이 곧 우리의 정체성이며, 이 맥락에서 욕망은 최후의 지배 서사가 된다.

우리는 이런 생각의 메아리를 세상 곳곳에서 접할 수 있다. 우리는 "사랑에 빠지고", 누군가에게 "사로잡히며", "짝사랑에 빠진다." 이런 비유들은 무엇보다도 우리가 전혀 통제할 수 없는 욕망들을 말해 준다. 그것들이 우리 삶을 장악하고 다스리는 것이다. 하나님의 욕망을 중심으로 우리의 욕망들을 재구성하는 작업이 없다면, 우리는 자신의 욕망 아래에 엄격히 예속되고 만다. 나아가 달라스 윌라드에 따

크기는 충분히 옷을 만들 수 있을 정도라고 주장한다.

르면, 그 욕망은 실로 "끔찍한 주인"인 것이다.[6] 이제 우리는 욕망을 '지닌' 사람이기보다, 그 욕망 자체가 된다. 이것이 바로 우리 시대의 세속적인 존재론이다. 그리고 그것은 곧 인간이 다시 한번 나무들 사이로 숨는 또 하나의 방식일 뿐이다.

바울은 자신의 여러 서신에서, 이 무질서한 사랑이 어떻게 우리의 존재를 형성하는지를 반복해서 말한다. 이를테면 에베소서에서 그는 예수를 따르는 이들에게 어울리는 경건한 성품들을 열거한다. 신약학자들은 이를 '미덕의 목록'이라 부르며, 바울은 이런 목록을 여러 차례 제시하고 있다. 에베소서에서는 이 미덕 목록이 음행과 부정, 음란함, 상스러운 농담을 포함한 여러 악덕의 목록과 나란히 제시되는데, 그 한가운데에는 '탐욕'이 자리 잡고 있다. 바울은 이 본문에서 그 악덕을 언급한 뒤 곧바로 이렇게 덧붙인다. "'탐하는 자' 곧 우상 숭배자는 그리스도와 하나님의 나라에서 기업을 얻지 못하리니"(엡 5:5, 강조점은 내가 덧붙였다). 바울의 이 엄밀한 표현은 그 악덕에 매인 자들에게 특별한 위험이 있음을 시사한다. 그들은 그저 탐욕을 지닌 이들에 그치지 않는다. 그들 자신이 '탐하는 자'들이다. 여기서 그는 순간적인 탐욕이나 그 유혹을 경험하는 이들이 하나님 나라의 기업을 상실한다고 말하는 것이 아니다. 오히려 '탐하는 자들'이 그 나라를 빼앗긴다.

바울의 관점에서, 돈을 사랑하는 우리의 경험과 그것에 대한 사랑에 아예 자신을 내맡긴 사람 사이에는 근본적인 차이가 있다. 무언가 좋은 것을 깊이 사랑하게 되는 순간을 겪는 것은 우리 인간들에게 흔한 일이며, 돈도 그 '좋은 것' 중 하나다. 하지만 그 일은 '탐하는 자'가

---

6 Dallas Willard, *Life without Lack: Living in the Fullness of Psalm 23* (Nashville: Nelson, 2018), 131.

되는 것과는 다르다. 이를테면 우상 숭배는 특정한 것에 대한 거짓 사랑에 자신을 '내어 맡기는' 삶이라고 할 수 있다.

이에 비해, 기독교에서는 우리의 욕망을 우리 자신의 정체성과 분리한다. 우리의 본질은 그 욕망에 매여 있지 않으며, 우리는 욕망을 지닌 사람들일 뿐이다. 바울이 그리스도인들의 공동체에 어떤 것을 "피하라"고 명령한 경우는 단 두 번뿐임에 주목하라. 그는 신자들에게 "음행을 피하라"고 했으며(고전 6:18), 또 "우상 숭배하는 일을 피하라"고 말한다(고전 10:14). 그것이 전부다. 하지만 이 명령들의 무게는 이천 년 전이나 오늘이나 다르지 않다. 바울은 우리의 성과 예배가 서로 다른 두 주제가 아님을 잘 알았다. 그가 보기에, 우리가 무엇을 사랑하며 자신의 욕망들을 어떻게 정돈하는지를 가장 잘 드러내는 것은 바로 우리가 영위하는 성적인 삶의 모습이었다. 과연 우리는 그 성적인 삶의 영역에서 자신이 한 분 참 하나님을 예배하고 있음을 보여 주는가? 아니면 스스로 만들어 낸 많은 신들을 좇아가는 모습을 드러내는 것은 아닌가?

우리의 사랑을 정돈하기 위해서는 모든 것이 다 우리 것이 될 수는 없음을 받아들여야 한다. 욕망의 렌즈를 통해 십계명을 들여다보라. 흔히 인생의 전반기에는 일곱째 계명("간음하지 말라")과 씨름하고, 인생의 후반기는 여섯째 계명("살인하지 말라")에 순종하는 법을 배우는 과정이라고들 한다. 이스라엘에게 주어진 첫째 계명은 무엇보다도 하나님만을 예배하라는 것이었다. 그러나 모세가 산에서 내려왔을 때, 이스라엘 백성은 이미 금송아지를 숭배하고 있었다. 유대 신학에는 이 성경 본문이 이스라엘 백성을 향한 책망으로 기록되었다고 보는 오랜 전통이 있다. 곧 그들은 율법을 전달받기도 전에 깨뜨리고 말았다는 것이다. 이처럼 우리는 하나님의 말씀을 받기도 전에 이미 반역했던 존재들이다.

이스라엘 백성은 다른 이들이 가진 것들을 탐내지 않아야 했다. 그런데 두 번째 계명을 보라. "너를 위하여 새긴 우상을 만들지 말고 또 위로 하늘에 있는 것이나 아래로 땅에 있는 것이나 땅 아래 물 속에 있는 것의 어떤 형상도 만들지 말며 그것들에게 절하지 말며 그것들을 섬기지 말라 나 네 하나님 여호와는 질투하는 하나님인즉"(출 20:4-5). 그리고 마지막 계명에서는 이웃의 소유를 시기하지 말라는 내용이 이어진다(여기서 저자는 '시기' 혹은 '질투'를 '탐냄'과 동일시한다―편집자 주). "네 이웃의 집을 탐내지 말라 네 이웃의 아내나 그의 남종이나 그의 여종이나 그의 소나 그의 나귀나 무릇 네 이웃의 소유를 탐내지 말라"(출 20:17). 이 대목에서 성경의 독자들은 잠시 고개를 갸웃하게 된다. 하나님은 '질투하는 하나님'으로 묘사되는데, 우리는 질투하지 말라는 명령을 받는다. 그렇다면 왜 하나님은 질투하셔도 되고, 우리는 질투해서는 안 되는가?

인간은 자신에게 없거나 결핍된 것, 혹은 그릇된 것들을 욕망한다. 우리 자신의 부족함 때문에 무언가를 찾고 구하는 것이다. 이에 관해, 야고보는 이렇게 지적한다. "너희는 욕심을 내어도 얻지 못하며"(약 4:2). 그리고 이것이 인간의 욕망과 하나님의 욕망 사이의 근본적인 차이 중 하나다. 우리의 욕망은 결핍에서 나오지만, 그분은 온전한 사랑으로 인해 욕망을 품으시기 때문이다. 그렇기에 십계명은 인간의 질투를 금지하면서도, '다른 한편으로' 하나님을 '질투하시는 분'으로 묘사할 수 있다. 인간은 자기 것이 아닌 것을 두고 질투하지만, 하나님은 이미 자신의 소유인 것에 대해 질투하신다.

우리가 올바른 사랑을 품을 때, 삶의 모든 일들이 새롭게 정돈된다. 르네 지라르(René Girard)가 『나는 사탄이 번개처럼 떨어지는 것을 본다』(*I See Satan Fall Like Lightning*)에서 언급한 바에 따르면, 마지막 계명은 질투를 금하는 것인 동시에 궁극적으로는 우리가 왜 다른 계명들을 어기게 되는지를 설명해 주기도 한다.[7] 십계명의 중심 주제인 이 질투는 욕망에 대한 우리의 논의에서도 중요한 것이 된다. 질투는 흔히 우리의 욕망과 우상들이 하나로 겹쳐지는 지점을 드러내기 때문이다. 우리는 만족이 욕망의 부재를 뜻하지 않는다는 점을 기억해야 한다.[8] 오히려 그것은 하나님이 주신 질서대로 우리의 욕망이 바르게 정돈된 상태다.

◇◇◇◇◇◇◇◇◇◇

우리의 내면세계는 우리의 외적인 세계를 빚어낸다. 이에 관해, 예수님은 이렇게 말씀하셨다. "[사람의] 마음에 가득한 것을 입으로 말한다"(마 12:34 NKJV). 다른 이들을 온전히 사랑하려면 먼저 자신의 내적인 삶을 헤아려야 한다. 제대로 드러나지 않은 우리의 기대와 욕망들이 주위 사람들과의 관계를 망쳐 버릴 수 있기 때문이다. 우리가 말로 표현하지도 않은 욕망에 상대를 묶어 두는 것보다 관계에 더 큰 해를 끼치는 일은 없다. 어떤 이가 비현실적이며 바람직하지 못한 기대를 품고 결혼 생활을 시작할 때, 그 여파는 수년간 파괴적으로 작용할 수 있다. 문제는 종종 그 결혼 자체보다도 그 생활에 대한 우리의 그릇된 기대에서 생겨난다. 그러나 시간을 두고 자신의 욕망을 들여다볼 때, 우리는 더 건강하고 정직한 의도를 품고 다른 이들에게 다가갈 수 있게 된다. 인간관계와 가정생활, 매일의 일정에

---

7 René Girard, *I See Satan Fall Like Lightning*, trans. James G. Williams (Maryknoll, NY: Orbis, 2001), 7-18.

8 존 엘드리지(John Eldredge)는 이렇게 쓴다. "만족이란 욕망이 없는 상태가 아니라, 욕망으로부터의 자유다. 만족한다는 것은 모든 일이 바람대로 이루어진 듯이 가장하는 것도 아니고, 아무 기대가 없는 척하는 것도 아니다. 오히려 그것은 더 이상 욕망에 지배되지 않는 상태를 뜻한다." John Eldredge, *The Journey of Desire: Searching for the Life You've Always Dreamed Of*, expanded ed. (Nashville: Nelson, 2016), 192.

이르기까지, 우리 삶의 모든 것은 무엇보다도 내면의 욕망에 의해 형성된다. 그리고 건축과 도시 계획, 나아가 모든 기술적인 성취 역시 어떤 수준에서는 인간 욕망의 산물이다. 역사는 곧 인간 욕망의 이야기다. 이에 관해, 토머스 머튼은 이렇게 단언한 바 있다. "인간의 욕망과 주도적인 노력이 없이는 역사의 존재를 생각할 수조차 없다."[9]

인간의 욕망은 세상을 선하게도, 악하게도 빚어낼 수 있다. 러시아 문화의 관찰자들은 공공 퍼레이드나 국가적인 기념행사가 열릴 때마다 모스크바의 하늘이 유난히 맑고 화창해 보인다고 자주 지적한다. 푸틴이 구름을 제거하기 위해 대기 중에 화학 물질을 살포하는 기술을 갖고 있다는 것이 일종의 상식처럼 여겨지기도 한다. 그래서 많은 이는 러시아 정부가 퍼레이드를 더욱 장엄하게 만들고 권력을 과시하기 위해 날씨를 무기화한 것은 아닌지 의문을 품는다.[10]

이 일이 사실이든 아니든, 바로 이런 인간들의 태도가 오늘날의 생태 위기를 초래한 핵심 원인이다. 하나님은 선한 세상을 창조하셨다. 그러나 죄 많고 반역적인 인간들은 그분을 모든 창조의 중심에 계신 분으로 받들기를 거부하고, 점점 더 그들 스스로를 왕좌에 앉히려고 해 왔다. 창조주 하나님을 그 보좌에서 끌어내리려는 이 시도는 결국 온 피조 세계에 막대한 고통을 가져온다. 앞서 하나님은 이런 결과가 따를 것을 분명히 경고하신 바 있다. 곧 인간이 타락한 후, 그분은 '땅을 저주하셨던' 것이다(창 3:17). 이에 관해, 길 베일리(Gil Bailie)는

---

9   Thomas Merton, *Disputed Questions* (New York: Farrar, Straus and Giroux, 1965), 59.

10   Fiona Macrae, "Can Russia Control the Weather?", *Daily Mail*, February 15, 2022, https://www.dailymail.co.uk/news/article=2954933/Can-Russia-control-weather-Climate-researcher-says-CIA-fears-hostile-nations-triggering-floods-droughts.html.

이렇게 언급한다. "우리 안에는 온 세상을 지배하고 다스리려는 욕망이 주어져 있다. 그런데 그 욕망이 그릇된 방향으로 나아갈 때, 그것은 머지않아 온 세상을 황폐하게 만들어 버릴 것이다."[11]

인간이 세상에 가져온 모든 파괴적인 결과들은 무엇보다 그들의 욕망에서 유래한다고 할 수 있다. 우리는 늘 가져도 될 몫보다 더 많은 것을 원하며, 자신의 소유가 아닌 것들을 취한다. 곧 합당한 경계와 한계를 거부하는 것이다. 애팔래치아 지역의 산꼭대기를 깎아 내리는 석탄 채굴 현장만 보아도, 우리는 인간의 욕망에 의해 공간이 얼마나 참혹하게 훼손되는지를 절실히 체감하게 된다. 이같이 우리의 욕망은 말 그대로 산을 파괴하며, 광물과 석탄을 얻기 위해 그것을 제거해 버리기도 한다.

우리는 마땅히 예수님의 말씀에 귀를 기울였어야 했다. 그분은 우리의 내면세계가 우리의 외적인 세계를 형성할 수 있다는 점을 분명히 언급하셨기 때문이다. "진실로 너희에게 이르노니 만일 너희에게 믿음이 겨자씨 한 알 만큼만 있어도 이 산을 명하여 여기서 저기로 옮겨지라 하면 옮겨질 것이요 또 너희가 못할 것이 없으리라"(마 17:20). 우리 안의 믿음이 비록 작을지라도, 그것은 하나님과의 관계를 회복시키는 구원의 믿음이 될 수 있다. 그리고 그 내적인 힘을 통해, 말 그대로 산을 옮기는 일까지도 이루어질 수 있다는 것이다. 여기서 얻는 교훈은 무엇일까? 이는 우리가 자신의 욕망들을 중심으로 세상에 질서를 부여하게 된다는 것이다.

이처럼 우리의 욕망이 세상을 형성한다. 사실 우리가 하나님 외의 다른 일과 사물들에 대한 욕망을 품는 것 자체는 잘못이 아니다. 아담이 복되신 그분과 직접적인 관계 속에 있으면서도 인간적인 동반자

---

11 Bailie, *God's Gamble: The Gravitational Power of Crucified Love*, 37.

를 원했던 것처럼, 우리 역시 하나님 외의 것들을 원하고 갈망하게 된다. 그것은 허용되는 일일 뿐 아니라, 그분이 우리를 지으신 본래의 방식 속에 내재된 것이기도 하다. 지금까지 아우구스티누스가 욕망에 대해 다소 적대적인 관점을 지녔다고 여겨 온 이들이 많았다. 그러나 최근의 사상가들은 오히려 그가 인간의 욕망을 곧 '세상을 질서 있게 조직하는 힘'으로 보았다는 결론에 이르렀다. 그는 인간의 욕망이 정치와 사회 질서의 영역에서 가장 뚜렷하게 드러난다고 믿었다.[12] 인간이 무엇을 욕망하느냐에 따라, 그 사회의 모습도 그렇게 형성된다는 것이다.

최근 몇 년간, 나는 많은 제자들이 '현실화'(manifesting, 생각을 바꾸면 인생을 바꿀 수 있다는 영적 주장—역자 주)라는 개념에 매혹되어 가는 모습을 지켜보았다. 『더 시크릿』(*The Secret*) 같은 책과 글들에서 영향을 받은 이 사이비 과학 운동은 사람이 자신의 욕망을 우주 앞에 선언하면 온 우주가 그것을 이루어 준다고 주장한다. 이에 대해 어떻게 생각하느냐는 질문을 받을 때, 내 대답은 간단하다. "조심하세요. 왜냐하면 그건 실제로 작동하기 때문입니다." 이것은 죄 많은 인류가 처음부터 취해 온 방식이기도 하다. 만일 푸틴이 날씨를 바꾸고 사람들이 산을 깎아 없앨 수 있다면, 우리의 내면에 자리한 욕망들 역시 거의 무엇이든 해낼 수 있다. 이 세속적인 번영의 복음은 대단히 인기를 끌었으며, 동시에 큰 수익을 낳았다. 이는 어떤 우주적인 힘에 그런 것들을 제공할 능력이 있다는 뜻이 아니다. 오히려 그것은 우리 안에 있는 욕망의 힘이 세상을 자기 중심으로 재배열할 수 있음을 보여 준다. 이처럼 우리의 욕망이 실현될 수는 있지만, 그 욕망이 언제나 선한 것은

---

12 John von Heyking, *Augustine and Politics as Longing in the World*, The Eric Voegelin Institute Series in Political Philosophy (Columbia: University of Missouri Press, 2001)를 보라.

아니다.

◇◇◇◇◇◇◇◇◇◇

2차 세계대전의 참상이 계속되던 시기에, 문학 비평가이자 회심한 그리스도인이었던 C. S. 루이스는 영국의 대중을 위해 일련의 라디오 강연을 전했다. 그 주제는 하나님과 예배, 교회와 진화, 그리고 인간의 욕망에 이르기까지 다양한 영역에 걸쳐 있었다. 이 강연들은 이후 한데 모여서 우리에게 잘 알려진 『순전한 기독교』(*Mere Christianity*)로 출간되었다. 루이스가 이 강연을 행하던 그때는 런던 상공에 실제로 폭탄이 쏟아지던 시기였다. 당시 영국에는 그가 음험하고도 위험하다고 여겼던 여러 문화적 변화들이 소용돌이치고 있었다. 당시 사람들은 점차 초자연적인 기독교 세계관을 벗어나서, 이 세상을 환원적이고 자연주의적인 방식으로 바라보게 되었던 것이다. 한 인상적인 대목에서, 루이스는 하나님이 배제된 세계에서 과연 사람이 어떻게 "자기 자신을 발견할 수 있겠는지"를 묻는다. 그는 그런 과업이 가능하지 않다고 보았다. 오히려 기독교적인 삶의 목표는 자기 발견보다도, 예수님을 따르기 위해 자기 자신을 내려놓는 데 있다는 것이 루이스의 생각이었다. 그는 이렇게 말한다.

하나님께 저항하면서 자신의 힘으로 살아가려고 애쓸수록, 우리는 자신의 유전과 성장 배경, 주위 환경과 자연적인 욕망들에 더 깊이 지배받게 됩니다. 이때 우리가 자랑스럽게 "나 자신"이라고 부르는 것은 사실 스스로 시작하지도 않았고 멈출 수도 없는 사건들의 행렬이 교차하는 지점일 뿐입니다. 그리고 우리가 "내 소원"으로 일컫는 것 역시, 내 신체의 작용에 의해 던져졌거나 다른 사람들의 생각에 의해 주입된 욕

망에 불과하지요.[13]

이런 루이스의 말은 신랄하면서도 정곡을 찌른다. 하나님 없는 삶은 욕망의 진공 상태를 만들어 내는 것이다. 중심이 사라질 때, 인간은 우연히 벌어진 이야기들의 뒤섞임(루이스는 이를 "사건들의 행렬"로 지칭했다)과 "다른 사람들의 생각에 의해" 우리 안에 주입된 "자연적인 욕망들" 속으로 흩어지고 만다. 루이스에 따르면, 하나님이 계시지 않을 때 우리는 그저 자신의 온갖 유전자나 매주 반복되는 일상에서 얻은 여러 경험으로부터 욕망의 대상을 선택해야 한다. 그리고 그 결과는 명백한 공허함이다. 실비아 플래스(Sylvia Plath)는 이 상태를 이렇게 표현한다. "나는 두렵다. 나는 단단하지 않고 텅 비어 있다. 내 눈 뒤에는 감각 없이 마비된 동굴, 지옥의 구덩이, '아무것도 아닌 것을 흉내 내는 공허'가 느껴진다. … 나는 내가 누구인지, 어디로 가고 있는지 모른다."[14]

루이스는 우리가 다른 사람들의 욕망에 의해 형성될 수 있다고 믿는다. 우리의 내면세계가 외적인 세계를 만들어 내듯이, 우리를 둘러싼 외적 세계 역시 우리의 내면을 깊이 빚어낸다. 그래서 우리는 (루이스의 표현을 빌리자면) 여러 관계와 환경 가운데서 우리에게 "던져졌거나" "주입된" 욕망들에 불과한 존재가 되어 버릴 수도 있다.

이 현상에 대해 르네 지라르(René Girard)만큼 많은 글을 쓴 이도 드물다. 그리스도인 철학자인 지라르는 인간 욕망 연구의 지형을 거의 혼자서 새롭게 바꾸어 놓았으며, 십자가가 하나님께서 인간 욕

13　C. S. Lewis, *Mere Christianity* (New York: MacMillan, 1960), 189. 『순전한 기독교』(홍성사).

14　Sylvia Plath, *The Journals of Sylvia Plath* (New York: Ballantine, 1991), 59-60.

망을 폭로하시는 방식이라는 핵심 사상을 제시했다. 그는 *Things Hidden Since the Foundation of the World*(창세 때부터 감추어진 것들)에서, 십자가 사건을 통해 하나님이 인간의 은밀한 욕망을 드러내신다고 말한다. 당시 모여든 군중들은 죄수인 바라바를 풀어 주고, 하나님이신 예수는 죽이기를 원했다. 에드먼드 발트슈타인(Edmund Waldstein)에 따르면, 여기서 하나님은 "인간의 모방적인 욕망과 희생양의 비밀을 드러냄으로써 인류를 구원하셨던 것이다."[15]

지라르의 '모방적인 욕망'(mimetic desire) 이론은 학문적으로 상당한 주목을 받아 왔다. 그는 *Deceit, Desire and the Novel*(속임수, 욕망, 그리고 소설)에서 우리가 다른 사람들의 욕망에 어떻게 영향을 받는지를 탐구한다.[16] 지라르에 따르면 우리는 자신의 욕망을 스스로 만들어 내지 않는다. 오히려 그것을 타인에게서 비추어 보고, 빌려 온다. 어린아이가 말을 배우듯, 우리는 다른 사람들의 욕망을 모방한다. 그 결과 우리는 아주 이른 나이부터 자신을 세상에 '바람직한 존재'로 드러내야 한다는 압박을 받게 된다. 지라르는 모든 욕망이 '삼각적'이라고 보았다. 곧 욕망은 주체, 모델, 대상 사이에 형성되는 삼자 관계라는 것이다. 예를 들어, 내가 다른 사람의 삶을 바라볼 때, 나는 그 안에서 내가 원하는 무언가를 본다. 하지만 우리가 진실로 원하는 것은 그 사람 자체가 아니다. 그보다 우리는 그 사람이 누리는 삶의 상태 혹은 그가 소유하고 있는 무언가를 바란다. 지라르는 이런 현상을 '모방'(mimicry)이라고 불렀다. 길 베일리는 이 모방적인 욕망을 이렇게

---

15 Edmund Waldstein, "Desire, Deicide, and Atonement: René Girard and St. Thomas Aquinas", *Sancrucensis* (blog), May 12, 2016, https://sancrucensis.wordpress.com/2016/05/05/12/desire-deicide-and-atonement-rene-girard-and-st-thomas-aquinas/.

16 René Girard, *Deceit, Desire and the Novel: Self and Other in Literary Structure* (Baltimore: John Hopkins University Press, 1976).

설명한다.

> 인간의 욕망은 … 언제나 다른 이들의 욕망에 의해 일깨워지고, 그 방향이 재설정되며, 더욱 증폭된다. 우리는 다른 이들이 욕망을 품고 얻으려 애쓰거나 마음껏 즐기는 듯이 보이는 것을 욕망한다. 장난감이 가득 찬 방에 있는 두 아이는 결국 같은 장난감을 원하게 된다. 그리고 각자가 그 장난감을 가지려는 욕구를 단호하게 표현할수록 다른 아이도 그 장난감을 더욱 원하게 되고, 둘 사이의 경쟁은 점점 치열해진다. … 바라는 대상을 향해 손을 뻗거나, 자신이 그것을 소유하고 있음을 과시하는 일은 모두 그 대상이 욕망할 만한 것임을 사람들 앞에 드러내는 것이 된다.[17]

다시 말해, 욕망은 우리 마음속에 쉽게 달라붙는다. 우리는 자연스럽게 주위 사람들의 욕망을 받아들이는 경향이 있다. 내가 이 글을 쓰는 지금, 교회는 2019년의 코로나19 사태로 인한 거의 이 년간의 고립과 봉쇄에서 서서히 벗어나고 있다. 그런데 그 사이에 우리 안에서 무언가가 크게 변해 버렸다. 내가 알고 지내는 거의 모든 목회자들은 놀랄 만큼 비슷한 경험을 이야기한다. "교인들이 상당히 '과격해진' 상태로 돌아오는 것 같습니다." 여러 사람이 이렇게 말했다. 곧 많은 이가 개인적으로 큰 상처와 고통을 겪었을 뿐 아니라, 그들의 내면 세계 전체가 방향을 틀어 버린 듯이 보인다는 것이다. 대체 무슨 일이 일어난 것일까?

그 봉쇄가 서서히 풀리던 무렵, 나는 위구르의 무슬림들이 기차에 실려 중국의 먼 재교육 수용소로 보내지는 참담한 영상들을 보게 되

---

17 Bailie, *God's Gamble: The Gravitational Power of Crucified Love*, 12.

었다. 어림잡아 말하자면, 지금 중국에서는 일종의 '집단학살'에 해당하는 일이 벌어지고 있다. 이 재교육 수용소에 수감된 이들에게는 두 가지 일이 일어난다. 먼저, 사람들은 자신이 사랑하는 가족과 친구, 지인들에게서 강제로 분리된다. 그다음에는 하루에 거의 아홉 시간씩 재교육 영상을 시청하도록 강요받는다. 이 고립과 끝없는 선전 영상 시청을 통해, 그 민족 전체의 마음과 사고방식을 바꾸려는 것이다.

코로나 기간이 끝난 지금, 그때가 우리에게 남긴 문화적인 영향이나 인간관계의 변화를 헤아리기 위해서는 많은 학술 연구가 필요할 것이다. 그런데 우리는 위와 비슷한 이유에서 달라진 모습으로 교회에 돌아오게 된 것은 아닐까 하는 의문이 든다. 우리는 거의 두 해 동안 공동체와 떨어져 지내면서, 집에서 홀로 화면 앞에 앉아 시간을 보냈다. 과연 우리 역시 재교육을 받은 것일까?

우리의 욕망 가운데 상당수('대부분'은 아니라 하더라도)는 학습된 것이다. 이른바 '집단 자살 현상'(suicide clusters), 곧 주변 사람이 자살했기 때문에 뒤따라 자살하는 사례들을 떠올려 보라. 혹은 사람들의 주목을 끌기 위해 폭력 행위를 따라 하는 모방 범죄나 틱톡에서 나타난 아이들의 '틱'(twitching) 현상(틱을 지닌 인플루언서들의 영상을 시청한 십대 소녀들 사이에서 갑자기 틱이 급증한 현상—역자 주)도 그렇다.[18] 연구에 따르면, 보수적인 뉴스를 보던 이들이 돈을 받고 한 달 가량 진보적인 뉴스들을 시청할 때 그들의 정치 성향과 이념이 중대한 변화를 겪는다고 한다.[19] 이처럼 우리는 자신이 바라보는 것들을 닮아가게 된다. 실

---

18 Helen Lewis, "The Twitching Generation", *The Atlantic*, February 27, 2022, https://www.theatlantic.com/ideas/archive/2022/02/social-media-illness-teen-girls/622916/.

19 Adam Gabbatt, "What Happens When a Group of Fox News Viewers Watch CNN for a Month?", *The Guardian*, April 11, 2022, https://www.theguardian.com/media/2022/apr/11/fox-news-viewers-watch-cnn-study.

로 하나님이 우리를 그렇게 지으셨다.

우리는 성경에서도 이 모방적인 욕망을 보게 된다. 애굽에서 해방된 직후의 이스라엘을 떠올려 보라. 이후 이스라엘은 시내산에 이르러 약 일 년 동안 머무르게 된다. 그런데 모세가 하나님의 율법을 받아 그 산에서 내려왔을 때, 그들은 이미 금송아지를 예배하고 있었다. 왜 금송아지였을까? 당시의 모든 정황은 애굽이 금으로 만든 소를 숭배했다는 사실을 가리킨다. 그곳은 이스라엘 백성들이 얼마 전까지 머물던 곳이 아니겠는가? 따라서 그들은 애굽에서 보았던 예배 방식을 그대로 따라 했던 것이다. 그들의 이 숨은 욕망이 드러나는 데에는 그저 시간이 필요했을 뿐이다.

여러 해가 지나 이스라엘이 분열되었을 때, 북왕국은 여로보암의 통치를 받게 되었다. 그는 솔로몬이 죽기 전에 애굽으로 추방되었던 인물이다. 당시 북왕국에는 예루살렘 성전이 없었지만, 여전히 예배할 장소가 필요했다. 그래서 여로보암은 단과 벧엘에 두 개의 대체 성소를 만들고, 그 안에 금송아지 모양의 두 우상을 세웠다. 열왕기의 저자는 이것을 "여로보암[의] 죄"(왕하 3:3)라고 불렀다. 그러면 왜 두 마리의 금송아지였을까? 다시 한번 여로보암이 어디에 있었는지를 떠올려 보라. 그는 애굽에 머물렀던 사람이었다.

이처럼 인간의 욕망은 그들이 살아가는 세계에 의해 형성된다. 그러면 지금 우리에게도 바로 이런 일이 일어나고 있는 것은 아닐까? 우리의 욕망은 언제나 다시 짜이고, 새롭게 방향을 조정받고 있다.[20]

---

20 미디어와 욕망의 관계에 대한 최상의 탐구로는 다음의 책을 보라. Doug Smith, *[Un]Intentional: How Screens Secretly Shape Your Desires and How You Can Break Free*, 2nd ed. (Grand Rapids: Credo House, 2021).

앞서 말했듯이, 우리 자신의 욕망을 적절히 정돈할 때 다른 이들을 제대로 사랑할 수 있다.[21] 자녀 양육을 떠올려 보라. 아이를 돌보는 이들은 매 순간, 그 아이에게 지금 가장 유익한 일이 무엇인지를 계속 분별해야 한다. 겉으로는 엄격해 보이는 태도가 사실은 그 아이의 성장 단계에 꼭 필요한 사랑의 훈육일 수도 있다. 만일 우리가 은연중에 자녀의 '행복'을 바람직한 최고의 가치로 결정 지을 때, 우리의 양육 방식에서도 그 생각이 그대로 드러나게 된다. 의사이자 심리학자인 레너드 삭스(Leonard Sax)는 흔히 부모들이 '그저 우리 아이가 행복하기만 하면 된다'고 여기는 일의 위험성을 지적해 왔다. 그는 이렇게 말한다. "안타깝지만 지금 미국 아이들이 무엇이든 원하는 대로 하게 내버려 두면, 이후 그 아이들이 십대가 될 때 소녀들은 인스타그램이나 스냅챗에 시간을 쏟고, 소년들은 비디오 게임이나 포르노 시청을 가장 큰 오락거리로 삼게 될 가능성이 높다."

여기서 삭스는 인간의 행복 자체를 폄하하는 것이 아니다. 다만 그는 그 행복이 붙잡기 어렵고 변하기 쉬운 것임을 말하고 있다. 성경적인 욕망의 관점에서 살피자면, 우리의 행복은 그것이 그리스도의 성품과 덕, 그리고 진리를 중심으로 길러지고 훈련되는 한에서만 좋은 목표가 될 수 있다. 행복은 우리의 훌륭한 종이지만, 동시에 끔찍한 주인이기도 하다. 삭스는 성품과 덕, 그리고 우리의 욕망 사이에

---

21 브래들리 홀트(Bradley Holt)는 이렇게 쓴다. "우리 자신을 바르게 사랑하는 일은 우리의 욕망을 채우기 위해 타인에게서 무언가를 빼앗는 것도 아니고, 우리 모두에게 필요한 신체적, 심리적, 영적인 차원의 돌봄을 외면하는 것도 아니다." Bradley Holt, *Thirsty for God: A Brief History of Christian Spirituality*, vol. 3rd (Minneapolis: Fortress, 2017), 36.

결코 무시할 수 없는 연결 고리가 있다고 본다.

아이들의 '욕망을 먼저 교육하지 않는 한', 아이들이 원하는 대로 무엇이든 하게 두는 일에는 아무 유익이 없다. 부모의 첫째 과제는 아이의 욕망을 교육하는 일이다. 곧 비디오 게임이나 포르노, 소셜 미디어보다 더 높고 더 나은 것에 대한 갈망을 심어 주어야 한다. 이때 그 '더 나은 것'은 과학이나 음악, 예술 또는 자연이나 종교 등 다양한 영역에서 발견될 수 있다.[22]

교회사에서 베르나르 드 클레르보(Bernard of Clairvaux, 1090–1153)는 교회가 개혁되고 정결해지는 일에 (어떤 이들에게는 광적으로 보일 정도로) 강한 열망을 품었던 인물로 기억된다. 이를 위해 그는 *De diligendo Dei*(하나님을 사랑함에 관하여)라는 글을 썼는데, 이는 하나님을 중심으로 우리의 사랑을 어떻게 질서 지을 것인지를 탐구하는 것이었다.

베르나르는 우리가 올바른 사랑을 통해 하나님과의 깊고 친밀한 관계로 나아가는 데에 네 가지 '단계'(또는 '차원')가 있다고 보았다. 곧 우리 자신을 위해 스스로를 사랑하는 데서 출발하여 자기 유익을 위해 하나님을 사랑하는 데로 나아가며, 이어 하나님 자신을 위해 하나님을 사랑하는 단계로, 마침내는 하나님을 위해 우리 자신을 사랑하는 단계로 나아간다는 것이다. 그리고 이 마지막 단계는 가장 변혁적인 성격을 띤다. 이때 우리는 오직 하나님의 생명과 사랑을 통해 스스로를 바라보는 법을 배우게 되기 때문이다.

베르나르의 관점에서, 하나님을 향한 가장 순수한 헌신과 사랑은

---

22 Leonard Sax, "I Just Want Her to Be Happy: The Collapse of American Parenting", *First Things* (blog), May 5, 2017, https://www.firstthings.com/web-exclusives/2017/05/i-just-want-her-to-be-happy. 강조점은 내가 덧붙였다.

 ── 하나님이 내게 주신 욕망이라는 선물

곧 그분이 하나님이시기 때문에 사랑하는 법을 배우는 데 있었다. 곧 그분이 우리에게 어떤 좋은 느낌과 유익을 주시거나 우리가 기대할 만한 모습을 갖추고 계셔서가 아니라, 오직 하나님이 그분 자신이시기에 그분을 사랑하고 섬기는 것이다. 이 점은 우리 시대의 모습과 뚜렷이 대조된다. 오늘날 우리의 큰 문제 중 하나는 사랑을 '욕구'와 혼동한다는 데 있다. 나 역시 집에 와서 아내와 아들에게 "사랑한다"고 말해 놓고, 이내 저녁 식탁에 앉아 피자를 "사랑한다"고 말했던 경우가 여러 번 있었다. 이것이 아이에게는 얼마나 혼란스럽게 들렸을까! 지금 우리의 언어는 이미 왜곡을 드러낸다. 우리는 말 속에서 사랑과 욕망을 거의 구분하지 않기에, 결국 우리가 원하는 것을 '사랑하게' 된다. 그러나 진정한 사랑은 욕망을 넘어서는 것이다. 달라스 윌라드가 재치 있게 말했듯이, 누군가 "나는 초콜릿 케이크를 사랑해"라고 말한다면, 그 사람이 가장 원치 말아야 할 일은 다른 이가 칼을 꺼내 그 케이크를 자르는 일이 되어야 할 것이다.[23] 이처럼 사랑하는 것과 욕망하는 것은 전혀 다른 행위다.

진정한 사랑이 우선시되지 않을 때, 우리의 욕망은 왜곡된다. 심지어 하나님 자신도 올바른 욕망들의 질서를 소유하고 계신다. 이를테면 선지자를 통해 "나는 인애를 원하고 제사를 원하지 아니하며"라고 말씀하신 하나님의 계시를 생각해 보라(호 6:6). 이것은 하나님이 구약에서 제사를 바라지 않으셨다는 의미일까? 물론 그렇지 않다. 실제로 레위기에서는 거의 책 전체에 걸쳐 이스라엘의 언약 공동체 안에서 제사의 위치를 다루고 있기 때문이다. 하나님은 제사를 원하셨다. 그러나 가난한 자와 연약한 자, 고아와 과부를 향한 자비를 희생

23　Dallas Willard, "Beyond Pornography: Spiritual Formation Studied in a Particular Case", *Journal of Spiritual Formation and Soul Care* 9, no. 1 (2006): 9.

하면서까지 그 제사만을 원하신 것은 아니었다.[24]

구약학자인 제레미아 언터만(Jeremiah Unterman)은 바로 이것이 고대 근동 세계에서 구약이 지녔던 고유의 특징 중 하나임을 지적한다. 다른 민족들처럼, 이스라엘 역시 제사를 드려야 했다. 그러나 이스라엘의 하나님은 그것을 궁극적인 기준으로 삼지 않으셨다. 오히려 중요한 점은 하나님을 공경하고 사람을 존중하는 방식으로 바른 제사를 드리는 데 있었다. 그저 종교적인 절차의 반복만으로는 충분하지 않았던 것이다. 그 제사는 자비롭게 행해져야 했다. 하나님은 그저 '제사를 위한 제사' 외에 또 다른 갈망들을 품고 계셨으며,[25] 이스라엘 백성의 소명은 바로 그런 그분의 갈망들에 근거해서 형성되었다.

이런 일들은 하나님의 감정에 대해 중요한 통찰을 준다. 그리고 어떤 의미에서, 그것은 성경의 이야기에서 하나님이 진노하시는 이유와 그 방식들을 설명해 주는 것이다. 오늘날 많은 이에게 이 하나님의 진노는 상당한 걸림돌이 된다. 이에 관해, 로버트 젠슨(Robert Jenson)은 이렇게 언급한다. "현대인들은 하나님이 이 세상의 일에 무관심하시기를 기대했다. 만약 그분이 재판장이라면, 미국이나 영국 법정의 판사처럼 별다른 감정이 없는 분이기를 바랐던 것이다." 이처럼 수많은 이가 '진노 없는 하나님'을 원하고 있다. 그러나 현대인의 상상 속에서 만들어진 그런 신은 성경에서 발견되지 않는다.

올바르게 질서 잡힌 사랑의 하나님이라면, 인간의 불의에 대해 진노하고 심판하며 책망하실 수밖에 없다. 그렇게 행하시지 않는 하나

---

24 이 목록은 슥 7:9-10에서 언급되며, 철학자 니콜라스 월터스토프는 그것을 "네 종류의 연약한 이들"로 지칭한다. Nicholas Wolterstorff, *Justice: Rights and Wrongs* (Princeton, NJ: Princeton University Press, 2008), 75-79.

25 Jeremiah Unterman, *Justice for All: How the Jewish Bible Revolutionized Ethics*, JPS Essential Judaism Series (Philadelphia: Jewish Publication Society, 2017), chap. 4.

님을 사랑의 하나님이라 부르기는 어려울 것이다. 오늘날 우리는 사회의 온갖 불의에 대해 격렬히 항의하는 것을 마땅히 여기면서도, 그런 불의에 대한 하나님의 책망은 종종 거부하곤 한다. 그러면 하나님은 늘 침묵하셔야만 하는가? 현대인들의 위선은 곧 우리 자신은 불의에 맞서면서도 하나님께는 오직 관대한 태도만을 취하실 것을 요구하는 데 있다. 그러나 하나님은 그런 요구에 응하지 않으신다. 젠슨은 이어서 이렇게 말한다. "성경의 하나님은 결코 무관심하지 않으시다. 오히려 자기 피조물들의 형편에 무한히 인격적으로 관여하시는 것이 그분의 가장 결정적인 특징이다."[26]

◇◇◇◇◇◇◇◇◇◇

예수님은 (역설적이게도) '미움'이라는 표현을 통해 사랑의 우선순위를 가르치셨다. 그분의 말씀은 매우 단호하다. "무릇 내게 오는 자가 자기 부모와 처자와 형제와 자매와 더욱이 자기 목숨까지 미워하지 아니하면 능히 내 제자가 되지 못하고 누구든지 자기 십자가를 지고 나를 따르지 않는 자도 능히 내 제자가 되지 못하리라"(눅 14:26-27).

이 미움에 관한 예수님의 가르침은 우리에게 다소 엄격한 (그리고 불편하기까지 한) 것으로 여겨질 수 있다. '누군가를 미워하라고요? 정말이십니까?' 하지만 이 가르침에 대한 우리의 부정적인 인상은 예수님의 성품보다 오히려 우리 자신에 관해 더 많은 것을 말해 준다는 점을 인식할 필요가 있다. 오늘날의 문화 전반이나 교회 내부에서, 우리는 오랫동안 '미움'을 그저 악한 감정으로만 치부하고 배제하는 경향을 보여 왔다. 교회의 설교나 가르침에서 분노와 탄식, 미움 등의 부

---

26 Robert Jenson, *Ezekiel, Brazos Theological Commentary on the Bible* (Grand Rapids: Brazos, 2009), 63.

정적인 감정들을 곧장 기독교적인 삶의 반대편에 놓는 경우도 드물지 않다. 나는 이런 '미움에 대한 혐오'를 동네 마당에 세워진 표어들에서도 보게 된다. "이 동네에서는 증오가 허용되지 않습니다", "'우리' 미국에는 증오가 없습니다"라는 문구들이 바로 그것이다.

이런 미움에 대한 우리의 거부감은 분명 칭찬할 만한 의도에서 비롯된 것일 수 있다. 하지만 그것은 예수님이 그렇게 가르치신 이유를 제대로 설명하지 못한다. 스탠리 하우어워스는 '미움은 언제나 나쁘다'는 사람들의 맹목적인 신념을 비판해 왔다. 오히려 그것은 다른 이의 존재를 인정해 주는 하나의 표지일 수 있다. 하우어워스는 한 목회자가 자신에게 "지옥이란 하나님이 모든 사람을 미워하는 곳입니까?"라고 물었던 이야기를 들려준다. 그는 그 주장을 부정하면서 이렇게 말했다. "나는 그 생각이 분명히 틀렸다고 답했다. 만약 내가 하나님께 미움을 받는다면, 적어도 내가 존재한다는 사실만큼은 알게 되기 때문이다."[27] 그의 말은 곧 하나님의 '미움'이 사실상 그분이 품으신 깊은 사랑의 일부분으로 이해되어야 한다는 뜻이다. 이는 성경에서 하나님이 종종 '미워하신다'고 묘사되는 점을 통해 더욱 분명히 드러난다(시 5:5; 11:5; 잠 6:16-19; 롬 9:13 참조). 우리가 생각하는 미움과 예수님이 말씀하신 미움은 다르다. 성경적인 의미의 미움은 사랑의 부재가 아니다. 오히려 그 미움은 사랑의 한 형태다. 아미쉬 트리파티(Amish Tripathi)의 소설 *The Secret of the Nagas*(나가스의 비밀)에 등장하는 비어바드라(Veerbhadra)의 말처럼, 사랑의 진짜 반대는 미움이 아니라 철저한 무관심에 있다.

미움은 제자도의 본질적인 부분이다. 우리는 무언가를 미워하도

---

27 Stanley Hauerwas, *A Cross-Shattered Church: Reclaiming the Theological Heart of Preaching* (Grand Rapids: Brazos, 2009), 85.

록, 권유받는 것이 아니라, 그 '명령을 받는다.' 예수님의 말씀에 따르면, 우리가 그렇게 하지 않을 때는 하나님 나라에 들어가지 못할 수도 있다. 다만 여기서도 맥락이 중요하다. 우리는 누가복음 14장 앞부분을 염두에 두면서 미움에 대한 예수님의 가르침을 읽어 가야 한다. 그곳에서 그분은 제자도를 가로막는 세속적인 방해물들에 대해 엄중히 경고하고 계신다. 예수님은 한 통치자가 큰 잔치를 베푼 비유를 들려주신다. 그러나 초대받은 사람들은 각기 다른 우선순위를 내세운다. 어떤 이는 밭을 보러 가야 하고, 어떤 이는 소를 돌봐야 하며, 어떤 이는 여인과 함께 있어야 한다고 말한다. 이 욕망들은 본래 악한 것들이 아니다. 하지만 이 비유는 예수님을 따르는 일의 가장 큰 장애물이 종종 '좋은 것들을 지나치게 원하는 일'에 있음을 일깨워 준다.

예수님은 사람이 모든 물질적인 소유를 가지고도 하나님 나라를 유업으로 받지 못할 수 있다고 경고하신다. 그러나 문제는 물질적인 재물뿐만이 아니다. 어떤 사람이나 사물, 사건 등 모든 것이 우리를 그 나라에서 벗어나게 만들 수 있다. 바로 이런 맥락에서 그분은 제자들이 "자기 부모를 미워[해야]" 한다고 말씀하시는 것이다. 이 본문의 요지는 단순하면서도 도전적인 성격을 띤다. 어떤 사물이나 사건을 지나치게 사랑할 때 하나님 나라에서 마음이 멀어질 수 있듯이, 사람을 지나치게 사랑하는 일 역시 마찬가지라는 것이다.

그리고 이 가르침의 문화적인 배경은 그 문학적인 맥락만큼이나 중요하다. 예수님의 이 말씀을 들을 때, 우리는 자연히 오늘날의 서구 문화에서 이해하는 방식대로 '미움'을 떠올리기 쉽다. 하지만 그렇게 읽으면 문제가 생긴다. 현대 사회에서 미움은 거의 언제나 인종 차별이나 동성애와 이슬람 혐오, 성 차별 혹은 감정적인 적개심과 배척, 심지어 살인 등의 일들과 결부되어 있기 때문이다. 그러나 예수님 당시의 유대인들에게 '미움'은 그런 적대감이나 증오를 의미하지 않았다.

신약학자 F. F. 브루스는 성경의 '미워하다'라는 표현이 본래 '덜 사
랑하다'를 뜻하는 고대의 관용어라고 말한다.[28] 여기서 예수님은 사랑
의 대상들 사이에 분명한 우선순위를 두라는 가르침을 주고 계신 것
이다. 미움이란 곧 우선순위를 가진 사랑이다. 만일 성경에 대한 최상
의 주석이 성경 자체라면, 우리는 이 예수님의 말씀을 성경 전체의 가
르침과 분리해서 이해할 수 없다. 따라서 우리는 부모를 공경하라는
다섯째 계명과 모순되지 않는 방식으로 그 말씀을 받아들여야 한다.
예수님은 진실로 선한 유대인이셨기에, 자신이 성취하려 오신 그 전
통을 거스르는 가르침을 주시지 않았을 것이다. 그러므로 부모를 "미
워하라"는 그분의 명령은 결코 부모를 경멸하거나 무시하라는 뜻이
될 수 없다.

'미움'은 우선순위의 성경적인 표현 방식이다. 이 해석상의 통찰
에 근거해서, 우리는 하나님이 '미워하신다'고 언급하는 성경의 다소
까다로운 본문들도 제대로 헤아릴 수 있게 된다. 예를 들어, "내가 야
곱을 사랑하였고 에서는 미워하였으며"라는 말라기의 말씀은 무엇
을 의미할까?(말 1:2-3) 이것이 하나님이 에서를 경멸하셨다는 뜻일
까? 그렇지 않다. 하나님은 우리가 누군가를 미워하는 방식으로 에
서를 '미워하지' 않으신다. 오히려 말라기는 하나님이 예수님께로 이
어지는 메시아 계보의 조상으로 야곱을 선택하셨다는 사실을 말하
고 있다. 그분은 에서가 아니라 야곱을 통해 역사하시기로 결정하신
것이다.

이 가르침은 우리에게 어떤 의미를 갖는가? 그것은 우리의 사랑

---

28 F. F. Bruce, *Hard Sayings of Jesus* (Downers Grove, IL: InterVarsity Press, 1983),
120.

을 정돈하는 문제와 연관이 있다. 예수님은 그분의 제자인 우리에게 사랑의 우선순위를 파악해서 바르게 정돈할 것을 가르치고 계신다. 고대 기독교의 교부들은 부모를 "미워하라"는 이 명령을 오히려 진정한 부모 공경의 길로 이해했다. 곧 자신의 부모를 진실로 사랑하는 길은 하나님을 무엇보다도 깊이 사랑하는 데 있다는 것이다. 이에 관해, 아우구스티누스는 이렇게 언급한다. "하나님보다 그대 자신의 부모를 앞세우지 않을 때, 비로소 바르고 온전한 방식으로 그분들을 사랑하는 것이 된다."[29]

이 예수님의 가르침 아래에는 사랑과 욕망의 우선순위를 세우라는 교훈이 놓여 있다. 자기를 낳아 준 부모에 대한 사랑조차도 마땅한 한계를 넘는 것이 될 수 있다. 그리고 하나님을 무엇보다 열렬히 사랑하라는 명령은 다른 이들을 향한 우리의 사랑을 보호해 주는 것이 된다. 반대로 그분을 향한 사랑이 식어 버리거나 부차적인 위치로 밀려날 때, 다른 이들을 향한 우리의 과도한 욕망은 큰 해악을 낳는다. 이에 관해, 피터 발트슈타인(Peter Waldstein)은 이렇게 언급한 바 있다. "인간의 욕망(특히 현대적인 것들)은 곧 하나님이 되려는 욕망이다. 이때 하나님은 그 욕망의 궁극적인 경쟁자가 되며, 우리의 욕망 속에는 그분에 대한 암묵적인 미움이 포함되어 있다."[30] 다시 말해, 누군가를 하나님보다 더 사랑하는 것은 곧 그분을 미워하는 것이다.

그렇다. 하나님은 미워하신다. 이 말이 현대인의 감수성에는 불편하게 들릴지 모르지만, 여기서 우리가 꼭 알아야 할 것이 하나 있다. 성경에서 하나님을 묘사하는 데 결코 쓰이지 않는 단어가 하나 있는

---

29 St. Augustine, *Essential Sermons*, trans. Edmund Hill (Hyde Park, NY: New City, 2007), 115.

30 Waldstein, "Desire, Deicide, and Atonement."

데, 그것은 바로 '무관심'이다. 하나님은 결코 인간을 돌보거나 사랑하지 '않으시는' 분이 아니다. 하나님은 욕망하시는 분이시며, 그렇기에 미워하시기도 하신다.

우리의 욕망은 분노하고 상처를 입으며, 불의 앞에서 격렬히 항의한다. 욕망과 사랑은 함께 부당한 일들에 맞선다. 그리고 우리는 성경에서 하나님이 바로 이런 감정들을 드러내시는 순간들을 보게 된다! 그러나 감사하게도, 세상이 타들어가는 모습을 멀찍이서 무관심하게 지켜보시는 하나님의 모습은 성경 어디에서도 묘사되지 않는다. 우리의 하나님은 간절히 욕망하고 원하시며, 갈망을 품고 끝까지 추구하는 하나님이시다.

우리의 문제는 충분히 미워하지 않는 데 있다. 우리는 모든 것과 모든 사람을 똑같이 사랑하려 한다. 그리고 그 결과로, 우리는 인간적인 소명을 감당하는 데 실패하게 된다. 물론 누군가를 무시하고 정죄하거나 배제하는 것은 기독교적인 태도가 아니며, 예수님이 우리에게 명하시는 바도 거기에 있지 않다. 오히려 그분은 가장 어렵고도 절실한 다음의 부르심을 받들도록 우리를 초대하신다. 이는 우리의 모든 사랑(여기에는 우리가 '사랑하는 이들'을 향한 것까지도 포함된다)을 하나님에 대한 사랑 아래에 두고 다시금 그 질서를 정돈하라는 것이다. 우리는 하나님을 궁극적으로 사랑할 때에만 누구든 올바로 사랑할 수 있다.

THE GIFT
OF THORNS

04.

우리의 욕망을
부흥시키다

10장

욕망을 부활시키기

여기서 우리는 다시 한번 창조 이야기로 되돌아온다. 창세기 3장에서는 그 비극적인 타락 사건을 전후해서 '욕망'(desire)이라는 단어가 두 차례 언급되고 있다. 첫 번째 구절에서 여자는 금지된 나무의 열매를 보고 그것이 "지혜롭게 할 만큼 탐스럽[다](desirable)"고 여긴다(창 3:6). 그리고 두 번째 구절은 인류의 반역이 벌어진 직후에 등장한다. 그들은 이미 그 열매를 따 먹었으며, 이제 그에 따른 결과가 기다리고 있다. 이때 하나님이 여자에게 주시는 말씀은 부드럽지만 명확하고 단호하다. "내가 네게 임신하는 고통을 크게 더하리니 네가 수고하고 자식을 낳을 것이며 너는 남편을 원하고(desire) 남편은 너를 다스릴 것이니라"(창 3:16).

이 두 언급 사이에 놓여 있는 것이 바로 인간의 타락이다. 그 사건 이전과 이후에 이 욕망이 언급되는 것은 결코 우연일 수 없다. 그리고 두 번째 구절에서 '욕망'을 지칭하는 히브리어 단어는 '테슈카'(t'shuqah)다. 구약에서 이 단어가 매우 드물게 쓰이는 점을 고려할 때, 우리는 여기서 더욱 세심한 주의를 기울일 필요가 있다. 나아가 창세기 3장에서 '욕망'이라는 표현이 두 차례 나타나는 것은 독자들 앞에 일련의 불안한 질문들을 제기한다. 혹시 인간 욕망의 영역에 속한 무언가가 타락을 초래한 것일까? 그리고 타락으로 인해 그 욕망의 영역에 속한 무언가가 왜곡되지는 않았을까?

이 시점 이후로, 여자가 품은 욕망의 영역에는 창세기 3장의 충격적인 사건이 독특한 흔적을 남긴다. 이제 그녀의 욕망은 뚜렷이 일그러지고 위험한 방향으로 뒤틀렸다. 하나님은 더 이상 그녀가 좇는 가장 중요한 욕망의 대상이 아니다. 그녀의 시각에서는 그 자리를 남자가 대신하게 될 것이다. 이 이야기 전체에는 우상 숭배의 기운이 스며 있다.

그 결과는 참담하다. 이제 남자는 여자를 사랑하고 돌보면서 (그리고 그녀와 함께) 살아가기보다, 그녀를 '다스리려' 든다.[1] 이 구절의 표현은 매우 중요하며, 그것을 잘못 해석하면 자칫 폭력적으로 들릴 수도 있다. 하나님은 결코 남자에게 여자를 지배하라고 명령하신 것이 아니다. 그분은 그 일을 기뻐하지 않으셨다. 오히려 하나님은 앞으로 벌어질 참상을 바라보며 슬퍼하신다. 여기서 그분은 자신이 원하시는 세상을 규정하고 계신 것이 아니다. 죄에 물든 남자들의 땅에서 자신의 딸이 겪게 될 고통을 아시고, 비탄에 떨고 계신 것이다. 이제 남자와 여자가 함께 일하도록 마련된 그 동산의 꿈은 처절한 악몽으로 바뀌었다. 남자는 지배자가 되고, 여자는 지배를 받게 된다. 하나님의 길은 빠르게 버려지고 있다.

창세기 3장에서 여자만이 상처를 입고 신음하게 된 것은 아니다. 타락은 남자가 일과 맺는 관계 역시 근본적으로 바꾸어 놓았다. 하나님은 아담에게 "너는 땅을 일구어야 하며, 그 땅은 네게 가시와 엉겅

---

1   데렉 키드너는 이 "여자를 다스리다"라는 문구가 여자에게 "권력을 휘두르는 것"과 동의어라고 말한다. Derek Kidner, *Genesis* (Downers Grove, IL: InterVarsity Press, 2008), 76.

퀴를 낼 것이다"(창 3:18 NIV)라고 말씀하신다. 여기서는 미묘하면서도 위험한 전환이 나타난다. 에덴의 제사장으로서 주님을 예배하던 아담은 이제 자신의 일에서 주된 정체성을 찾게 된다. 생산과 획득과 축적을 숭배하는 왜곡된 욕망이 그를 사로잡고, 추수를 허락하신 주님은 추수 그 자체로 대체된다.

이 모든 것을 살필 때, 남자와 여자의 타락은 우리를 파국적인 비탄과 끝없는 고통, 그리고 피할 수 있었던 고난으로 가득한 어두운 세계로 이끌어 왔다. 이처럼 여자와 남자의 욕망이 일그러진 결과로, 하나님이 함께 번성하도록 지으신 두 성(性) 사이에는 오해와 고통, 그리고 학대의 이야기들이 수없이 쌓여 왔던 것이다(이는 안타깝지만 예견 가능한 일이었다). 이는 너무도 많은 이가 이미 잘 알고 있는 이야기다. 여자는 남자를 욕망하게 되고, 남자는 자신의 일을 욕망하게 된다. 인간의 역사는 이 트라우마의 상흔을 고스란히 간직하고 있다. 그리고 그것은 상담사들의 치료실에 그렇게 내담자들이 넘쳐나는 이유 중 하나이기도 하다.

그런데 '테슈카'에 관한 성경의 언급은 여기에서 끝나지 않는다. 창세기 4장 앞부분에서는 곧이어 인류의 두 번째 세대인 가인과 아벨 형제의 이야기가 언급된다. 여기서도 인간의 추락은 계속된다. 가인과 아벨은 둘 다 여호와께 제사를 드렸으나, 그중 아벨의 제사만이 그분을 기쁘시게 했다. 본문 어디에도 가인이 자신의 제사를 거두어들이거나 다른 제사를 드려서 상황을 바로잡을 수 없었음을 시사하는 대목은 없다. 하나님은 그와의 교제를 단절하지 않으셨으며, 회개의 기회를 아예 차단해 버리지도 않으셨다. 그러나 옳은 일을 선택하는 대신, 가인은 질투에 사로잡혀 자기 형제를 죽일 음모를 꾸민다.[2] 이

---

2 트렘퍼 롱맨은 가인의 죄를 주로 욕망의 영역에 속한 것으로 본다. "당시 죄가 가인을 향

제 인간의 욕망은 완전히 부패한 상태에 이르렀다. 그가 그 일을 벌이기에 앞서, 하나님은 가인에게 이렇게 경고하신다. "죄가 문에 엎드려 있느니라. 죄가 너를 원하나['테슈카'] 너는 죄를 다스릴지니라"(창 4:7).

창세기 3장과 4장 사이에서 나타나는 문학적 흐름은 우리에게 많은 것을 가르쳐 준다. 하나님은 가인에게 이렇게 말씀하셨다. "애야, 너는 네 욕망을 다스려야 한다. 그렇지 않으면 네 욕망이 너를 다스리게 될 거야." 오늘날 흔히 통용되는 신학적 표현을 써서 말하자면 이런 뜻이다. "죄를 죽이지 않으면, 죄가 너를 죽일 것이다." 상투적으로 들릴지 모르지만, 이런 말이 사실일 때도 있다. 이 두 장에 걸쳐 욕망이 곤두박질치듯 퇴행하는 모습은 인류가 직면한 심각한 문제를 드러낸다. 처음에 하나님이 인간에게 선한 욕망을 주셨지만, 사탄은 그 욕망을 자신의 무기로 바꾸어 놓았다. 그 결과 인간의 욕망은 하나님을 향해 등을 돌리게 되었고, 이제는 악한 욕망이 인간을 찾아 나선다. 오늘날 우리가 처한 자리가 바로 그 지점인 것이다. 결국 가인은 이 경고를 듣지 않고 자기 형제를 죽임으로써 하나님의 임재에서 한층 더 멀어지고 만다.

그리고 그다음에 뜻밖의 일이 벌어진다.

간단히 말해, '테슈카'가 자취를 감추었다. 창세기 3장과 4장에서 눈에 띄게 부각된 뒤, 이 단어는 이후 여러 세기에 걸쳐 성경적인 상상력의 뒤안길로 물러난다. 잊힌 것이다. 성경의 첫 장들에서 중심 위치에 놓였던 그 단어가 성경의 지형도에서 갑자기 사라진 이 사실은 상당히 놀랍다. 따라서 이 점은 학자들과 주석가들 사이에 적잖은 논

해 품었던 욕망은 곧 그를 지배하려는 데 있었음이 분명하다." Tremper Longman III, *Genesis*, The Story of God Bible Commentary (Grand Rapids: Zondervan Academic, 2016), 87.

쟁을 불러일으켜 왔다.

'테슈카'는 왜 사라진 것일까? 그리고 그것은 어디로 갔을까?

◇◇◇◇◇◇◇◇◇

2022년에 나는 이제껏 가르쳤던 과목들 중에서 가장 보람 있으면서도 가장 긴장되었던 수업 하나를 맡았다. '성경, 젠더, 그리고 성'이라는 제목의 세미나 식 학부 강좌였다. 강의계획서에는 이 수업에서 진행될 흥미로운 배움의 여정이 자세히 담겨 있었다. 우리는 고대의 역사적인 맥락과 인간의 성을 다룬 성경의 주요 본문들, 그리고 이 주제를 둘러싼 성경 해석의 역사를 살펴볼 예정이었다. 나아가 그 과정에는 날 선 견해들과 신랄한 문화 비평도 곁들여질 터였다. 나는 그 학년도에 이 강좌가 정식으로 편성되었다는 소식을 듣고 몹시 들떴으며, 무려 이십 년 동안 준비해 온 그 수업을 드디어 가르치게 되었다. 그리고 수강 신청 기간이 시작되었다.

수강 명단에 이름들이 하나둘 올라오기 시작했다. 그 목록을 훑어보는 동안에, 이 수업에서 내가 미처 예상하지 못했던 독특한 문제들이 생겨나리라는 것이 점점 분명해졌다. 가장 흥미를 보일 것으로 여겼던 학생들이 오히려 신청하지 않았다. 앞서 나는 성경과 신학을 전공하는 학생들이 맨 먼저 등록할 것이라 생각했었다. 그런데 실제로는 생각보다 훨씬 더 다양한 학생들이 모여 있었다. 그리스도인도 있었고, 비그리스도인도 있었다. 불가지론자와 무신론자도 몇 명 끼어 있었다. 보수적인 학생들과 진보적인 학생들이 거의 반반이었다. 이성애자도 있었고 동성애자도 있었으며, 자신의 성적 정체성을 탐색 중인 학생들도 있었다. 더욱이 이 수업의 주제들에 관해 내가 다소 보수적인 (한 학생의 말을 빌면 "구식인") 입장을 지닌다는 사실 때문에 상황은 더욱 복잡해졌다. 압박감이 커질수록 나는 점점 두려움에 사로잡했다. 최고의 수업이 되리라고 기대했던 이 강좌가 어쩌면 내 마지막 수업이 될지도 모른다는 생각마저 들었다.

그리고 마침내 수업이 시작되었다.

그 후 열여섯 주에 걸쳐, 우리는 함께 이 수업을 만들어 갔다. 첫 시간에 나는 서로를 죽이려 들지 않으면서 첨예한 신학적 쟁점들을 다루는 법과, 원수를 사랑하는 일에는 우리의 신학적인 대적자들을 포용하는 일까지 포함된다는 점에 대해 강의했다. 그리고 이어진 일은 기적과도 같았다. 이후의 수업들에서, 우리는 때로 눈물을 흘렸고 때로는 목소리를 높이기도 했다. 나는 학생들에게 여러 번 사과했으며, 학생들도 자주 내게 그렇게 했다. 우리는 각자의 연약함과 허물을 고백했고, 수업 시간은 늘 예정보다 길어졌다. 아무도 멈추고 싶어 하지 않았기 때문이다. 우리는 서로 용서했고, 서로를 존중하는 마음으로 각자의 확신을 지키기도 했다. 우리는 성경과 씨름했으며, 고대 저자들의 글을 교묘히 가져다가 자신의 주장을 펴는 일도 거부했다. 우리는 기도했고, 때로는 깊은 침묵 속에 앉아 있기도 했다. 그리고 무엇보다도, 우리는 서로의 말을 듣고 서로를 사랑하기로 선택했다.

그 수업에서 일어난 치유는 지극히 뚜렷하고 생생했다. 무엇보다 그 시간은 '나를' 치유해 주었다. 그 이전까지, 나는 그저 교실에서 할 수 있는 최선의 일이란 어려운 주제들을 회피하고 강의 내용을 그럴듯하게 유지하면서 쓸데없는 분란을 일으키지 않는 것이라고 스스로를 속여 왔다. 이 육신적인 태도는 우리가 '진정한 화평을 이루는 이'(peace-making)로 살기보다, 그저 '표면적인 평온만 유지하려는 이'(illegitimate peace-keeping)로 남게끔 유혹한다.

또한 이 과목은 여러 학생을 치유해 주었다. 나는 오늘날의 학생들이 자신들을 정죄하는 소셜 미디어 상의 시선들에 짓눌린 나머지, 자신의 모습을 온전히 드러내기보다 침묵 속에 웅크리고 있는 경우가 많음을 알게 되었다. 하지만 이 수업에서는 그런 암묵적인 규칙들이 깨어졌다. 그곳에서 나는 보수적인 학생들과 진보적인 학생들이 각자의 확신을 간직하면서도 열린 마음으로 서로에게 긍휼을 베푸는 새로운 세계를 보았다. 그곳에서는 동성애자와 이성애자들이 서로를 존중하고 존귀하게 여겼으며, 자기 죄나 연약함의 고백이 곧바로 배제나 외면으로 이어지지도 않았다. 모든 사람에게 선의의 해석이 주어지고, 서로의 존엄성을 인정하는 일이 당연하게 여겨지는 세계였다.

나는 당시 예수님의 나라가 그곳에 임했음을 분명히 단언할 수 있다.

이 글을 쓰는 지금도, 그 수업의 많은 장면들이 내 안에 생생히 남아 있다. 그중에는 그저 무척 즐거웠던 순간들도 있었다. 예를 들어, 어느 시간에 나는 성 연구 분야에서 여성이 느끼는 오르가슴의 본질을 다룬 몇몇 최신 연구를 소개했다. 놀랍게도, 해부학적인 측면에서 이 문제를 살핀 생물학자들은 여성의 몸이 '왜' 오르가슴을 느끼는지를 진화론적으로는 설명할 길이 없다고 말한다. 나는 과학자들이 당혹감을 느끼는 이 지점에서 신학적인 통찰을 제시하려 했다. 곧 나는 그들이 어쩌면 하나님의 존재를 뒷받침하는 '가장' 설득력 있는 논증 중 하나를 발견한 것인지도 모른다고 언급했던 것이다. 아마 우리가 예배하는 그 하나님이 이 쾌락을 인류에게 그저 선물로 주신 것은 아닐까? 거의 이십 년에 이르는 강의 경력 동안, 나는 이때만큼 신학 전공에 관심을 보이는 학생들이 많았던 일을 본 적이 없다.

다른 몇몇 날들도 뇌리에서 떠나지 않는다. 학기가 거의 끝나갈 무렵, 한 남학생이 수업 후에 나를 찾아왔다. 그 학생의 표정이 모든 것을 말해 주었다. 그는 깊은 고통 속에 있었으며, 내게 이런 질문을 던졌다. "성이 이렇게 오용되어 많은 사람에게 큰 상처를 줄 수 있다면, 왜 하나님은 성을 그렇게 즐거운 것으로 만드셨을까요?" 그의 솔직함은 숨이 멎을 만큼 인상적이었다. 나는 그 말을 들은 뒤, 이런 생각을 전했다. '우리의 문제가 성 자체나 그것이 주는 쾌락에 있지 않다면 어떨까? 오히려 하나님이 뜻하지 않으신 방식으로 성을 오용하는 데 있는 것은 아닐까?' 이어 나는 좋아하는 C. S. 루이스의 글을 잠시 인용했다. '어떤 것이 남용된다고 해서 그 본래의 용도가 사라지는 것은 아니다'라는 것이었다. 알코올 의존증의 책임을 술 자체에 돌릴 수 없듯이, 성의 오용 때문에 성을 비난해서는 안 된다. 그런 다음에 나는 그에게 이런 질문을 하게 된 이유가 무엇인지 물었다.

학생이 울기 시작했을 때, 나는 그 답을 깨달았다. 지금 우리 삶에서는 선한 것들의 오용으로 인해 상처를 입는 일들이 실로 많다. 선한 것들은 가장 쉽게 남용되며, 우리는 그릇된 방식으로 행해진 선한 일들로 인해 아픔을 겪곤 한다. 다들 알듯이, 그런 경험이 우리 각자의 이야기 속에 들어 있기 때문이다. 인간의 성처럼 영광스럽고 수많은 기쁨과 쾌락의 가능성을 지닌 것조차도 깊은 악과 어둠, 그릇된 의도를 위해 악용될 수 있다. 악은 결코 창조적인 힘이 아니다. 그것은 다만 하나님이 주신 선한 것을 남용할 뿐이다. 바로 이 때문에 요셉은 창세기의 끝부분에서 자기 형들에게 이렇게 말할 수 있었다. "당신들은 나를 해치려 했지만, 하나님은 그것을 선으로 바꾸셨습니다"(창 50:20 NIV).

하나님은 세상의 선한 일들이 우리에게 저주가 아닌 복이 되게끔 의도하셨다. 그 선한 일들을 저주로 만들어 놓는 것은 악한 자의 세력뿐이며, 그 저주마저 복으로 바꾸실 수 있는 분도 오직 하나님뿐이다. 당시 그 학생이 자기 이야기를 전부 털어놓지는 않았으며, 그럴 필요도 없었다. 하지만 그날 저녁 그의 마지막 말은 비 내리던 오리건 주의 저녁 수업을 마치고 집으로 돌아오던 길에 그러했던 것처럼 오늘도 내 마음속에 뚜렷이 울린다. "제 욕망을 없애 버리면 다시는 상처를 주는 일도, 받는 일도 없지 않을까요."

이것이 바로 우리 인간의 이야기다. 사탄은 우리의 선한 욕망을 자신의 무기로 삼는 길을 찾아냈다. 그는 복을 저주로 사용하는 법을 알며, 이때 그 욕망들은 우리를 많은 고통과 혼란과 상심 속으로 몰아넣게 된다. 우리는 살아남기 위해 그 욕망들 자체가 문제라고 여기면서 그것들을 십자가에 못 박기 시작한다. 그리고 이 일에 종종 성공을 거두기도 한다. 우리는 자기 안의 선한 욕망들을 죽여서 무덤에 눕혀 둔다. 그것들이 우리의 기억 속에서 조용히 잊히고 사라진 채로 남게 하는 것이다. 아직도 창세기 3장의 상처 아래 신음하는 이 세상에서, 때로 우리는 그 욕망에 '부활의 주일'이 오지 않기를 바란다. 욕망이 계속해서 우리를 다치게 할 때, 우리는 스스로에게 등을 돌려 그것들을 없애 버리는 쪽을 선택하는 것이다.

아마 '테슈카'라는 단어의 경우에도 이와 동일한 일이 벌어진 듯하다. 인류는 자신의 욕망 때문에 깊은 상처를 입었으며, 그것은 지금도 계속 우리를 아프게 한다. 그러니 그 욕망이 아예 사라지기를 바라는 것도 무리는 아니다. '테슈카'가 성경의 이야기에서 사라진 이유도 대체로 이와 같다고 볼 수 있다. 구약학자 엘런 데이비스(Ellen Davis)는 창세기 4장 이후에 일어난 것으로 보이는 현상을 이렇게 설명한다. "창세기에서 '테슈카'라는 단어는 … 일종의 경고 신호처럼 서 있다. '주의, 이 일은 여자들에게 위험하다! 사랑은 당신의 건강과 '샬롬', 곧 몸과 마음의 평화에 해로울 수 있다.' 아마도 이 단어는 너무나 많은 부정적인 의미를 띠게 되었기에, 이후 수 세기 동안 아무도 다시 입에 올리지 않았던 것이다."[3] 그러니 우리가 마침내 자신의 욕망을

3　Ellen Davis, *Getting Involved with God: Rediscovering the Old Testament* (Lanham,

뒤엎고 없애려 드는 것도 이상할 것이 없다. 우리는 욕망이 우리 삶에 가장 깊은 상처들을 남겼다고 믿게 되었기 때문이다.

◇◇◇◇◇◇◇◇◇◇

우리 안의 선한 욕망이 도리어 우리를 해치는 무기가 되어 큰 고통과 상처를 남길 때, 욕망을 죽이는 일은 종종 살아남기 위한 선택이 된다. 우리 존재의 가장 깊은 본능 가운데는 고통을 만들어 내는 것들로부터 도망치도록 우리를 재촉하는 힘이 자리 잡고 있다. 나는 이것을 '생존 공포'(survival fear), 곧 '우리의 생명을 지켜 주는 두려움'으로 부른다. 이것은 건강한 두려움이다.

예를 들어, 전에 그곳에서 음식을 먹고 식중독에 걸렸던 식당을 떠올려 보라. 지금도 그 생각만 하면 속이 울렁거리는가? 아마 그럴 것이다. 왜냐하면 하나님의 은혜로, 우리 몸이 그 고통을 기억하기 때문이다.[4] 그리고 우리의 두려움은 우리의 위장뿐 아니라 우리의 마음 역시 보호해 준다. 연인과의 불같던 관계가 결국 우리의 자아 감각을 그을려서 지치고 절망하게 만들 때, 우리의 자연스러운 반응은 그 관계로부터 달아나는 것이다. 그리스도인 공동체가 우리에게 깊은 상처를 줄 때, 결국 그곳을 떠나기로 한 결정을 누가 쉽게 문제 삼을 수 있겠는가? 또 하나님을 사랑하며 신실하게 섬기고 모든 것을 드렸는데도 마땅히 주시시라 여겼던 것들을 전혀 받지 못했을 때, 우리는 깊은 실망(그것이 정당하든 아니든 간에)에 차서 그분을 거부하게 될 수 있다. 여기서 나는 이런 모습들을 미화하려는 것이 아니다. 그저 인간적

Maryland: Cowley Publications, 2001), 72-73.

4 Bessel A. Van der Kolk, *The Body Keeps the Score: Brain, Mind, and Body in the Healing of Trauma* (New York: Penguin, 2015).

인 현상을 있는 그대로 말하고 있을 뿐이다. 우리의 마음이 그 고통을 기억하는 것은 곧 살아남기 위한 방식이기 때문이다.

잃어버린 욕망은 우리의 가장 훌륭한 스승이 될 수 있다. 우리의 욕망이 죽어 버린 바로 그 자리에서, 하나님은 가장 깊은 치유를 이루기를 원하신다. 기독교 사역의 많은 부분은 하나님을 향한 욕망이 거의 남아 있지 않은 사람들을 만나는 일이다. 우리는 대개 누군가가 기꺼이 가려 하는 지점 그 너머로는 그를 데리고 갈 수 없다. 나는 선생이 된 뒤에 이 사실을 배웠다. 내가 성경 문헌 개론 수업에서 신입생들에게 처음 내주는 과제 중 하나는 다음의 질문을 숙고해 보라는 것이다. "만일 하나님이 계시다면, 당신은 그분을 알고 싶겠는가?"

보통 세 가지 중 하나의 대답이 나온다. 어떤 학생들은 영적인 무관심에 가까운 태도로 어깨를 으쓱하면서, "글쎄요" 같은 말로 그 질문 자체를 흘려버린다. 그런 학생들에게는 내가 해 줄 수 있는 것이 거의 없다. 또 어떤 학생들은 힘주어 그렇다고 말한다. 이들은 대개 그리스도인 학생들이다. 그들이 실제로 하나님을 알고 싶어 하는지, 아니면 '그래야 한다'고 느끼기 때문에 그렇게 말하는지는 분간하기 어렵다. 그러나 그것은 내가 판단할 몫이 아니다.

그다음에 "아니오"라고 답하는 학생들이 있다. 이들은 성경을 가르치는 그리스도인 교수인 내 앞에서, 설령 하나님이 계신다 해도 그분을 알고 싶은 마음이 전혀 없다는 것을 솔직히 단언하는 학생들이다. 여러 학생 가운데서도, 이들은 늘 가장 열정적인 태도로 자신의 마음을 표현하곤 한다. 그리고 고백하건대, 나는 이들의 반응을 가장 좋아한다. 그들의 생각에 동의해서가 아니라, 그들이 자신의 '욕망 없음'을 깊이 인식하고 있는 이들이기 때문이다. 그들은 자신들의 내면에서 그것을 보고 솔직히 표현했으며, 그것에 직면하기를 두려워하지 않는다. 그리고 나는 학기가 끝날 무렵이면 이런 학생들이 믿음에 대해 가장 깊은 관심을 품고 연구실에 찾아오는 것을 여러 번 경험했다.

내 이론은 이러하다. 학생들이 욕망의 부재를 솔직히 표현할 경우, 그들이 그 욕망을 '되찾을' 때도 똑같이 열정적인 태도를 취하게 된다는 것이다. 자신에게 하나님을 향한 욕망이 없다는 것을 정직하게 인식하는 지점이야말로, 종종 그분이 우리 삶 속에 들어오시는 자리가 된다. 이것이 바로 위대한 C. S. 루이스를 기독교 신앙으로 이끈 중요한 계기 가운데 하나였다. 그는 하나님을 향한 자신의 '강렬한 비(非)욕망'을 알아차리기 시작했다. 기독교로 회심하기 전, 루이스는 자신이 "그토록 만나고 싶지 않아 했던 분이 가차 없이 다가오고 계심"을 느꼈다.[5] 당시에는 거의 알지 못했지만, 정직한 불신자였던 루이스는 이미 정직한 신자가 되어 가는 길 위에 서 있었던 셈이다. 이는 첫 과제에서 하나님을 향한 경멸이나 분노를 드러내는 많은 학생들에게도 그대로 해당된다. 언제나 그런 '비욕망' 가운데는 무언가 배울 점이 있다.

이 과제에서 "아니오"라고 답한 학생 가운데 한 명은 젊은 무신론자였다. 우리는 점심을 함께 먹으면서 이야기를 나눴고, 그 과정에서 나는 한 가지를 알아차렸다. 하나님 이야기가 나오기만 하면, 그의 혈압도 함께 치솟는 듯 보였다는 점이다. 하나님은 그를 분노하게 만들

5　이는 맥스 맥클린(Max McLean)의 연극인 "내키지 않은 회심자"(*The Reluctant Convert*)에서 표현된 바와 같다. 셸던 보너큰(Sheldon Vanauken)도 자신의 책에서 아내의 죽음을 언급하면서 이와 유사하게 말한다. "인정하고 싶지 않지만 … 나는 하나님이 내 삶에 함께하시는 것을 원하지 않았다. 그분은 내게 너무 버거웠다. 나는 하나님과 상당한 거리를 두기 원했다. 그분을 생각하고 싶지 않았다." *A Severe Mercy* (New York: HarperOne, 1980), 136. 도모닉 돈이 자신의 책에서 이 내용을 언급해 준 것에 감사한다. Domonic Done, *Your Longing Has a Name: Come Alive to the Story You Were Made For* (Nashville: Nelson, 2022), 31-32.

었다. 나는 그 학생에게, 존재하지 않는다고 믿는 누군가에 대해 그렇게 격렬한 감정을 느낄 수 있다는 것이 이상하다고 말했다. 대화가 끝날 무렵, 우리는 둘 다 하나의 묘한 역설이 드러났다는 데 동의했다. 문제는 그가 하나님을 믿지 않는다는 데 있지 않았다. 오히려 그는 하나님께 깊이 분노하고 있었고, 하나님 때문에 상처를 입은 상태였다. 그러나 존재하지 않는 누군가에게 분노한다는 것은 불가능한 일이 아닐 수 없다.

'아니오'라고 답한 학생들이 하나님을 전혀 욕망하지 않았던 것은 아니다. 문제는 그들이 접해 온 하나님이 매력적이지 않았다는 데 있었다. 우리는 일종의 괴물 같은 신에게 예배하도록 지음받지 않았다. 그 학생들의 마음과 생각을 참된 예수님의 이야기로 인도할 때, 나는 그들이 고수했던 그 '아니오'의 세계가 무너지고 새롭게 열리는 것을 거듭 보아 왔다. 성경의 그 강렬하고 거룩한 생명력이 넘치는 이야기들 속에서, 그간 우리가 하나님을 향해 품었던 미숙하고 어리석은 오해들은 힘을 잃고 스러진다. 사람들이 실제로 시간을 들여 예수님을 바라볼 때, 그분을 향한 그들의 깊은 욕망이 되살아난다. 해마다 내가 가르친 몇몇 학생들이 세례를 받는 데에는 이유가 있다. 이는 그들에게 복음서와 예수의 이야기들을 읽게 하고, 그에 대해 평가하기 때문이다. 그것은 참으로 탁월한 방법이며, 그 학생들은 나중에 늘 그 일에 대해 고마워한다.

◇◇◇◇◇◇◇◇◇◇

그러면 우리는 어떻게 욕망을 일깨울 수 있을까?

앞에서 말했듯이, 나는 모든 학생이 그리스도인은 아닌 학교에서 성경을 가르치는 교수라는 다소 특별한 자리에 있다. 내 학생들 가운데 상당수는 분명히 그리스도인이 '아니다.' 이것은 한 가지 어려움을 가져다주었다. 성경을 배우고 싶어 하지 않을지도 모르는 학생들을 어떻게 가르칠 것인가? 성경에 대한 그들의 욕망을 일깨울 방법이 있는가? 안타깝게도, 이들 가운데 많은 학생은 일종의 '영적 아포시아'(spiritual aposia) 상태로 수업에 들어온다.[6] 의학에서 '아포시아'(aposia, 문자적으로는 '비갈증')란, 목마름의 감각이 거의 또는 완전히 사라진 상태를 가리킨다. 이를 영적인 수준에서 언급하자면, 많은 비그리스도인 학생들은 자기 자신 밖에 자신이 필요로 할 어떤 것이 존재한다는 감각조차 없이 성경 앞에 서는 것이다.

그러나 나는 학생들의 삶에서 갑자기 영적인 갈증이 깨어나는 결정적인 순간들을 보아 왔다. 그것은 대개 상실이나 중대한 변화, 누군가의 죽음 또는 실연, 혹은 신뢰의 붕괴를 겪을 때다. 자신의 삶이 계획대로 잘 흘러가는 학생들이 지금 하는 일과는 전혀 다른 길로 부르시는 하나님을 따르고 싶어 하는 경우는 거의 없다. 그러나 상실의 어두운 그늘 속에 있는 학생들은 영적인 문제를 다루려고 종종 내 연구실 문을 두드린다. 세상이 우리를 실망시킬 때, 우리 자신을 지탱해 줄 무언가를 찾아야 하기 때문이다. 이에 관해, 과거의 성도였던 프랑수아 페넬롱은 이렇게 언급한다. "이 시대의 불순하고 독이 든 물을 많이 마실수록, 우리는 더 깊은 갈증을 느끼면서 세상 속으로 깊이 빠져들게 된다. 이때 우리 마음속의 욕망은 더욱 간절해진다. … 하지만 세상의 쾌락을 누릴수록 영혼은 더 목마르고 쇠약해질 뿐이다. 우리 영혼은 점점 더 부패하고, 결코 만족할 수 없게 된다."[7] 이처럼 지금까지 마셔 온 물이 더 이상 우리를 채워 주지 못할 때, 만족을 얻기 위해

---

6 Michael John Cusick, *Surfing for God: Discovering the Divine Desire Beneath Sexual Struggle* (Nashville: Nelson, 2012), 26-27.

7 Fénelon, *The Complete Fénelon*, 181.

서는 다른 곳을 향해 돌아서야 한다.

성경에서 언급하는 거룩한 이들, 곧 성도들의 핵심 특징 중 하나는 그들의 욕망이 아직 채워지지 '않은' 상태에 있다는 것이다. 시편 42편의 말씀을 들어 보라.

하나님이여 사슴이 시냇물을 찾기에
　갈급함같이 내 영혼이 주를 찾기에 갈급하나이다
내 영혼이 하나님 곧 살아계시는 하나님을 갈망하나니
　내가 어느 때에 나아가서 하나님의 얼굴을 뵈올까(시 42:1-2)

이 시편의 화자는 아직 충만함을 경험하지 못했다. 그의 영혼은 사슴이 물을 갈망하듯 "갈급[한]" 상태로 하나님을 찾고 있다. 그는 아직 채워지지 않았기에 "목마르다"(개역개정판에는 "갈망하나니"로 되어 있다—역자 주). 그는 하나님을 아직 만나지 못했고, 언제쯤 그분을 뵙게 될지를 묻고 있다. 여기 쓰인 영적인 삶의 언어는 이미 목적지에 이르렀고 만족을 얻었으며 찾던 것을 발견한 사람의 말이 아니다. 그는 여전히 찾고 있다. 더 넓은 의미에서, 우리는 이 '목마름'의 언어가 거룩함과 복, 그리고 의의 삶과 깊이 연결되어 있음을 알아야 한다. 예컨대 마태복음 5장 6절에서 예수님은 제자들에게 이렇게 말씀하신다. "의에 주리고 목마른 자는 복이 있나니." 이 말씀의 표현에 주목해 보라. 예수님은 "이미 그 물을 마신 자가 복이 있다"고 말씀하지 않으신다. 아직 그 생수를 마시지 못했지만, 여전히 갈망하고 있는 이들에게 복이 있다.

우리는 복음서에 나오는 그 여인처럼 되어야 한다. 깊은 절망 속에서 피를 흘리면서 예수님의 옷자락 끝을 만지려고 필사적으로 손을 내밀던 여인 말이다. 그녀는 예수님의 몸에 직접 손을 뻗은 것도 아니었다. 그저 겉옷이라도 만져 보려 했을 뿐이다. 바로 이 절박함이 그녀를 특별하게 만들었다. 데이비드 베넷은 이 여인에 대해 이렇게 묵상하고 있다. "바로 이 가난함 때문에, 그녀는 하나님을 갈망하며 그분께 손을 뻗게 되었다. 이 신뢰의 자리에서 우리는 높이 들어올려지고 온전케 되며, 마침내 예수의 자비로운 품 안으로 이끌려 들어간다."[8]

여기서 우리는 빈손으로 하나님께 나아오는 태도에 담긴 미덕을 보게 된다. 실제로 성경에서 두 차례에 걸쳐, 하나님은 "목마른 자들"을 기뻐하시면서 그분께로 나아와 마시라고 초대하신다(요한계시록 21장과 22장). "생명수"를 마시라는 이 초대는 곧 성경 전체의 마지막 명령이다(계 22:17). 여기서 놀랍게도 신적인 영역 가운데로 영접되는 이들은 이미 그 심령이 충만케 된 선한 이들이 아니라, 여전히 곤하고 목마른 이들이다. 성경은 마침내 모든 이가 와서 영원한 생명의 물을 마실 수 있는 샘을 그려 보이면서 그 막을 내린다.

성경 전체의 이야기는 이런 맥락에서 이해될 수 있다. 인류 역사의 시작은 동산에서 "나무의 열매를 먹으라"는 명령과 함께 열렸다. 그리고 우리에게 주어진 마지막 명령은 곧 "생명의 샘에서 마시라"는 초청이다. 내 친구인 레너드 스윗이 수업 시에 자주 언급하듯, 이를테면 성경은 한 권의 책이라기보다 하나님과 함께 식사하도록 초대하는 열린 식탁이다.

하나님을 추구하는 길에서 목마름과 굶주림은 미덕이다. 깊은 목마름과 갈망, 굶주림과 욕망을 품고서 간절히 묻고 찾고 두드리는 것, 이것이 곧 그분이 바라시는 마음의 자세다. 나는 성만찬에 참여할 때마다 이 사실을 떠올린다. 식탁에서 물러설 때면 늘 더 먹고 싶어진

---

8 David Bennett, *A War of Loves* (Grand Rapids: Zondervan, 2018), 102.

다. 그것은 결코 나를 완전히 채워 주지 않으며, 오히려 그 맛이 나로 하여금 훨씬 더 큰 충만을 바라게 만든다. 교회는 이 점에서 실로 지혜롭다. 우리는 아직 온전한 식사를 누리지 못하며, 지금은 단지 맛보기만 허락되었을 뿐이다. 성찬의 떡과 포도주는 우리에게 포만감을 주지 못한다. 물론 이 요소들이 아름답긴 하지만, 그것들은 장차 모든 이가 배부르게 될 어린양의 더 큰 잔치를 가리켜 보이는 이정표일 뿐이다. 지금 우리 앞에 놓인 것은 일종의 에피타이저다.[9]

참된 성도란, 세상에서 가장 목마른 사람이다.

◇◇◇◇◇◇◇◇◇◇

그러면 이 '테슈카'는 다시 돌아올 수 있을까?

죄로 물든 삶은 우리가 본래 욕망하도록 창조된 것에서 우리를 떼어 놓는다. 앞서 보았듯이, 인류는 속임을 당한 뒤 무화과나무 잎으로 자신들을 가렸다(창 3:7). 그들의 이 즉각적인 반응은 심오하면서도 비인간적인 성격을 띤다. 여기서 인간은 먼저 자기 몸의 본질적인 차이를 가리기 시작한다. 남자와 여자는 서로 다른 몸을 지녔지만, 곧 그 차이는 숨겨진다. 하나님이 주신 차이를 기뻐하고 서로 사랑하기보다, 그것을 덮어 버린 것이다. 이처럼 죄는 차이를 미워하며, 결국 하나님이 친히 빚으신 차이점들이 지워진 문화를 만들어 낸다. 그리하여 그분께 속한 이 세상의 영광스러운 다양성은 감추어지고, 모두

---

9 시몬 터그웰(Simon Tugwell)은 이렇게 썼다. "이 삶에서 하나님께서 자신을 선물로 주신다는 사실은, 무엇보다도 그분을 향한 우리의 욕망이 증가하는 데서 드러난다. 그 욕망은 곧 사랑이기에 무한하며, 그래서 우리의 유한한 삶을 한계까지 늘여 놓는다. 그 '늘어남'은 이 삶에서 가장 진실한 기쁨이지만, 동시에 가장 진실한 고통이기도 하다. 그러므로 주리고 목마른 이들은 지금 이 순간에도 참으로 복되다. 그러나 그들의 복됨은, 애통하는 이들의 복됨이다." Tugwell, *The Beatitudes: Soundings in Christian Traditions* (Springfield, IL: Templegate, 1980), 81.

가 똑같아 보이는 거짓된 동질성만 남게 된다.

이때 그들은 자신들의 '매력적인'(desirable) 부분을 가려 버렸다. 본래 그들은 서로의 몸을 욕망하도록 지음받았음에도 말이다. 여기서 흥미로운 질문이 제기된다. 새 창조에서는 인간이 다시 벌거벗은 상태로 돌아가게 될까? 한 가지 분명한 것은 예수님이 부활 이후에도 옷을 입고 계셨다는 점이다. 그리고 부활 이후 사십 일간 그분이 알몸으로 다니셨다면 상당히 어색했으리라는 데 이견을 품을 사람은 거의 없을 것이다. 이 문제는 요한계시록에서 다시 다루어진다. 그 본문에서 하늘은 '새로워진 땅'으로 묘사된다. 그 세계는 지극히 현실적이어서, "농작물"이 자라고 "열매"를 먹으며 "달마다" 수확의 주기가 있는 곳으로 표현된다(계 22:2 NIV). 이 새 하늘에는 나무가 있고, 열매가 열리는 정원이 있으며, 시간이 존재한다.[10] 예수님은 그분의 승천 이전 부활하신 몸으로 이 땅에서 사십 일을 지내실 때 음식을 드셨고(이 일은 다른 어떤 것보다도 더 많이 기록되어 있다), 기억을 지니고 계셨으며(자신을 배반한 벗들의 이름을 기억하셨다), 몸에 상처 자국을 간직하고 계셨고, 이리저리 걸어 다니셨다. 동시에 그는 벽을 통과해 걸어오셔서 제자들을 놀래키기도 하셨던 것이다. 그러므로 장차 우리가 누릴 부활의 삶 가운데 어떤 부분은 지금의 존재 방식과 닮아 있으며, 또 어떤 부분은 그렇지 않을 것이다.

아우구스티누스 같은 기독교 사상가들은 오래전부터 이 문제를 두고 논쟁해 왔다. 어떤 이들은 하늘에서도 지금의 존재 방식이 온전히 이어질 것으로 보았으며(이를 '연속적인' 견해로 부른다), 또 다른 이들은 새 하늘이 지금의 세상과는 전혀 다른 세계일 것이라고 믿었다(이를 '불연속적인' 견해라 한다). 아우구스티누스를 연구한 이들은 바로 이 문제가

---

10 계 22:2.

그의 사유를 관통하는 핵심 주제 가운데 하나였다고 본다.[11] 그가 이 주제에 특별히 깊은 관심을 쏟았다는 것이다. 그러면 우리는 하늘에서도 여전히 욕망을 품게 될까? 그곳에서도 계속 무언가를 원하게 될 것인가? 아니면 우리의 모든 욕망과 바람은 마침내 완전히 충족될까?

우리는 고린도전서 13장에서 하나의 실마리를 얻을 수 있다. 이 본문에서 바울은 우리가 예수님을 대면하여 보게 될 때에 대해 이야기하고 있다. 그때 우리는 마침내 무지와 부분적인 지식에서 벗어나게 될 것이다. 그런데 여기서 그는 이렇게 기록한다. "믿음, 소망, 사랑 이 세 가지는 항상 있을 것인데, 그 중의 제일은 사랑이라"(고전 13:13). 소망은 남아 있을 것이다. 새 창조의 세계에서도 우리를 구원하신 창조주 하나님을 계속 바라보며 우러르게 될 것이기 때문이다. 사랑도 남아 있을 것이다. 그리스도께서 보좌에 앉아 계신 그 영원한 도성은 하나님의 어린양이신 그분이 사랑과 정의로 선하게 통치하시는 곳이 될 것이기에 말이다. 그런데 믿음의 경우에는 어떨까? 그곳에서는 마침내 우리가 하나님의 온전한 임재 안에 머무는데, 왜 여전히 믿음이 필요할까? 이 질문은 크리스토퍼 워즈워스(Christopher Wordsworth)가 하늘에 대해 쓴 찬송의 핵심에 놓여 있는 듯하다.

믿음은 시야에서 사라지고
소망은 기쁨 안에서 채워질 것입니다.
하늘에서 사랑은 더 환하게 빛나리니
그러므로 우리에게 사랑을 주옵소서.
믿음과 소망과 사랑이

11　Alexander H. Pierce, "Augustine's Eschatological Vision: The Dynamism of Seeing and Seeking God in Heaven", *Pro Ecclesia* 29, no. 2 (2019): 217-38.

손에 손을 맞잡고 서 있으나,

이 셋 가운데 가장 크고

가장 귀한 것은 사랑입니다.

주의 금빛 은빛 날개의

그늘 아래서,

주께 노래하는 우리 위에

거룩한 하늘의 사랑을 부어 주소서.[12]

바울에 따르면, 우리의 믿음과 소망, 사랑은 영원히 지속된다. 물론 이 믿음과 소망, 사랑에 대한 바울의 언급에 관해서는 상당히 다룰 내용이 많다. 위에서 살핀 워즈워스의 경우처럼, 기독교 역사 속의 많은 이가 믿음과 소망이 새 창조의 노을 속으로 사라져서 더 이상 필요하지 않게 될 것이라고 보았다. 그러면 욕망의 경우에는 어떨까? 그것도 같은 운명을 맞아, 우리가 더 이상 욕망할 필요가 없게 될까?

우리의 미래에 대한 예고편은 구약의 아가서에서 발견된다. 앞서 엘렌 데이비스의 논의에서 살폈듯이, 창세기에서 '테슈카'는 욕망의 위험성을 알리는 일종의 '경고 신호'였다. 그리고 그 이후의 성경 기록에서는 거의 사라진 바 있다. 그런데 지혜문학인 아가서에 이르러, 뜻밖의 변화가 일어난다. 그곳에서 그 단어가 다시 모습을 드러냈던 것이다.

나는 내 사랑하는 자에게 속하였도다

12　Christopher Wordsworth, "Gracious Spirit, Holy Ghost", hymn 28, in *Holy Year; or, Hymns for Sundays and Holidays: And for Other Occasions*, 1st ed., (London: Rivingtons, 1862).

> 그가 나를 사모하는구나[desire, '테슈카']
>
> 내 사랑하는 자야 우리가 함께 들로 가서
>
> 동네에서 유숙하자(아 7:10-11)

여기서 '테슈카'가 다시 등장한다. 이번에는 젊은 여인이 치르는 혼인 첫날 밤의 맥락 속에서다. 에덴에서 벌어졌던 일이 이제 서서히 치유되기 시작한다. 욕망의 부활이 일어나는 것이다.

무슨 일이 일어났는지 주목하여 보라. 하나님이 인간의 타락 이후에 주신 말씀대로, 이제까지는 여자가 자기 남편을 사모하고(desire) 남편은 여자를 다스리게 되어 있었다. 그러나 이제 아가서의 혼인 장면에서는 남자가 더 이상 지배하지 않는다. 그는 여자를 '사모하고' 있다. 본래 의도된 욕망이 다시 움트기 시작한다. 참된 치유가 일어나고 있는 것이다. 이에 관해, 엘렌 데이비스는 이렇게 언급한다.

여기서 시인이 표현하는 바는 명확하다. 그는 오래된 에덴의 전원시 끝 부분을 되새기면서 그 의미를 뒤집어놓고 있다. 시인은 더 이상 남자와 여자 간에 욕망과 권력의 불평등한 분배는 없을 것임을 단언한다. 여자는 여기서 억제되지 않은 자기 내줌과 상호적인 돌봄에 근거한 참된 동반자 관계를 선포한다. "나는 내 사랑하는 자에게 속하였고 내 사랑하는 자는 내게 속하였으며"(아 6:3). 이제 붉은 경고 깃발 대신에 장미가 놓인다. 이 단어는 이제 성적인 역사의 새로운 출발점을 나타내는 표지가 되며, 남자와 여자 모두에게 치유의 자리가 된다.[13]

잠언의 저자도 같은 것을 암시한다. "소망이 더디 이루어지면 그

---

13   Davis, *Getting Involved with God*, 72-73.

것이 마음을 상하게 하거니와 소원이 이루어지는 것은 곧 '생명 나무'
니라"(잠 13:12, 강조점은 내가 덧붙였다). 우리가 하나님께 더 가까이 나아
갈수록, 욕망의 본래 목적에도 더 가까워진다. 이는 마치 에덴의 생명
나무로 되돌아가는 것과 같다. 나아가 아가서는 단지 한 남자와 한 여
자의 결혼만을 노래하는 책이 아니다. 오히려 그 책에서는 우리 모두
가 초대받은 그리스도와 그분의 백성 사이의 위대한 혼인잔치를 미
리 들여다보게 된다. 그곳에서 하나님의 백성들은 사랑하는 주님께
로 돌아가며, 우리의 욕망도 비로소 본래의 모습으로 되살아난다.

11장

욕망을 열망하기

기원은 분명하지 않지만, 널리 알려진 한 이야기가 있다. 어느 선교사 부부가 오랜 사역을 마치고 돌아오는 길에, 해외 사냥 여행을 마치고 귀국하던 테디 루즈벨트 대통령과 같은 배를 타게 되었다. 그 거대한 배가 뉴욕 항구에 들어오자 악대가 연주를 시작했고, 환영 인파가 박수갈채를 보냈다. 그 광경을 보던 남편 선교사가 아내에게 말했다. "저것 좀 봐. 대통령은 사냥 여행 한번 다녀왔을 뿐인데 이렇게 수많은 사람의 환영을 받네. 우리는 고국에 돌아와도 맞아 줄 사람 하나 없는데." 그러자 아내가 남편을 바라보며 조용히 속삭였다. "여보, 우리는 아직 본향에 도착한 게 아니에요."[1]

이 일화는 아마도 지어낸 이야기일 가능성이 크지만, 우리 그리스도인들에게 심오한 신학적 진리를 전해 준다. 이는 곧 지금 우리의 삶이 늘 본향을 사모하며 나아가는 여정이라는 것이다. 우리는 아직 최

---

1 Calvin Miller, *Fruit of the Spirit: Faithfulness* (Nashville: Nelson, 2008)의 여섯째 주 네 번째 날의 묵상 글에서 인용.

종 목적지에 이르지 못했다. 철학자 마르틴 하이데거는 이 실존적인 경험을 '운하임리히'(*unheimlich*), 곧 '집에 있지 않은 상태'(not-being-at-home)로 지칭한 바 있다.[2] 독일어 '젠주흐트'(*Sehnsucht*)는 우리 각자 안에 자리한, 세상 어떤 것으로도 충족될 수 없는 선천적인 인간 욕망을 가리킨다.[3] 그리고 이 향수병은 『길가메시 서사시』(*Epic of Gilgamesh*)에서도 반복되는 주제로 등장한다. 친구 엔키두의 죽음 이후, 비탄에 잠긴 길가메시는 (성서학자 나훔 사르나가 언급했던) "불멸에 대한 압도적인 욕망"을 추구하기 때문이다.[4] 만약 이 세상이 본래 인간의 집이라면, 왜 지금 우리는 여전히 집에 있지 않은 듯이 느끼게 되는 것일까?

그리스도인에게 이러한 향수병은 진화의 역사 속에서 생겨난 어떤 오류가 아니다. 우리는 다른 세상을 위해 창조되었다. *Lost in the Cosmos*(우주에서 길을 잃다)에서, 기독교 사상가인 워커 퍼시(Walker Percy)는 인간의 삶을 점점 더 편리하고 안락하게 만들어 온 기술의 끝없는 발전 이후에도 우리는 이 땅에서 더욱 스스로를 이방인처럼 느끼게 되었다고 지적한다.[5] 그리고 로날드 롤하이저(Ronald Rolheiser)와 같은 이들은 다른 세상을 향한 이 충족되지 않는 갈망을 우리의 "근본적인 질병"이라 불렀다.[6] 나아가 C. S. 루이스는 이 향수

---

2 Martin Heidegger, *Being and Time*, trans. *John Macquarrie and Edward Robinson* (Albany: State University of New York Press, 1996), 189.

3 이 '젠주흐트'의 주제는 C. S. 루이스의 글 전체에 걸쳐 반복되며, 마르바 던도 다음의 책에서 자세히 다루고 있다. Marva Dawn, *To Walk and Not Faint* (Grand Rapids: Eerdmans, 1980), 33-37. 『걸어가도 피곤치 아니하며』(복있는사람).

4 Nahum Sarna, *Understanding Genesis: The World of the Bible in the Light of History* (New York: Schocken, 1966), 41.

5 Walker Percy, *Lost in the Cosmos: The Last Self-Help Book* (New York: Farrar, Straus and Giroux, 1983).

6 Ronald Rolheiser, *The Holy Longing: The Search for a Christian Spirituality* (New

병을 곧 하나님의 존재에 대한 증거로 보았다. 그는 이렇게 썼다. "내 안에서 이 세상의 어떤 경험으로도 채워질 수 없는 욕망을 발견한다면, 가장 그럴듯한 설명은 내가 다른 세계를 위해 만들어졌다는 것이다."[7]

그런데 이 향수병에는 하나의 긴장이 담겨 있다. 어떤 의미에서 우리는 아직 집에 도착하지 않았지만, 다른 한편으로는 '이미' 집에 있기 때문이다. 어떻게 이 두 말이 모두 참일 수 있을까? 만약 누군가가 내 서재를 살펴본다면, 성서학과 신학, 생태학과 생물학, 문학 등 여러 분야의 책들이 뒤섞여 있는 것을 보게 될 것이다. 그들은 또한 내가 처음 신앙의 길에 들어섰을 때 읽었던 책들도 여럿 발견할 것이다. 그중 많은 책들이 나를 변화시켰고, 다른 책들은 이제 먼 과거의 흔적에 불과하다. 지금까지도, 나는 당시 내게 깊은 영향을 미쳤던 책 중 상당수가 이 땅의 삶을 벗어나 저 높은 천국으로 가는 일에 유난히 집착하는 듯하다는 사실에 놀라곤 한다. 처음 그리스도인이 되었을 때, 내 신앙의 상상력은 '이곳에서 떠나는 일'에 지나치게 몰두하는 방향으로 형성되었다. 그 책들 가운데 한 권에 나는 처음 배웠던 성경의 정의를 이렇게 적어 두었다. "지구를 떠나기 전에 주어지는 기본 지침서(Basic Instructions Before Leaving Earth)."

물론 과거의 나 자신을 정죄해서는 안 된다. 그러나 이제 나는 이 도피적인 관점이 성경적인 인생관을 상당히 왜곡하고 있다는 사실을 깨닫게 되었다. 기독교적인 삶의 목표는 불에 타서 죽어 가는 이 세상 바깥으로 달아나는 것이 아니다. 오히려 그 목표는 죄로 죽어 가는

이 세상 '가운데서', 그 세상을 '위해' 성령의 불로 충만한 삶을 살아가는 데 있다. 이제 내 상상력은 성경의 가르침에 근거해서 새롭게 되었으며, 나는 이 땅의 미래에 대한 계시록의 환상을 읽을 때마다 그 점을 늘 되새기게 된다.

> 또 내가 보매 거룩한 성 새 예루살렘이 하나님께로부터 하늘에서 내려오니 그 준비한 것이 신부가 남편을 위하여 단장한 것 같더라 내가 들으니 보좌에서 큰 음성이 나서 이르되 보라 하나님의 장막이 사람들과 함께 있으매 하나님이 그들과 함께 계시리니 그들은 하나님의 백성이 되고 하나님은 친히 그들과 함께 계셔서(계 21:2-3)

하늘이 이곳으로 내려올 것이다. 마치 남편과 같이, 이 땅에 임할 것이다. 따라서 우리의 목표는 땅을 떠나 하늘로 도피하는 것이 아니다. 오히려 그 하늘이 이곳에 찾아온다. 예수님은 "나라가 '임하시오며' [당신의] 뜻이 … 이루어지이다"라고 기도할 것을 우리에게 분부하셨다(마 6:10). 그분의 말씀대로 될 것이다. 그 나라는 하늘뿐 아니라 바로 이곳에도 '임하게' 된다. 우리 그리스도인들의 관점에서, 이것은 모든 것을 바꾸어놓는 일이 된다. 이제 하나님의 백성은 예수님의 재림을 마치 우리가 돌보도록 부름받은 이 동산을 파괴해도 된다는 면죄부처럼 여길 수가 없다. 더 이상 사회 정의의 실천을 복음 선포에서 벗어난 일종의 곁가지로 볼 수도 없다. 그리고 우리 자신의 몸을 기분 내키는 대로 사용할 수도 없다. 그 몸은 우리의 것이 아니라 오직 하나님의 소유이기 때문이다. 다시 말하지만, 이 가르침은 우리의 모든 일을 바꾸어 놓는다.

우리의 긴장 상태는 바로 여기에 있다. 우리는 집에 있으면서도, 동시에 집에 있지 않다. 우리가 지금 발붙이고 있는 이 땅은 본래 우리를 위해 창조된 그 땅과는 다르다. 하지만 장차 올 그날에는, 타락 이후의 삶을 특징지어 온 이 모든 '이혼 법정'(이는 앞서 살폈던 체스터턴의 표현이다)이 마침내 막을 내릴 것이다. 인류가 에덴을 떠난 일이 에덴과의 이혼으로 귀결되었다면, 그 동산의 회복은 하나의 결혼으로 묘사된다. 이제 둘은 하나가 될 것이다.

제럴드 메이(Gerald May)는 이렇게 말한다. "욕망이란 무언가를 원하는 것이며, 어떤 만족을 갈망하는 것이다."[8] 그리고 바로 그 '재혼'을 향한 우리의 갈망(이는 전도서 3장 11절에서 "영원을 사모하는 마음"으로 지칭되는 그것이다)이 이 미래로 우리를 인도한다. 인간은 하나의 묵시적인 미래, 곧 하늘과 땅이 온전히 회복되는 그 순간을 갈망한다. 설령 그 대중적인 기대가 장차 오실 그리스도의 통치와 다스림에 근거한 것이 아닐지라도, 이 본능적인 갈망 자체는 여전히 남아 있다. 우리는 여전히 하나의 묵시를 필요로 하기 때문이다. 다른 이들과 마찬가지로, 나 역시 오늘날 묵시적인 영화와 글들이 홍수처럼 쏟아져 나오는 현상을 감지하게 된다. 스티븐 오리어리(Stephen O'Leary)는 지금 인기를 끄는 묵시적인 장르들의 주요 유형을 네 가지로 정리했다. 괴물 영화와 외계인 영화, 포스트아포칼립스 영화, 그리고 핵 파괴를 다룬 드라마들이 그것이다.[9]

우리는 왜 묵시에 이토록 집착하는가? 내가 보기에, 오늘날 좀비 영화와 디스토피아 판타지가 갑작스럽게 부각되는 현상은 세속주의의 확산이 만들어 낸 영적 공백과 맞닿아 있다. 하나님의 미래가 지

---

8   Gerald May, *The Awakened Heart: Opening Yourself to the Love You Need* (New York: HarperCollins, 1991), 45.

9   Stephen D. O'Leary, "Apocalypticism in American Popular Culture: From the Dawn of the Nuclear Age to the End of the American Century", *The Encyclopedia of Apocalypticism*, ed. Stephen J. Stein, vol. 3 (New York: Continuum, 2000), 392-426.

워진 자리에서도, 인간의 마음은 여전히 미래를 가늠할 준거점을 필요로 한다. 이 묵시와 디스토피아의 장르들은, 리처드 마우(Richard Mouw)가 "인간의 영혼 깊숙이 새겨져 있다"고 말했던 그 갈망의 공백을 채우려는 문화적인 시도라고 할 수 있다.[10]

내 박사 논문은 성령론적인 관점에서 땅을 돌보는 일에 대한 성경의 신학을 탐구한 것이었다.[11] 그 연구를 마친 뒤, 나는 교회와 포틀랜드의 환경 공동체들 사이에 협력 관계를 구축하기 시작했다. 나는 그들에게서 여러 통찰을 얻기 원했지만, 동시에 그들에게 예수님의 증인이 되고 싶기도 했다. 이때 놀라웠던 것은 그 도시의 주요 비영리 단체 지도자들과 환경 운동가들, 여러 활동가가 보수적인 그리스도인인 나를 기꺼이 만나려 했다는 사실이었다. 그중 한 유명한 활동가는 종교인이 아니었다. 그럼에도 우리는 아침 식사를 하면서 함께 이야기를 나누었고, 그녀는 자신이 매일 아침 지구를 돌보기 위해 일어난다고 털어놓았다. 또 많은 환경운동가 친구들이 희망을 잃고 스스로 목숨을 끊었다는 이야기를 하면서 눈물을 흘렸다. 나는 그녀에게 왜 계속 싸우느냐고 물었다. 그녀는 자신도 모르겠다고 했다. 그리고 이렇게 고백했다. "마치 제가 이 일을 위해 '지음받은' 것 같아요. 저는 매 순간마다 이 일에 몰두하게 되지요. 하지만 이제는 더 이상 희망이 없는 것처럼 느껴져요."

---

10 Richard Mouw, *When the Kings Come Marching In: Isaiah and the New Jerusalem* (Grand Rapids: Eerdmans, 2002), 43. 또 다른 중요한 책에서, 랜달 로젠버그는 우리의 욕망이 특별히 초자연적인 것을 향해 질서 지워져 있다고 주장한다. Randall Rosenberg, *The Givenness of Desire: Concrete Subjectivity and the Natural Desire to See God* (Toronto: University of Toronto Press, 2017), 23.

11 관심 있는 독자들은 다음의 책을 보라. A. J. Swoboda, *Tongues and Trees: Toward a Pentecostal Ecological Theology*, Journal of Pentecostal Theology Supplement Series, vol. 40 (Blandford Forum, UK: Deo, 2013).

그녀는 모든 것이 온전히 회복될 미래의 어느 날을 갈망하고 있었다. 그 점에서 우리에게는 공통점이 있었다. 이때 나는 그녀에게 내 신앙을 나누면서 영광스러운 소망과 미래, 그리고 회복에 대한 하나님의 약속을 이야기했다. 그녀는 공손히 귀를 기울였지만, 곧이어 자신이 아는 많은 그리스도인들은 그런 일에 별로 관심이 없는 듯이 보인다고 털어놓았다. 나는 무거운 마음으로 집에 돌아왔다. 이 여성은 소망을 잃은 채로 하나님이 원하시는 일을 하고 있었다. 반대로 교회는 하나님을 향한 소망을 품고 있지만, 정작 그분이 원하시는 일들을 하지 않는다. 그날 아침의 만남은 나를 바꾸어 놓았다. 이제 나는 (그리스도인이든 아니든) '모든 이'의 마음속에 장차 모든 일이 바로잡힐 어떤 미래에 대한 타고난 갈망이 자리 잡고 있음을 보게 된다. 과연 이 갈망은 어디에서 오는 것일까? 우리는 그것이 하나님 자신에게서 비롯되었다고 말할 수 있지 않을까?

내 친구 매튜 슬리스는 의사인데, 이에 대해 하나의 흥미로운 이론을 제시한다. 그는 하나님이 아담의 콧구멍에 생기를 불어넣으실 때, 기억이 저장되는 뇌의 영역과 가장 가까운 신체 부위를 통해 그렇게 하셨다고 말한다. 그래서 우리는 어떤 냄새를 맡는 순간, 곧바로 어린 시절의 희미한 한 장면으로 되돌아가게 된다. 냄새는 기억의 문을 여는 열쇠다. 이는 마치 모든 사람이 사물들의 본래 모습에 대한 깊은 기억을 갖고 있는 것과도 같다. 그리고 동시에, 그것들이 '어떻게 해야 하는지'에 대한 기억도 함께 간직하는 것이다.

우리는 모두 이 세상을 향한 하나님의 갈망에 대한 희미한 기억을 품고 있으며, 동시에 그곳으로 돌아가려는 갈망을 지니고 있다. 이에 관해, 새라 코클리는 이렇게 언급한다. "성령 안에는 이 창조 세계 가운데로 끊임없이 넘쳐흐르는 하나님의 생명력이 담겨 있다. 그분은 신적인 갈망을 계속 추구하면서, 기쁨으로 온 세상을 매혹하며 불붙여 가신다."[12] 예수님의 영이신 그분은 바로 이 미래를 향해 우리를 인도하신다.

◇◇◇◇◇◇◇◇◇◇

이처럼 갈망은 우리를 본향으로 인도한다. 하지만 일단 그곳에 도착한 뒤에는 우리의 욕망에 무슨 일이 일어날까?

C. S. 루이스는 지옥에 대한 우화인 『천국과 지옥의 이혼』(*The Great Divorce*)에서, 안내자인 베르길리우스(이는 루이스의 영적 스승인 조지 맥도널드를 상징하는 인물이다)와 함께 버스를 타고 지옥을 여행하는 한 남자의 이야기를 들려준다.[13] 루이스가 그려 낸 지옥의 모습에는 인상적인 점이 많다. 그중 하나로, 지옥에 있는 사람들은 마치 끝없이 확장되는 교외 지역에 있는 이들처럼 서로 점점 더 멀어지며 흩어진다. 마침내 그들은 서로를 보지도, 듣지도 못할 만큼 떨어져 버리는 것이다. 더욱이 그곳에 있는 사람들은 모두 자신의 처지를 남 탓으로 돌리는 데만 집착한다. 아무도 스스로 책임을 지지 않는다. 그리고 무엇보다 중요한 것은, 루이스가 지옥에 있는 이들을 곧 그곳에 살기를 원했던 사람들로 묘사한다는 점이다. 지옥에 있는 사람들은 결국 자신들이 원하는 것을 얻었다.

사람은 나이가 들면 바뀌지 않는다는 말을 들은 적이 있다. 오히려 본래의 성격이 더욱 굳어질 뿐이라는 것이다.[14] 결국 오늘 우리의

---

12 Coakley, *God, Sexuality, and the Self: An Essay on the Trinity* (New York: Cambridge University Press, 2013), 23.

13 C. S. Lewis, *The Great Divorce* (New York: MacMillan, 1946). 『천국과 지옥의 이혼』 (홍성사).

14 데이비드 프렌치(David French)가 그의 여러 인터뷰 중 하나에서 언급한 말이라고 한다.

모습이 앞으로의 미래를 결정한다. 그리스도의 수난 장면에서 한 범
죄자는 그분을 조롱하고, 다른 한 범죄자는 그분을 향한 사랑을 고백
했다. 여기서 한 가지 질문이 떠오른다. 이 둘은 죽음의 순간을 맞기
전에 어떤 사람들이었을까? 대개의 경우, 우리는 죽음 앞에서 진정한
자신의 모습을 드러내게 된다. 루이스의 관점에서 지옥은 곧 우리가
이 땅에서 어떤 사람이었는지를 연장한 결과다. 그곳은 하나의 목적
지이지만, 동시에 우리의 삶이 영원히 계속되는 방식이기도 하다. 매
순간은 그다음 순간들을 결정하는 하나의 선례가 된다. 루이스가 지
옥에 있는 한 인물을 묘사하는 대목은 이를 잘 보여 준다.

> 처음에 그 일은 투덜거리는 기분으로 시작되고, 당신 자신은 아직 그
> 기분과 구별되어 있다. 어쩌면 그것을 비판하고 있을지도 모른다. 그러
> 나 어느 어두운 순간, 당신은 그 기분을 원하고 받아들이게 될 수 있다.
> 물론 당신은 회개하고 거기서 다시 빠져나올 수도 있다. 하지만 언젠가
> 는 더 이상 그렇게 할 수 없는 날이 올지도 모른다. 그때에는 그 기분을
> 비판할 '당신'도, 심지어 그것을 즐길 '당신'도 남아 있지 않게 될 것이
> 다. 오직 불평 그 자체만이 기계처럼 영원히 돌아가게 된다.[15]

물론 허구적인 알레고리에 근거해서 우리의 신학을 구축해서는
안 된다. 그러나 루이스의 환상 가운데는 성경의 사상과 공명하는 부
분이 적지 않다. 예를 들어, 성경에서 하나님과의 분리를 가리키는 핵
심 단어 중 하나는 "진노"다. 사람들이 그분께 더 이상 예배하지 않을
때, 오히려 하나님은 무언가 관대한 일을 행하신다. 바울의 표현을 빌
리자면, "그들을 마음의 정욕대로 더러움에 내버려 두[시는]" 것이다

---

15 Lewis, *The Great Divorce*, 75.

(롬 1:24). 그분의 진노는 우리가 흔히 생각하듯 무서운 번개나 저주, 지진 같은 모습으로 나타나지 않는다. 오히려 대개는 사람이 자기 욕망에 '그대로 맡겨지는' 것으로 묘사된다.

위대한 성서학자 프레데릭 고데(Frederic Godet)는 배의 비유를 써서 이 진노를 설명했다. 강물의 흐름은 배를 하류 쪽으로 끌어당기지만, 밧줄이 배를 부두에 묶어 두어 떠내려가지 않게 한다. 고데에 따르면, 하나님의 진노란 "죄악의 흐름에 끌려가는 우리 삶의 배를 더 이상 붙잡아 주지 않으시는 것"이다.[16] 이때 그분은 그 흐름을 억제하던 은혜의 손길을 놓고, 우리의 욕망대로 최후 결정을 내리도록 내버려 두신다. 루이스는 『마법사의 조카』(The Magician's Nephew)에 나오는 악한 마녀가 원하던 사과를 얻는 장면에서 이를 암시하고 있다. "그녀는 자기가 욕망하던 것을 이루었다. 여신처럼 지치지 않는 힘과 끝없는 날들을 얻은 것이다. 그러나 악한 마음을 지닌 채로 누리는 긴 세월은 곧 끝없는 비참함일 뿐이며, 그녀는 이미 그것을 알아차리기 시작했다. 이처럼 모든 이는 자신이 원하는 것을 얻지만, 그것을 언제나 기뻐하는 것은 아니다."[17]

성경에는 우리가 원하는 것을 얻게 되는 상태를 가리키는 말이 있다. 그것이 바로 '진노'다. 반대로 하늘나라는 우리가 바라는 모든 것을 얻는 곳으로 묘사되지 않는다. 오히려 하늘나라는 하나님이 바라시는 모든 것을 우리가 신뢰하며 따르게 되는 곳이다. 이제 성령의 기름 부음을 받은 메시아가 와서 세상을 회복하실 때 일어날 일을 묘사한 선지자 이사야의 묵시적인 이미지를 살펴보자.

---

16 Frederic Louis Godet, *Commentary on Romans* (Grand Rapids: Kregel, 1977), 107.

17 C. S. Lewis, *The Magician's Nephew* (New York: Collier- MacMillan, 1955), 174. 『마법사의 조카』(시공주니어).

그때에 이리가 어린 양과 함께 살며

　표범이 어린 염소와 함께 누우며

송아지와 어린 사자와 살진 짐승이 함께 있어

　어린 아이에게 끌리며

암소와 곰이 함께 먹으며

　그것들의 새끼가 함께 엎드리며

　사자가 소처럼 풀을 먹을 것이며

젖 먹는 아이가 독사의 구멍에서 장난하며

　젖뗀 어린 아이가 독사의 굴에

　　손을 넣을 것이라(사 11:6-8)

오실 메시아에 대한 이사야의 묘사 가운데는 관계의 치유가 포함되어 있다. 독자는 이사야가 열거한 피조물들의 목록에 주목해야 한다. 그들은 포식자와 그 희생자들이다. 자연 세계에서는 이리가 어린양을 잡아먹고, 표범이 염소를 잡아먹으며, 사자가 송아지를 먹는다. 이런 희생자들은 결코 자기 포식자의 곁에 머물지 않을 것이다. 그러나 성령의 기름 부음을 받은 메시아가 나타나실 때, 이러한 약탈의 관계는 치유된다. 새 창조에서는 사자가 어린양과 함께 누울 것이다.

이 대목을 읽으면 어떤 이들은 분노나 좌절을 느낄지도 모른다. 우리 중 많은 이가 그런 종류의 회복이 이루어지는 세상을 원하지 않는다. 과연 어린양이 사자와 함께 눕고 싶어 할까? 아마 그렇지 않을 것이다. 예수님이 "각 나라와 족속과 백성과 방언"에게 경배를 받는다는 요한의 하늘 환상은 서로를 죽여 온 공동체들과 나라들에게는 오히려 두려운 소식일 수도 있다(계 7:9). 그러나 하늘은 곧 이 세상에서 서로를 두려워하며 피해 달아나던 이들을 하나님이 하나로 모으시는 장소가 될 것이다.

신학자 미로슬라프 볼프가 성찰했듯이, 장차 임할 이 새 창조의 세계에서는 가인이 더 이상 형제 아벨의 눈을 피할 필요가 없을 것이다. 그리고 아벨 역시 두려움에 사로잡혀 형에게서 도망칠 필요가 없게 될 것이 분명하다.[18] 이 점은 "하늘에서 내가 사랑하는 사람들을 다시 보게 될까요?"라는 질문에 대한 칼 바르트의 대답에 가장 잘 담겨 있다. "아, 우리가 사랑하는 사람들만 보게 되는 것이 아니지요!"[19]

이 모든 말에는 깊은 역설이 담겨 있다. 지옥은 인간이 자신이 원하는 것을 그대로 얻게 되는 곳이다. 반대로 하늘은 하나님이 원하시는 모든 것 아래서 우리가 평화롭게 살아가는 곳이다. 지옥에서는 우리의 욕망이 곧 우리의 신이 된다. 그러나 하늘에서는 우리의 모든 욕망이 그 선한 갈망을 품으신 하나님 앞에 무릎을 꿇는다.

◇◇◇◇◇◇◇◇◇◇

우리가 이런 미래를 갈망하도록 지음받았다면, 왜 그곳에 도달하는 데 이토록 오랜 시간이 걸리는 것일까? 하나님의 지체하심은 어떻게 된 것인가? 종말론의 영역에서 이것은 예수님의 '파루시아'(parousia), 곧 '재림'으로 알려져 있다. 예수님은 다시 오셔서 이 세상을 회복시키겠다고 약속하셨다. 그리고 당신이 지금 이 글을 읽고 있다는 사실은 우리가 여전히 그분을 기다리고 있음을 말해 준다. 그래서 우리는 기다린다. 그러나 왜 이렇게 더딘가? 하나님은 이 시간들 속에서 무엇을 이루고 계신가?

마르틴 루터는 폭풍 속에서 제자들과 함께 배 안에 계시는 예수님

---

18 Volf, Miroslav, "The Final Reconciliation: Reflections on a Social Dimension of the Eschatological Transition", *Modern Theology* 16, no. 1 (January 2000): 94.

19 Volf, "The Final Reconciliation", 91에 인용됨.

에 관한 일련의 묵상에서 한 가지 단순한 질문을 던진다. "왜 예수님은 배 뒤편에서 잠자고 계시는가?" 루터는 다시 묻는다. "폭풍 한가운데서 하나님이 낮잠을 취하심으로써 무엇을 이루시는가?" 그는 바로 그 지연이 제자들의 욕망을 탄생시켰다고 보았다.

자기 배 안으로 물이 스며드는 것을 알아차리는 사람들은 오히려 복되다. 그것이 그들로 하여금 하나님께 도움을 구하게 만들기 때문이다. 그러므로 그리스도께서 어떻게 주무시는 동안에도 우리의 유익을 구하시며 우리를 섬기고 계시는지를 살펴보라. … 실로 그분은 우리 안에 자신을 향한 욕망을 일으키고자 하신다. 곧 우리가 끊임없이 그분께 부르짖게 하려는 것이다. 그리스도는 우리가 그분께 외치기를 원하시며, 그리하여 자신이 그 부르짖음을 듣고 응답해 주기를 원하신다.[20]

루터에게 예수님의 낮잠은 제자들 안에 올바른 욕망, 곧 그분 자신을 향한 욕망을 길러 내는 방식이었다. 크리스토퍼 웨스트(Christopher West)는 예수님의 지체하심을 "제자들의 욕망을 늘이는 일"(stretching desire)이라 불렀다.[21] 예수님은 왜 곧바로 재림하시지 않는 것일까? 그것은 그분이 배 안에서 잠드셨던 것과 같은 이유 때문이다. 하나님의 의도적인 지체하심은 오직 그분의 도래로만 충족될 수 있는 바른 욕망을 우리 안에 길러 낸다. 이 지연은 욕망이 태어나는 자리이며, 그것이 곧 하나님이 우리의 욕망을 성숙하게 하시는 방식이다. 이 지연의 시간 속에서 우리의 욕망이 온전히 다듬어지고 익

---

20 Luther's Works, 51.24.

21 Christopher West, *Fill These Hearts: God, Sex, and the Universal Longing* (New York: Image, 2012), 82.

어 가며 준비된다. 그리고 이처럼 우리의 욕망이 성숙해질 때, 비로소 하나님이 주시는 것들을 성숙한 태도로 받을 수 있게 된다. 하나님이 아담으로 하여금 여인과의 결혼을 기다리게 하심으로 당신의 뜻을 이루셨듯이, 지금도 그분은 우리가 하늘과 땅의 재혼을 기다리게 하심으로 자신의 뜻을 이루고 계신다.

부모가 자녀에게 만족을 미루는 법을 가르쳐야 하듯, 하나님도 우리가 하늘나라를 온전히 받아들이도록 우리를 준비시키고 계신다. 만일 우리가 그것을 즉시 받는다면, 그 일은 오히려 우리를 망쳐 놓게 될 것이다. 우리에게는 준비가 필요하다. 그렇기에 이 지체하심은 어떤 오류가 아니라 의도된 특징이다. 그것은 우리의 욕망을 깨우고 성숙하게 만든다.

하나님의 지체하심은 또한 우리의 거짓 신들을 명확히 드러내 준다. 모세가 산에서 내려오는 것이 늦어지자, 이스라엘은 결국 금송아지를 만들어서 경배했다. 이 지연의 시간들은 우리의 우상을 폭로하며, 우리는 대개 그 가운데서 우상을 만들어 낸다. 기다리다 지칠 때, 우리는 손에 닿는 무언가를 숭배하기 시작하는 것이다.

우리는 지금도 기다리고 있다. 우리가 기다리는 것, 곧 장차 올 영광의 소망은 금세 임하지 않는다. 기다림은 종종 위험하고도 시험이 되는 시간이다. 그러나 그 기다림은 우리의 마음이 무엇을 향하고 있는지를 드러내는 동시에, 앞으로 올 것을 받아들이도록 우리 마음을 준비시킨다.

◇◇◇◇◇◇◇◇◇◇

그날에 우리는 하나님의 얼굴을 볼 것이다.

이 책을 집필하던 중, 나는 세르비아 출신의 개념 미술가인 마리나 아브라모비치(Marina Abramović)의 작업을 접하게 되었다. 그녀의

작품은 대개 퍼포먼스 아트—종종 작가 자신이 직접 참여하는 형식
—로 이루어지며, 관람자들에게 인간성에 대한 강한 감각을 불러일
으킨다. 2010년 명성이 절정에 이르렀을 때, 아브라모비치는 "마리아
아브라모비치와의 조우"(The Artist is Present)라는 전시를 기획했다. 수
많은 사람이 뉴욕 현대 미술관에서 표를 사서 공연을 기다렸지만, 무
엇을 보게 될지는 알지 못했다. 당일 현장에 도착한 관람객들과 팬들
은 탁자 하나를 사이에 두고 서로 마주 보고 놓인 두 개의 나무 의자
를 발견했다. 공연에 참여한 관람객들은 한 사람씩 그 자리에 앉아서
아브라모비치의 눈을 바라보아야 했다. 아무런 말도, 아무 동작도 없
었다. 그저 두 사람이 얼굴을 마주한 채 앉아 있을 뿐이었다. 그 탁월
한 예술가의 얼굴을 직접 마주하게 된 사람들의 반응은 어색한 웃음
에서 불편함, 심지어 완전한 혼란에 이르기까지 다양했다. 그리고 많
은 이가 압도적인 감정을 느끼면서 눈물을 흘렸다.[22]

앞서 우리는 인간이 어떤 점에서 동물과 닮아 있는지를 살펴보았
다. 그러나 동시에 인간이 동물과 다른 점들도 있다. 인간은 대면한
채로 성적인 친밀감을 나누는 유일한 육상 동물이다. 우리는 얼굴을
마주하도록 창조되었다. 그런데 코로나 이후의 시대에 들어서면서,
우리는 그 대면적인 친밀감의 일부를 잃어버린 듯한 느낌을 받는다.
팬데믹 동안에 우리는 늘 마스크로 얼굴을 가려야 했고, 그저 휴대전
화를 바라보면서 많은 시간을 보냈다. 누군가를 만날 때조차 종종 디
지털 매체를 통한 '대면'에 그쳤다. 인간은 서로의 얼굴을 바라보도록
지음받았다. 그런데 격리가 해제된 이후에도 우리는 여전히 서로를
자주 바라보지 않는다. 그 결과, 이제는 그저 타인의 얼굴을 바라보는

---

22 Michael Zhang, "Sitting, Staring, and Crying with Marina Abramović at MoMA",
    PetaPixel, April 23, 2010, https://petapixel.com/2010/04/23/sitting-staring-and-
    crying-with-marina-abramovic-at-moma/.

행위 자체가 하나의 예술적인 표현이 되는 환경이 만들어졌다. 아브라모비치가 보여 주었듯이 말이다.

신경과학자들은 아기가 태어나자마자 자신을 바라보는 누군가의 얼굴을 곧바로 찾는다는 사실을 밝혀냈다. 지난 십여 년 동안, 우리는 아기의 뇌에 있는 거울 뉴런이 몇 초 안에 타인과의 연결과 애착을 형성하려 한다는 것도 알게 되었다. 아기들은 종종 생후 첫 삼십 분 안에 엄마나 아빠의 얼굴 표정을 따라 한다. 이에 관해, 그리스도인 신경과학자인 커트 톰슨(Curt Thompson)은 이렇게 썼다. "모든 아기는 자신을 바라보고 있는 누군가를 찾으면서 세상에 나온다."[23] 이것이 곧 우리가 말하는 '애착'의 시작이다. 이 애착이 결여되면, 아기는 심각한 어려움을 겪고 심지어 생명이 위태로워질 수도 있다.

시편 기자는 사람들이 언제나 하나님의 얼굴을 구해야 한다고 예언자적으로 선포한다(시 105:4). 그분의 얼굴이 없으면 우리는 죽게 되기 때문이다. 하나님의 얼굴은 성경 전체를 관통하는 핵심 이야기다. 구약에서는 죄 된 인간이 그분의 얼굴을 바라볼 때 죽음에 이르렀다. 그러나 예수 그리스도의 성육신과 함께 무언가가 바뀐다. 예수님은 우리 앞에 참하나님의 얼굴을 드러내 보였으며, 그분의 삶은 곧 인간의 육신을 입은 신적인 현존이었다. 이제 인간은 하나님의 얼굴을 볼 수 있게 되었고, 이 변화는 실로 심오한 것이었다.

인간은 처음에 하나님과 얼굴을 마주하면서 살아갔지만 이내 그것을 잃어버렸다. 타락 이후, 죄 된 인간은 하나님의 얼굴을 보면 죽을 수밖에 없었다. 그런데 마침내 인간은 예수님에게서 다시 그 얼굴을 보았고, 그분은 십자가에서 우리를 위해 죽으셨다. 그리고 이로 인

---

23 Curt Thompson, *The Soul of Desire: Discovering the Neuroscience of Longing, Beauty and Community* (Downers Grove, IL: InterVarsity Press, 2021), 21.

해 우리 앞에 영광스러운 미래가 기다리게 된 것이다. 이에 관해, 바울은 이렇게 선포한다. "우리가 지금은 거울로 보는 것같이 희미하나 그때에는 얼굴과 얼굴을 대하여 볼 것이요"(고전 13:12).

하늘나라는 또한 "하나님과의 조우"라고 부를 수 있을 것이다. 그때까지 우리의 마음은 채워지지 않은 채 남아 있다. 그리고 실제로 '채워질 수가 없다.' 우리는 하나님의 얼굴을 바라보도록 태어났기 때문이다. 그때가 오기 전까지는 늘 무언가가 결핍되어 있다. 그럼에도 우리는 사랑으로 갈망하지 않을 수 없다. 아마 이것은 시편 105편을 새롭게 이해하는 데 도움이 될 것이다. 시편 기자는 이렇게 기록한다. "여호와와 그의 능력을 구할지어다 그의 얼굴을 항상 구할지어다"(4절). 실로 우리는 여호와의 얼굴을 지금뿐 아니라 앞으로도 영원히 구하게 될 것이다. 아우구스티누스는 『시편 강해』(*Exposition of the Psalms*)에서 이렇게 말한다. "'그의 얼굴을 항상 구하라'는 말은 무슨 뜻인가? 나는 하나님께 붙어 있는 것이 내게 유익함을 분명히 안다. 그러나 그분을 항상 찾고 있다면, 과연 우리는 언제 그분을 발견하게 되는 것일까? ⋯ 어쩌면 우리가 장차 그분을 얼굴과 얼굴로 보게 된 뒤에도, 그분을 계속 찾아야 할 것이다. 이는 그분이 끝없이 사랑스러운 분이시기 때문이다."[24]

장차 우리의 욕망은 부활할 것이며, 자신이 늘 찾아 헤매던 것을 마침내 발견하게 될 것이다. 그러나 그 욕망이 완전히 충족되지는 않을 것이다. 이는 자신이 평생 갈망해 온 그 얼굴을 온전히 헤아리고 음미하는 데에는 끝없는 시간이 필요하기 때문이다. 아우구스티누스는 『하나님의 도성』(*City of God*) 끝부분에서, 새 창조가 확립되고 하늘

---

24 Augustine, *Expositions of the Psalms* 99-120, trans. Maria Boulding, vol. III (Hyde Park, NY: New City Press, 2004), 185-86.

에서 하나님의 임재 안으로 들어간 뒤에도 우리는 계속 무언가를 읽게 될 것이라고 말한다. 이때 우리가 읽는 것은 어떤 책들만이 아니다. 영원한 경이와 쉼 없는 기쁨 속에서, 우리는 하나님의 영광스러운 얼굴을 읽게 될 것이다. 아우구스티누스에 따르면, 우리는 하나님의 얼굴을 본 후에도 계속 그분의 얼굴을 찾게 된다. 그 얼굴은 영원히, 점점 더, 끝없이 사랑스러워지는 얼굴이기 때문이다.[25]

◇◇◇◇◇◇◇◇◇◇

이제 우리는 기독교 역사 속 한 장면을 다루면서 이 책의 이야기를 마무리하려 한다. 니콜라우스 루트비히 폰 진젠도르프 백작(1700-1760)은 독일의 귀족이었다. 그의 어린 시절과 청년기는 부와 풍요 속에서 자라난, 비교적 안락한 시기였다. 진젠도르프는 음악가이자 찬송가 작사가였고, 풍부한 감성을 지닌 이로서 가난한 이들을 돌본 인물로 기억된다. 그러나 기독교 역사에서 그의 가장 주목할 만한 특징은 곧 훗날 '모라비안 교회'로 불리게 될 공동체의 형성에 결정적인 역할을 했다는 점이다. 십대 시절에, 그는 유럽의 주요 도시들을 여행하면서 예술 작품들을 감상했다. 그리고 뒤셀도르프의 한 미술관에서, 그는 도메니코 페티(Domenico Fetti)의 유명한 그림인 '이 사람을 보라'(*Ecce Homo*)를 보게 된다. 그 그림은 그의 삶을 영원히 바꾸어 놓았으며, 이후 그는 남은 생애를 하나님을 섬기는 데 바치게 되었다.

당시 니콜라우스는 무엇을 보았던 것일까?

지금 이 땅의 삶은 우리가 흔히 인정하고 싶어 하는 것보다 훨씬 더 어렵다. 하지만 그 삶은 장차 완성될 하나님의 이야기에 속해 있다.

---

25 Pierce, "Augustine's Eschatological Vision: The Dynamism of Seeing and Seeking God in Heaven."

인간의 타락 이후, 하나님은 즉시 그 고통과 어려움을 되돌리는 자신의 사역들을 시작하셨다. 그분은 포기하지 않으신다. 이것은 그분의 창조 세계이며, 우리는 그분의 피조물이다. 하나님은 인간에게 이렇게 말씀하셨다. "너는 땅을 경작할 것이며, 땅은 '너를 위해' 가시덤불을 낼 것이다."

그렇다. 가시는 우리를 위한 것이다. 니콜라우스는 '이 사람을 보라'라는 그림에서 무엇을 보았을까? 그것은 가시 면류관을 쓰고 십자가에서 죽음을 맞으시는 예수를 그린 그림이었다. 이 경험이 그의 내면에서 정확히 무엇을 불러일으켰는지는 우리가 단정할 수 없지만, 그것이 그의 삶을 영원히 바꾸어 놓았다는 사실만은 분명하다. 그 그림의 하단에는 라틴어로 이런 문구가 적혀 있다. "나는 너를 위해 이 모든 일을 감수했다. 이제 너는 나를 위해 무엇을 하려느냐?"[26]

그리고 그 모습은 우리 역시 변화시킨다. 영광의 왕이신 온 우주의 하나님, 하늘과 땅의 창조주이신 그분께서 마침내 가시 면류관을 쓰기로 선택하셨다. 이는 우연한 일이 아니라 분명한 의도가 담긴 것이었다. 십자가에서, 머리에 그 가시관을 쓰신 주님은 우리를 자유롭게 하기 위해 죽고 계셨다.

12세기의 한 이름 모를 사제는 자신의 일기에서 낙원이 어떤 곳일지를 성찰했다. 그는 새 창조가 가시가 없는 장소일 것이라 믿었다. 나 역시 그 말에 깊이 공감한다.[27] 예수님은 십자가에서 우리의 죄가

---

26 A. J. Lewis, *Zinzendorf, the Ecumenical Pioneer: A Study in the Moravian Contribution to Christian Mission and Unity* (Louisville: Westminster, 1962), 28. 나는 팀 켈러가 다음의 책에서 이 이야기를 언급해 준 것에 감사한다. Tim Keller, *The Kings Cross: The Story of the World in the Life of Jesus* (New York: Dutton, 2011). 그는 내가 이 책을 쓰는 동안에 세상을 떠났으며, 그의 책과 사역들은 내게 수많은 영감을 주었다.

27 이 내용은 McDannell and Lang, *Heaven*, 70-72에 인용된 고대의 문헌 '해

지닌 모든 무게를 짊어지셨다. 타락 이후에 우리는 가시로 가득한 세상을 물려받았다. 그로 인해 우리의 삶은 고통스럽고 힘겨우며, 온갖 고난과 좌절로 점철되어 있다. 그리고 삶은 늘 무언가 부족하게 느껴진다. 하지만 이것이 이야기의 끝은 아니다. 하나님은 깊은 사랑 가운데서 그분이 우리를 여전히 갈망하고 계심을 알려 주셨다. 그리고 원래 우리의 몫이었던 그 가시들은 다른 분의 머리 위에 얹혔다.

실로 이 가시를 지닌 분이야말로 하나님의 가장 큰 선물이다.

명'(*Elucidation*)에서 가져왔다.